WILLIAM JAMES

DAS PLURALISTISCHE UNIVERSUM

BIBLIOTHEK KLASSISCHER TEXTE

WISSENSCHAFTLICHE BUCHGESELLSCHAFT
DARMSTADT

WILLIAM JAMES

DAS PLURALISTISCHE UNIVERSUM

Vorlesungen über die gegenwärtige Lage der Philosophie

Ins Deutsche übertragen
von
JULIUS GOLDSTEIN

Mit einer neuen Einführung
herausgegeben von
KLAUS SCHUBERT und UWE WILKESMANN

WISSENSCHAFTLICHE BUCHGESELLSCHAFT
DARMSTADT

Reprografischer Nachdruck 1994 der Ausgabe Leipzig 1914

Titel der amerikanischen Originalausgabe: A Pluralistic Universe
Hibbert Lectures at Manchester College on the Present Situation in Philosophy 1909

Das diesem Nachdruck zugrunde liegende Original wurde von der Hessischen Landes- und Hochschulbibliothek Darmstadt zur Verfügung gestellt.

Die Deutsche Bibliothek – CIP-Einheitsaufnahme

James, William:
Das pluralistische Universum: Vorlesungen über die gegenwärtige Lage der Philosophie / William James. Ins Dt. übertr. von Julius Goldstein. Mit einer neuen Einf. hrsg. von Klaus Schubert und Uwe Wilkesmann. – Reprografischer Nachdr. der Ausg. Leipzig, 1914. – Darmstadt: Wiss. Buchges., 1994
(Bibliothek klassischer Texte)
ISBN 3-534-12562-2
NE: Schubert, Klaus [Hrsg.]

Bestellnummer 12562-2

Druck und Einband: Wissenschaftliche Buchgesellschaft, Darmstadt
Gedruckt auf säurefreiem und alterungsbeständigem Werkdruckpapier
Printed in Germany

ISBN 3-534-12562-2

Zur Einführung

Die Philosophie des „UND"

Klaus Schubert und Uwe Wilkesmann

> Auf dem Sofa lag ein weißhaariger Mann, den Hemdkragen aufgeknöpft, offenbar im Sterben ... Dicht bei ihm, in einem Schaukelstuhl, die linke Hand auf seiner Stirn und das *pluralistische Universum* von William James in der rechten, saß ruhig lesend die schönste Frau, die ich je gesehen hatte.
>
> (Aldous Huxley: Das Genie und die Göttin)

I. William James

William James wurde am 11. Januar 1842 in New York als Sohn des religiösen Schriftstellers Henry James geboren. Die Familie wechselt häufig ihren Wohnsitz. James wächst vor allem in den Städten Newport, New York, Paris, London, Genf, Boulogne und Bonn auf. Da er hier auch die Schule besucht, beherrscht er neben seiner Muttersprache deutsch und französisch perfekt. James wird so bereits in seiner Kindheit und Jugend zum Weltbürger erzogen. Auch während seines späteren Lebens kommt er oft zu längeren Studien- und Kuraufenthalten nach Europa.

Der junge James beginnt 1861 mit dem Studium der Chemie, vergleichenden Anatomie und – später – der Medizin in den USA. Unterbrochen wurde das Studium für eine zoologische Expedition mit dem Naturforscher Louis Agrassiz in das Amazonasgebiet. In den Jahren 1867 und 1868 ist James in Deutschland. In dieser Zeit beschäftigt er sich intensiv mit Hegel und Kant und studiert Psychologie. 1872 beginnt seine Lehrtätigkeit in Harvard als Instruktor in Physiologie. Aufgrund seiner Studien in Deutschland, die ihn mit den Arbeiten von Wundt und v. Helmholtz bekannt machten, richtet er 1876 das erste psychologische Laboratorium in den USA ein. 1890 erscheinen seine ›Principles of Psychology‹, die ihn schlagartig weltberühmt machten und ihn als wichtigsten Psychologen seiner Zeit ausweisen. James wurde aufgrund dieses Werkes Mitglied in fast allen europäischen Akademien. 1897 wird die Aufsatzsammlung ›The Will to Believe‹ veröffentlicht. 1907 erscheint die Vorlesungsreihe ›Pragmatism – A New Name for Some Old Ways of Thinking‹. In dieser Schrift legt er die Grundzüge einer pragmatischen Philosophie dar, deren Grundlagen in einem Diskussionszirkel entwickelt wurden – dem 'Metapysical Club' – in dem sich James mit Peirce und sieben weiteren jungen Gelehrten in den 70er Jahren in Boston und Cambridge regelmäßig traf. In seiner akademischen Laufbahn wird er 1880 Assistenzprofessor für Philosophie, 1885 Professor der Philosophie, 1889 der Psychologie und 1897 wiederum der Philosophie in Harvard.

Am 26. August 1910, kurz nach der Rückkehr von einem Kuraufenthalt in Europa, stirbt James in seinem Haus in Chocorua.

II. Das pluralistische Universum

Die Intention dieser Einführung ist es, die Aktualität der Philosophie von James aufzuzeigen, indem wir Anknüpfungspunkte an zeitgenössische Diskurse des Pluralismus und des Pragmatismus diskutieren. Zur Einführung werden hier zuerst Kerngedanken des 'pluralistischen Universums' und ihre philosophischen Kontexte rekonstruiert (II), danach wird der Begriff des Pluralismus bei James und die Bedeutung der Philosophie des „und" für den politischen Pluralismus aufgezeigt (III), zuletzt diskutieren wir den Pragmatismusbegriff von James und die Auswirkungen der Philosophie des „und" auf den Wahrheitsbegriff sowie auf die Analyse von Handlungssystemen (IV).

Die als ›Das pluralistische Universum‹ veröffentlichten Vorlesungen hielt James 1907 als Hibbert-Lectures am Manchester College in Oxford. Sie sind das Manifest einer pluralistischen Metaphysik. Mit dieser Arbeit faßt er seine wissenschaftliche Position zusammen und legt seine metaphysische Grundeinstellung dar. ›Das pluralistische Universum‹ ist die letzte von ihm selbst herausgegebene Arbeit, sie ist ein – sehr lebendiges und engagiertes – Alterswerk und Vermächtnis zugleich. Es ist insofern sein Alterswerk, als er hier die metaphysische Grundposition ausführt, auf der implizit auch seine früheren psychologischen und philosophischen Arbeiten beruhen. Vermächtnis ist diese Arbeit insofern, als sie für eine Philosophie des „UND“ [1] plädiert, die – in der Rezeption oft mißverstanden – heute wieder eine erstaunliche Aktualität erfährt.

Mit Philosophie des „und“ soll umschrieben werden, daß aus pluralistischer Sicht die Wirklichkeit nicht in einer begrifflichen Gesamtheit aufgehen [2] muß; die empirische Vielfalt der Dinge und Erlebnisse können im „Multiversum“ (211) teilweise miteinander verbunden, teilweise unverbunden nebeneinander bestehen, sie sind nur äußerlich miteinander verknüpft:

„Im Sinne des Pragmatismus bedeutet der Pluralismus oder die Lehre, daß das Universum eine Vielheit darstellt, nur, daß die verschiedenen Teile der Wirklichkeit in *äußerlicher Beziehung zu einander stehen können.* Wie weit und umfassend man auch ein Ding nehmen mag, immer gibt es nach pluralistischer Anschauung noch außerhalb seiner irgend etwas Fremdes, das es umgibt. Die Dinge sind ‚mit‘einander in vielen Weisen verknüpft, aber es gibt keines, das alles umschlösse oder alle anderen vollkommen beherrschte. Das Wort ‚und‘ schleppt hinter jedem Satz her. Etwas bleibt immer draußen.“ (208; Hervorhebung im Original)

[1] Vgl. auch Beck 1993.

[2] Das pluralistische Universum, S. 16. Für direkte Zitate und Verweise auf ›Das pluralistische Universum‹ werden im folgenden die Seitenzahlen in Klammern in den Text gesetzt.

James stellt der allumfassenden, absoluten, einen Welt der – insbesondere deutschen – idealistischen Philosophie eine vielfache Wirklichkeit gegenüber. Seine Kritik entzündet sich vor allem am 'absoluten Geist' Hegels. Einer als Entäußerung des absoluten Geistes gedachten Welt setzt er sein Multiversum entgegen, das föderativ existiert und durch relative, d. h. eben nicht-allumfassende Beziehungen strukturiert ist. Seine reale, d. h. nicht die nur gedachte, „pluralistische Welt gleicht so mehr einer föderativen Republik als einem Imperium oder einem Königreich" (208). Wir würden heute sagen, die Dinge der gegebenen Welt sind untereinander 'vernetzt'.

Im Mittelpunkt steht bei James die Frage, was – wenn man die empirisch-erfahrbare Wirklichkeit als Bezugspunkt nimmt – denn dafür spricht, daß „die Welt . . . eine große allumfassende Tatsache [ist], außerhalb welcher es nichts gibt" (19). „Ist der Monismus idealistisch, so wird diese allumfassende Tatsache als absoluter Geist gefaßt, der die einzelnen Tatsachen durch seine bloßen Gedanken schafft" (19). James setzt dagegen eine Welt, in der die Dinge auch in distributiver Form vorliegen können: „Wenn wir von dem Absoluten sprechen, so nehmen wir das uns bekannte Material als ein Ganzes; wenn wir von seinen Objekten sprechen, von unseren endlichen Persönlichkeiten usw., so nehmen wir dasselbe Material . . . in distributiver und gesonderter Form" (20; 213). Je nachdem, welche Perspektive eingenommen wird, kann ein und dasselbe Ding einmal für sich allein als endliches in einem begrenzten Umfeld existieren und ein andermal in einem allumfassenden System aufgehen. Aus der Sicht James' haben die unendlich vielen Dinge des Universums ihre jeweils eigene, spezifische Existenz. Sie können Verbindungen zu den anderen Existenzen aufnehmen – diese werden aber niemals allumfassend, völlig interdependent sein. „Die Welt ist somit soweit eine Einheit, als wir von ihren Verkettungen erfahren, eine Einheit infolge der bestimmten Verbindungen, die zutage treten. Sie ist aber auch wieder *keine* Einheit infolge der vielen bestimmten *Trennungen,* die wir finden. Die Einheit und die Vielheit der Welt besteht in Beziehungen, die gesondert voneinander bezeichnet werden können. Sie ist weder schlechthin *ein Uni*versum, noch schlechthin *ein Multi*versum."[3]

Genau aus dieser Position ergeben sich aber die praktisch äußerst relevanten Unterschiede. Das Absolute „kann nicht unwissend sein, denn gleichzeitig mit seiner Kenntnis einer jeden Frage besitzt es die Kenntnis einer jeden Antwort" (21), das Absolute kommt daher nicht nur vor dem Einzelnen, es ist in sich auch zeitlos. Im pluralistischen Universum stehen dagegen die Teile vor dem immer nur teilweise oder temporär gedachten Ganzen; der Einzelne steckt in Unwissenheit, er kann überrascht, kann schuldig werden; der Einzelne handelt unter zeitlich-endlichen Bedingungen. Aus diesem Grunde kann auch keine Verbindung zwischen einem monistisch gedachten Absoluten und dem Menschen bestehen: „Aus der All-Form oder der monistischen Form ergibt sich die Wesensfremdheit, aus der Einzel-Form oder der pluralistischen Form die Wesenseinheit zwischen uns und dem Universum" (206).

›Das pluralistische Universum‹ ist demnach in Inhalt und Form eine Polemik gegen den nachkantischen Idealismus und eine Kritik an dem radikalen Zweifel Descartesscher Ausprägung.

Descartes, der alle seine Sinneseindrücke und Gedankeninhalte einem radikalen Zweifel unterwirft, dem nur das cogito ergo sum als letztes Fundament standhält, hat Probleme, von dem monadischen Ich zur Außenwelt zu gelangen. Er kann diese Subjekt-Objekt-Trennung nur mit Hilfe eines allgütigen Gottes überwinden, welcher vorsätzliche Sinnestäuschungen ausschließt. Ohne den Gottesbeweis bliebe das Ich des Cogito immer in seinem Gefängnis. James lehnt jedoch schon diese Denkfigur ab: Der Normalfall, d. h. die Wirklichkeit, darf nicht vom – begrifflichen – Ausnahmezustand her begründet werden.

Erst recht kann James nichts mit Hegels Lösung der Subjekt-Objekt-Trennung anfangen: Nach Hegel sind beides nur verschie-

[3] James 1977, S. 93 (Hervorhebungen im Original).

dene Entäußerungen des Absoluten, die im An-und-für-sich-Sein des Absoluten zur Einheit gelangen. James führt dagegen in der zweiten Vorlesung des ›pluralistischen Universums‹ aus, daß es nicht das Absolute ist, das die Dinge immanent verknüpft. Es ist wesentlich vorteilhafter, wenn wir annehmen, daß die Verknüpfung zwischen den Dingen rein äußerlich ist – sie also durch ein „und" verknüpft sind. Ein Manuskript liegt *auf* dem Tisch. Diese äußerliche Verbindung zwischen zwei Dingen muß nicht durch einen begrifflichen Monismus auf höherer Ebene (z. B. durch eine ontologische Verwandtschaft von Tisch und Blatt oder eine begriffliche Dialektik) begründet werden (47). Die Dinge koexistieren und sind in unterschiedlichem Grade dazu in der Lage, sich ihre Koexistenzen zu schaffen, weil alle Individuen und Dinge in der Realität zu mehreren anderen Dingen gehören können. James gesteht zwar Hegel zu, daß er „impressionistisch" Alltagserfahrungen richtig beschreibt. So z. B., wenn er sagt, daß das Betrachten eines konkreten Gegenstandes diesen aus seinem Zusammenhang reißt (53), oder daß vieles schon seinen Widerspruch in sich trägt (59), dennoch lassen sich die vielen Besonderheiten unserer Erfahrung nicht dadurch vereinen, daß wir uns selbst und die Dinge als vorgestellte Objekte des absoluten Geistes auffassen (112). Alle Dinge sind nicht Teile des Absoluten, sondern eigenständige Objekte (77).

Das methodische Verständnis von James, seine empirisch-analytische und deskriptive Vorgehensweise, unterscheidet ihn auch von Kant. Ein deduktiv geschlossenes Kategoriensystem hat er nie entwickelt.[4] Dennoch findet man eine der transzendentalen Einheit der Apperzeption ähnliche, jedoch dynamischere Gedankenfigur in den ›Principles of Psychology‹ von James. Hier definiert er im Kapitel über ›The Stream of Thought‹ Denken als ein subjektives, interessengeleitetes selektives, sich wandelndes Denken, aber mit von ihm unabhängigen Objekten. Analog zu Kant ist für James die Differenz zwischen Begriff und Wirklichkeit zentral. Begriffe können nicht an die Stelle der wirklichen Dinge gesetzt wer-

[4] Vgl. Oehler 1977.

den. Deshalb ist es auch nicht sinnvoll, nach einer höheren begrifflichen Verbundenheit zwischen den Dingen zu suchen (90). Durch Begriffe wird die Sinneserfahrung zwar getrennt, aber in ihrer ursprünglichen Kontinuität (stream of consciousness) gibt es keine Einschnitte.

„Sinneserfahrungen sind daher, sowohl innerlich wie äußerlich, ihre 'eigenen anderen'. Innerlich sind sie eins mit ihren Teilen und äußerlich gehen sie ständig und ohne Bruch in die nächst benachbarten Erfahrungen über, so daß Ergebnisse, die im Leben eines Menschen durch Jahre getrennt sind, miteinander einen ununterbrochenen Zusammenhang vermittels dazwischenliegender Ereignisse bilden“ (183).

In der ersten Vorlesung baut James sein begriffliches Instrumentarium auf. Hier führt er den Begriff des radikalen Empirismus ein, der jedoch nicht positivistisch mißverstanden werden darf. Den radikalen Empirismus hat James in der Schrift ›The Meaning of Truth‹ durch drei Punkte charakterisiert:

(1) Die Philosophen sollen sich nur mit Dingen beschäftigen, die bzw. deren Funktionen in empirischen Kategorien definierbar sind.
(2) Die Relation zwischen den Dingen ergibt sich aus der Erfahrung und braucht nicht durch einen höheren begrifflichen Monismus letztbegründet werden.
(3) Die Erfahrung wird durch Relationen zusammengehalten, die selbst empirisch erfahrbar sind.

James will damit aber nicht das begrifflich-wissenschaftliche Denken ganz verabschieden, denn das begrifflich-logische Denken muß Gründe für unsere Sinneserfahrungen anführen können (11; 154). Wissenschaft muß auch erklären können, nur der theoretische Rahmen, die metaphysischen Grundvoraussetzungen und das, was beobachtet wird, sind nicht unabhängig voneinander. Eine pluralistische Empirie korrespondiert mit einer mehrdimensionalen Theorie (und umgekehrt).[5]

[5] In diese wissenschaftliche Grundposition läßt sich auch J. C. Alexander 1983 einordnen.

Hilary Putnam charakterisiert die Position von James mit den vier Prinzipien des James' Schülers A. E. Singer:

„(1) Das Wissen von Fakten setzt ein Wissen von Theorien voraus.
(2) Das Wissen von Theorien setzt ein Wissen von Fakten voraus.
(3) Das Wissen von Fakten setzt ein Wissen von Werten voraus.
(4) Das Wissen von Werten setzt ein Wissen von Fakten voraus."[6]

Die ersten beiden Prinzipien dürfen mittlerweile als unproblematisch gelten, jedoch die Prinzipien drei und vier, die besagen, daß jede Beobachtung schon Wertfragen involviert, sind auch im heutigen Diskurs noch immer umstritten. James wehrt sich jedoch gegen die Auffassung, daß wir nur passiv eine Ordnung reflektieren, vielmehr können wir nur das beobachten, was unsere selbstgeschaffene Kultur zuläßt.

Putnam fügt Singers Prinzipien zwei weitere hinzu:

„(5) Das Wissen von Fakten setzt ein Wissen von Interpretationen voraus.
(6) Das Wissen von Interpretationen setzt ein Wissen von Fakten voraus."[7]

Mit diesen sechs Prinzipien ist die wissenschaftstheoretische Position von James umschrieben: Theorie, empirische Fakten, Werte und Interpretationen verhalten sich immer interdependent zueinander.[8]

Dieser radikale Empirismus ist also die Basis des Jamesschen Pluralismus, der sich daher aus heutiger Sicht auch leichter verständlich und überzeugender liest als zu seinen Lebzeiten. Die Vielheit, auf die James hinweist, entspringt nicht einer völlig anderen, der eigentlichen Welt. Es ist vielmehr die ungeheure Vielfalt dieser, der gegebenen Welt, die ihn fasziniert. In der pluralistischen Welt existieren die Dinge auch so, wie sie singulär sind, und in ihren jeweils gegebenen, spezifischen Beziehungen zu anderen Dingen.

[6] Putnam 1993, S. 193/194.
[7] Putnam 1993, S. 196.
[8] Vgl. Putnam 1993, S. 197.

Da die pluralistische Welt dynamisch ist, darf – nach James – der theoretisch-begriffliche Rahmen nicht statisch, sondern muß dynamisch konzipiert werden. In allen statisch-komparativen Theorien können Zustände zwischen Zeitpunkt t_1 und t_2 verglichen werden, aber es gibt keine Erklärung dafür, wie eine Situation sich vom Zustand t_1 zum Zustand t_2 wandelt (148ff.). Die Dinge *sind* jedoch nicht, sie *werden,* dies muß aber eine Theorie erklären können (160).

Es verwundert in diesem Zusammenhang dann auch nicht, daß James gegen Hegel einen erweiterten Rationalitätsbegriff einklagt (70; 136). Rationalität erschöpft sich nicht in einer begrifflichen Dialektik. ›Das pluralistische Universum‹ ist eine Polemik gegen den Monismus, das Absolute, nicht aber gegen die Metaphysik schlechthin. Der Begriff des radikalen Empirismus darf nicht in diese Richtung mißverstanden werden. Seine Vorstellungen vom Göttlichen beschreibt er in einigen Briefen. Dabei betont er, daß er ein religiöses Bewußtsein besitzt, das er vor der Philosophie des Absoluten retten möchte. So heißt es in einem Brief:

„Die Eindrücke, Antriebe, Gemütsbewegungen, die uns von da zukommen, helfen uns zum Leben, geben die unüberwindliche Überzeugung von einer Welt jenseits der Sinne, sie schmelzen unsere Herzen, verleihen jedem Ding Bedeutung und Wert und machen uns glücklich.“ [9]

An anderer Stelle begründet er, warum er kein Atheist sein kann:

„Dies würde einen zu entschiedenen Glaubenswillen nach der negativen Seite für mich bedeuten. ... Warum sollen wir nicht im Universum leben wie unsere Hunde und Katzen in unserem Wohn- und Arbeitszimmer? Es ist ein Glaubenswille auf beiden Seiten: ich bin ganz einverstanden, wenn andere nicht glauben, warum sollen Sie sich nicht toleranterweise für das Schauspiel meines Glaubens interessieren?“ [10]

In einem Brief an den Atheisten Leuba von 1904 betont James die Bedeutung seiner metaphysischen Grundlagen für sein Denken:

[9] Brief an Mr. Rankin; zit. nach Stumpf 1928, S. 17.

[10] Brief an Ch. A. Strong; zit. nach Stumpf 1928, S. 33.

„Immerhin ... es ist etwas in mir, das antwortet, wenn ich von Äußerungen des Gottesbewußtseins bei anderen höre. Ich erkenne die tiefere Stimme. Etwas sagt mir: dort liegt Wahrheit, und ich bin sicher, daß es sich nicht bloß um alte theistische Gewohnheiten und Kindheitsvorurteile handelt. Diese sind christlicher Art, und ich bin aus dem Christentum herausgewachsen ... Geben Sie mir nur den Einfluß dieses mystischen Keimes auf unser Fürwahrhalten zu, so sind wir, denk' ich, auf meinem Standpunkt."[11]

Der philosophische Pluralismus von James gründet demnach in einem religiösen Pluralismus, dessen Wurzeln in christlichen Traditionen gründen.

III. Pluralismus

Der Pluralismus von William James ist nicht absolut – wie könnte er auch, lautete das Jamessche Credo doch "Damn the Absolute"[12]. Sein Pluralismus betont vielmehr die „Vielheit in der Einheit" (181, 191), er wird als Möglichkeit entwickelt, der allerdings „eine dem Monismus völlig gleichwertige Hypothese" darstellt (213).

Dieser Ansatz setzt also dem Absoluten keine atomistische Sichtweise, eine unrealistisch unverbundene Singularität der Dinge entgegen. Das Einzelne kann für sich gesehen werden, es steht aber in der Realität – und das ist ja der maßgebliche Bezugspunkt für James – immer in Beziehungen zu anderen Dingen. Hier zeigt sich wiederum die Philosophie des „und", die zwischen dem Einzelnen und dem Absoluten die unendlichen Möglichkeiten der Verknüpfungen und Verbindungen stellt: „Nichts Wirkliches ist vollkommen einfach; jeder Teil der Erfahrung, so klein er auch sei, ist multum in parvo, das mit anderen in vielfacher Beziehung steht" (209).

Von dieser Weltsicht aus sind zwei Verbindungen zum James-

[11] Zitiert nach Stumpf 1928, S. 17f.

[12] Vgl. The Letters of William James, 1920, S. 135.

schen Pragmatismus zu ziehen. Erstens ist das Richtige nicht absolut festzulegen, sondern muß spezifische Ausprägungen annehmen können. M. a. W., „Kompromiß und Vermittlung sind von der pluralistischen Philosophie untrennbar. Nur monistischer Dogmatismus kann von einer seiner Hypothesen sagen: Diese oder keine“ (202). Zweitens ergibt sich aus der Vielfalt von Verknüpfungsmöglichkeiten, ein schier unendlicher Raum an Handlungsmöglichkeiten im Jamesschen Pluralismus. Hier liegt der Kern seiner dynamischen Sicht der Dinge; die Besonderheit seines Ansatzes ist ja die Betonung des *Werden* gegenüber dem *Sein,* eine Sicht die gleichermaßen charakteristisch für den Pragmatismus ist: „. . . indem Sie nach dieser Überzeugung handeln, können Sie sie in gewissen besonderen Fällen schließlich auch wahr machen“ (213).

Diese Weltsicht machte James interessant für die Entwicklung neuer politischer Ideen, die hier nur kurz angerissen werden sollen. Der Jamessche Pragmatismus, der immer wieder darauf hinweist, daß die Welt unfertig und veränderbar ist, bildet eine vorzügliche Basis für jeglichen politisch-praktischen Reformismus. Indem er die Machbarkeit und Verbesserbarkeit der Welt betont, fordert er förmlich zur Gestaltung und Veränderung von Lebensbedingungen auf. Der philosophische Pragmatismus bildet so die ideale Basis für die etwa in den dreißiger Jahren einsetzenden politischen Reformbestrebungen in den USA. Er ist insofern nicht nur eine Aufforderung für individuelle Gestaltung und Veränderung, sondern liefert daher auch eine liberale Begründung für politische und staatliche Interventionen.

Es gibt keine unmittelbare Verbindung von James zu den frühen europäischen Pluralisten. Die erste direkte Bezugnahme erfolgte 1915 in Laskis Kritik ›Platonism in Politics‹ [13] und kurz darauf in seinem Vortrag ›The Sovereignty of the State‹ [14], wo er explizit auf James und das ›Pluralistische Universum‹ verweist. Allerdings

[13] The New Republic, July, 3, 1915, S. 236f.

[14] Abgedruckt in den ›Studies in the Problem of Sovereignty‹, London, 1917.

können einige Gemeinsamkeiten zwischen dem philosophischen und dem (frühen) politischen Pluralismus festgestellt werden.

(1) Beide wenden sich im Grundsatz gegen die Vorstellung einer absoluten, über alles stehenden Instanz.

(2) Beide betonen die Bedeutung von individuellen, einzelnen Positionen und Zielen gegenüber dem bereits Fertigen, dem vorgeformten Ganzen.

(3) Die „experimentelle Methode" der Politik einiger Pluralisten ist dem „tychistisch-empiristischen" Ansatz von James vergleichbar.

ad (1): Der Polemik James' gegen das allumfassende, absolute Blockuniversum entspricht bei den frühen Pluralisten die Polemik gegen den nach innen und außen absolut souveränen Staat: „Was das Absolute für die Metaphysik ist, das ist der Staat für die politische Theorie."[15] Aus dieser Grundidee entstehen im europäischen Kontext eine Vielzahl unterschiedlicher Versuche, neue politische Ordnungen zu entwickeln, die vor allem politisch-emanzipativen Charakter haben. Hierzu zählen neben den Pluralisten i. e. S. Figgis, Barker, Laski vor allem auch die sogenannten Gildensozialisten Cole, Beatrice und Sidney Webb u. a., deren wichtigstes Ziel die Befreiung des Einzelnen aus der Anonymität der Massengesellschaft ist: In dieser Kritik wenden sie sich entschieden sowohl gegen den monistisch-kapitalistischen als auch gegen den monistisch-sozialistischen Staat.

In den USA konnte sich kein 'absoluter Staat' entwickeln, der hätte 'verdammt' werden müssen. Hier entspricht der Jamessche Pluralismus dem vorherrschenden Staatskonzept und gibt diesem – so wie der Pragmatismus der vorherrschenden Lebenseinstellung – die entsprechenden philosophischen Weihen. Der politische Pluralismus der USA ist in seinen Grundzügen auf den Schutz von Minderheiten gerichtet. Die gemeinsamen Erfahrungen der frühen Einwanderer als verfolgte Minderheiten veranlaßten diese, Minderheitenschutz festzuschreiben und den absoluten

[15] Laski 1917, S. 6; (Übersetzung UW/KS).

Staat – als potentiellen Verfolger – abzulehnen. Deswegen sind die Vertreter des Pluralismus aus einem amerikanischen Verständnis heraus eher traditionell-konservativ orientiert: Auch die frühen Einwanderer bilden eine Minderheit, die als Elite (haves) den Massen und Mehrheiten immer wieder neuer Einwanderergenerationen (have-nots) gegenübersteht. Aus diesem Spezifikum der amerikanischen Gesellschaft entsteht die aus europäischer Sicht so eigentümliche Ambivalenz zwischen dem freiheitlich-fortschrittlichen Grundsatz 'Schutz von Minderheiten' und der politisch-realen Konsequenz einer 'traditionellen Dominanz von Eliten'.

ad (2): Argumentativer Ausgangspunkt der politischen Pluralisten ist der Einzelne mit seinen individuellen Zielen und Wünschen. Diese tatsächlich und faktisch vorhandenen Wünsche, der "actual will", werden aber nicht 'atomistisch' interpretiert, sondern vielmehr in ihrer Abhängigkeit vom konkreten Umfeld des Individuums und dessen konkreten Beziehungen definiert. So gesehen stehen die singulären Interessen nicht nur immer in einem sozialen (oder anderen) Kontext, sondern können als singuläre auch gleichzeitig identisch sein mit den Interessen vieler.

Das pluralistische Gruppenkonzept muß auf diesen Zusammenhang zurückgeführt werden, wobei auch die zentrale Bedeutung aller Formen sozialer, ökonomischer und politischer Assoziationen und Verbände als zentraler politischer Kontext sichtbar wird.

Das Jamessche Konzept der 'Erfahrungskontinuität' zielt auf eine analoge Denkfigur. Nur die begriffliche Welt trennt die Dinge und Empfindungen in isolierte Einheiten, und nur in der begrifflichen Welt entsteht das Problem „ein Ding kann nicht identisch sein mit vielen, ... denn die abstrakten Begriffe der Einheit und der Vielheit schließen notwendig einander aus. In dem besonderen Falle ... ist das *eine* Wesen die All-Form der Erfahrung, die *vielen* Wesen sind die Einzelform ... Um diese beiden Formen als identisch zu bezeichnen, müssen wir sie so behandeln, als ob jede von ihnen *gleichzeitig* ihr eigenes Andere wäre, ein Denkakt, der nach den Prinzipien der gewöhnlichen Logik unvollziehbar ist“ (180,

Hervorhebung im Original). Die Wirklichkeit liegt aber hinter den partikularisierenden Begriffen in einem „ursprünglichen Fluß des Empfindungslebens" (180). „Die konkreten Pulse der Erfahrung" sind nicht durch feste Begrifflichkeiten begrenzt, sondern „fließen stetig ineinander über und scheinen sich gegenseitig zu durchdringen" (181). In dieser Erfahrungskontinuität läßt sich sogar nur sehr schwer unterscheiden, „[w]as in ihnen Beziehung und was Gegenstand der Beziehung ist" (181).

Sowenig also bei James Dinge und Erfahrungen singulär, sondern immer im 'stream of consciousness' betrachtet werden, sowenig plausibel ist für die politischen Pluralisten die Individualisierung von Interessen, die immer verbandsförmig, assoziativ verstanden werden. Damit würde James Feststellung auch von vielen politischen Pluralisten geteilt: „Menschliche Bemühungen sind darauf gerichtet, die Welt in bestimmter systematischer Weise täglich mehr zu vereinheitlichen. (...) Von diesem 'systematischen' Gesichtspunkte betrachtet, besteht der pragmatische Wert der Welteinheit eben darin, daß solche Verbindungsnetze tatsächlich und wirklich vorhanden sind."[16]

ad (3): Beiden Ausprägungen des Pluralismus geht es letztlich darum, durch die Überwindung statischer Konzepte, Raum für Veränderungen, Entwicklungen und Innovationen zu schaffen. Im Laskischen Pluralismus ist es die 'experimentelle Methode', die immer wieder neue Wege und Institutionen für den Transport und die Berücksichtigung gesellschaftlicher Interessen in politischen Entscheidungen finden läßt. In der prozessualen Perspektive James' ist es der tychistisch-empirische 'Spielraum des Zufalls', der dem deterministischen Konzept des Monismus gegenübergestellt wird.[17] Basis ist die Idee des schöpferischen, an den Realitäten orientierten Lebens, das ständig auf der Suche nach Neuerungen, Verbesserung und Vereinfachungen ist, so daß "the new, the different, the unauthorized, the unforeseen, everywhere seeps

[16] James 1977, S. 85.

[17] Vgl. den James-Biographen T. Flournoy 1917, S. 110ff.

into and filters through the old" [18]. Die gegebene Vielfalt und die hieraus resultierenden, nahezu unbegrenzten Möglichkeiten der Verknüpfung von Dingen und Erfahrungen schaffen das Experimentelle, das – in einem nicht-transzendentalen Sinne – Zufällige, das sich in der Realität jedoch jeweils erst noch zu bewähren hat.[19]

Während mit der empirisch-statistischen Methode versucht wird, die Wahrscheinlichkeit des Eintretens einer Situation aufgrund gegebener Parameter zu berechnen, geht es im Tychistisch-Zufälligen um Prozesse der Veränderung und Entwicklung, die statistisch nicht vorhergesagt werden können.

Ein Element von Theorie muß nach James also in der Dynamik, Offenheit, Veränderbarkeit und Vernetzung der Vielheit liegen.

IV. Pragmatismus

Pragmatismus ist nach James sowohl eine Wahrheitstheorie als auch eine Methode.[20] Die Methode besteht darin, daß eine gestellte Frage daraufhin untersucht wird, ob ihre Beantwortung auch wirklich einen praktischen Unterschied macht, d. h., ob sie etwas in der Welt verändert. Die Beantwortung der Frage, ob Heinzelmännchen oder Nachtelfen über Nacht den Brotteig verbessern, bewirkt z. B. keinen Unterschied.[21] Wissenschaftliche Fragen müssen nach James dieser Methode genügen, oder sie sind unsinnig. Auch die Wahrheitstheorie muß sich nach James diesem Kriterium beugen. Wahr ist deshalb nach James eine Aussage dann, wenn sie eine Funktion im Handeln der Personen erfüllt. Damit ist das zweite Kernelement der Jamesschen Philosophie benannt: Neben der Vielfalt der Verknüpfungsmöglichkeiten, die sich auf

[18] Flournoy 1917, S. 111.

[19] Wir würden heute eine Verbindung zur Chaosforschung herstellen, für eine weiterführende Diskussion: Böhret 1990.

[20] Vgl. James 1977, S. 34.

[21] Vgl. James 1977, S. 30.

die pluralistisch-vernetzte Welt bezieht, muß die Theorie eine Differenz in der Praxis bewirken.

1. Wahrheit

Der Wahrheitsbegriff hat die frühe deutsche Rezeption von James bestimmt. Allerdings war die Rezeption von Mißverständnissen und Vorurteilen bestimmt. Daran ist nicht zuletzt die Frankfurter Schule schuld, die den Pragmatismus pauschal als Apologie des Kapitalismus ablehnte.[22] In den frühen Schriften von Marcuse (1965) findet sich auch eine Begründung für die Gegenposition zu James: Die abstrakte Begrifflichkeit von Freiheit und Demokratie kann eine totalitäre Wirklichkeit überleben und damit zur verändernden Kraft dieser Wirklichkeit werden. James sähe jedoch dabei schnell die Gefahr einer 'geschlossenen Gesellschaft' heraufziehen.

Zugegeben, der Schreibstil von James provoziert für einen in Europa sozialisierten Wissenschaftler auch Mißverständnisse. Die Rede vom „Barwert" ("cash value") der Wahrheit, wie es in den Vorlesungen zum Pragmatismus heißt, ist von James als Polemik gegen die europäische Tradition der Wahrheit als Übereinstimmung von Intellekt und Sache formuliert worden.[23] James möchte jedoch nicht wie Descartes vom radikalen Zweifel aus etwas begründen; er möchte nicht vom Ausnahmezustand her denken, sondern vom pluralistischen Normalfall der Wirklichkeit. Nach James kommt es darauf an, ob die eingeführte Frage im praktischen Leben einen Unterschied bewirkt oder nicht. Wenn wir mit einer Übereinkunft unser Handeln koordinieren können (oder wie James auch sagt: was uns auf dem Wege unseres Denken vorwärts bringt), dann ist diese Übereinkunft wahr: Wenn sich also alle um fünf Uhr verabreden, dann ist es wichtig, daß sich alle zur gleichen

[22] Eine ausführliche Auseinandersetzung mit der Rezeption des Pragmatismus durch die Frankfurter Schule liefert Joas 1992b, 1992c.

[23] Zu den verschiedenen Schulen der Wahrheitstheorie vgl. Shirbekk 1977.

Zeit treffen und nicht, ob es jetzt „objektiv“ gesehen fünf Uhr ist oder nicht.[24] Wahrheit im Sinne der Philosophie des „und“ heißt also, daß sich diese rechtfertigen läßt und nicht, daß sie von einem absoluten Standpunkt deduziert werden kann. Ebenso ist die Polemik von James gegen den ontologischen Gottesbeweis im pluralistischen Universum, wie er betont, nicht als Ausdruck von Atheismus zu verstehen. Vielmehr offenbart sich die Wahrheit Gottes für ihn darin, ob diese Vorstellung Menschen Trost spenden kann oder nicht. Aber nicht jede Ansicht ist wahr, auch wenn sie subjektiv glücklich macht. Der faktische Unterschied muß sich auch rechtfertigen lassen. Damit will er Diskursgrenzen zwischen Wissenschaft und anderen Diskursen (z. B. Religion) verwischen. Die verstandesmäßige Erfahrung ist eben nur *ein* Teil der menschlichen Erfahrung. Diese Position verbindet und trennt ihn zugleich mit einer anderen großen philosophischen Persönlichkeit am Anfang des 20. Jahrhunderts: Wittgenstein. Nach Wittgenstein muß über die Erfahrung, über die nicht geredet werden kann, geschwiegen werden. Die Veröffentlichung der geheimen Tagebücher Wittgensteins dokumentiert aber, daß der tractatus logico philosophicus als negative Metaphysik gelesen werden muß. Zwar läßt sich (wissenschaftlich) über gewisse Erfahrungen nicht reden, sie sind aber vielleicht die wichtigsten menschlichen Erfahrungen.

James' radikaler Bruch mit der klassischen Wahrheitstheorie wirkt bis heute nach und hat im gegenwärtigen Wissenschaftsdiskurs zum einen ihre Fortsetzung in der pragmatischen Erkenntnistheorie und zum anderen (z. T.) im Diskurs des „Radikalen Konstruktivismus“ gefunden. Im Rahmen der pragmatischen Erkenntnistheorie sind vor allem die Namen Richard Rorty[25] und

[24] Wir wählen also mit Absicht eine Konvention als Beispiel.

[25] Rorty 1989. Nach Rorty ist „Wahrheit nicht mehr als 'genaue Darstellung der Wirklichkeit', sondern – in einer Formulierung von William James – als dasjenige [zu] verstehen, 'was zu glauben für uns besser ist'“ (Rorty 1981, S. 20). Auch Nelson Goodman steht in dieser Tradition. Für ihn ist Rechtfertigung der umfassendere Begriff gegenüber dem Begriff der Wahrheit. Richtigkeit meint ein Passen in einen Kontext. Ob etwas

Hilary Putnam[26] zu nennen. Mit letzterem, dem wohl bekanntesten zeitgenössischen pragmatischen Erkenntnistheoretiker, verbindet James die Ablehnung jeglichen objektiven Standpunktes, von dem aus „Wahrheit" ex cathedra für jeden verbindlich proklamiert wird. Dies gilt nach Putnam für alle Wissenschaften, auch für die erklärenden Naturwissenschaften[27]. Die Wahrheit einer Aussage läßt sich nur unter Rechtfertigungsbedingungen als wahr überprüfen. Aber auch diese Rechtfertigungsbedingungen können sich wandeln, deshalb darf keine Erkenntnis absolut gesetzt werden.

"In my view ... the justification conditions for sentences change as our total body of knowledge changes, and cannot be taken as fixed once and for all. Not only may we find out that statements we now regard as justified are false, but we may even find out that procedures we now regard as justificatory are not and that different justification procedures are better."[28]

Eine Ähnlichkeit mit dem Wahrheitsbegriff von James weist auch der Wahrheitsbegriff des „Radikalen Konstruktivismus" auf.[29] Die Übereinstimmung bezieht sich darauf, daß beide die Wahrheit an der Funktion messen. Für Ernst von Glasersfeld besteht Wahrheit in der Kompatibilität zwischen Erlebnis und Wirklichkeit. Er spricht von „Viabilität", was ein Passen im Sinne von Funktionieren meint. Was dies heißen soll, macht er an einem metaphorischen Beispiel deutlich:

„Ein blinder Wanderer, der den Fluß jenseits eines nicht allzu dichten Waldes erreichen möchte, kann zwischen den Bäumen viele Wege finden, die ihn an sein Ziel bringen. Selbst, wenn er tausendmal liefe und alle die gewählten Wege in seinem Gedächtnis aufzeichnete, hätte er nicht ein Bild

---

wirklich paßt, wird durch das Wirken des Gesamtkontextes getestet (Goodman/Elgin 1988, S. 208).

[26] Putnam 1983.

[27] Putnam 1983, S. 297.

[28] Putnam 1983, S. 85.

[29] Vgl. u. a. Schmidt 1987.

des Waldes, sondern ein Netz von Wegen, die zum gewünschten Ziel führen, eben weil sie die Bäume des Waldes erfolgreich vermeiden ... In diesem Sinne ‚paßt‘ das Netz in den ‚wirklichen‘ Wald, doch die Umwelt, die der blinde Wanderer erlebt, enthält weder Wald noch Bäume, wie ein außenstehender Beobachter sie sehen könnte.“[30]

Im Diskurs des „Radikalen Konstruktivismus“ hat der Wahrheitsbegriff jedoch eine erkenntnisphysiologische Bedeutung erhalten. Danach gibt es aus der physiologischen Geschlossenheit unseres Erkenntnisapparates keinen Weg nach „draußen“. Das Subjekt konstruiert sich seine Erlebniswelt selbst. In dieser Konsequenz kann James nicht folgen: Zwar zerstückeln die Begriffe den “stream of consciousness”, es bleibt also immer eine Differenz zwischen Begriff und Realität, aber sie konstruieren die „Realität“ – als kognitiven Akt – nicht.

Zwei Einwände gegen den Wahrheitsbegriff von James können jedoch vorgebracht werden:

(1) Der erste Kritikpunkt stammt von John E. Russel[31]: Wenn ich ein Messer nach seiner Funktion definiere, nämlich als Ding, das gut schneidet, dann läßt sich jedoch weiter fragen, woran es denn liegt, daß es gut schneidet. Dies gründet in einer bestimmten Beschaffenheit des Materials, und diese Beschaffenheit kann genau angegeben werden.

(2) Der zweite Kritikpunkt bezieht sich auf die kollektive Festlegung eines gemeinsamen Nutzen- bzw. Wahrheitsbegriffs. Wenn die Wahrheit an dem Nutzen gemessen wird, den sie stiftet, dann muß gefragt werden, wie denn ein gemeinsamer Nutzen entsteht und nicht jeder seinem individualistischen Wahrheitsbegriff anhängt, der sich nicht mit anderen koordinieren läßt. Sähe man dies ausschließlich unter diesem funktionalen Aspekt, würden nur Handlungsfolgen vernetzt. Dieser Blickwinkel steht im Mittelpunkt von Luhmanns Systemtheorie[32]: Die basale Selbstreferenz

[30] Glasersfeld 1985, S. 9.
[31] Vgl. Stumpf 1928, S. 35.
[32] Luhmann 1984.

hält die Kommunikation in einem System anschlußfähig, d. h., „Sinn" wird geschaffen.[33] Damit ist aber nichts über den Inhalt gesagt. Was für Anschlüsse stelle ich her? Die Nützlichkeit der Wahrheit muß mit Zielen verbunden werden, um Handlungen koordinieren zu können. Schließlich geht es nicht nur um den Aspekt, ob wir uns alle um fünf Uhr treffen, sondern ob es für uns sinnvoll ist, sich um fünf Uhr zu treffen. Aber auch diese Frage läßt sich, wie Habermas gezeigt hat, ganz pragmatisch lösen – nämlich über die illokutionäre Bindung von Sprache.[34] Wenn wir zu allen in einer Aussage erhobenen Geltungsansprüchen Stellung beziehen können, dann können wir als autonome Subjekte eine Selbstverpflichtung auf kollektive Ziele eingehen. Über die „illokutionäre Kraft einer Äußerung" kann der Sprecher den Hörer dazu bringen „sein Sprechaktangebot anzunehmen und damit eine rational motivierte Bindung einzugehen".[35] Wir können uns darüber verständigen, was wir wollen. Oder wir können es sein lassen und uns gegenseitig bekämpfen.

2. Handeln

Nach James besteht Handeln nicht in der Vollstreckung einer Theorie, sondern in einem experimentellen Ausprobieren. Nicht der radikale Zweifel ist die entscheidende Frage, sondern die Suche nach neuen Handlungsmustern. Seine Fokussierung liegt auf der „Kreativität des Handelns"[36], nicht auf den vorgegebenen Strukturen. Dieser Pragmatismus läßt nahezu alle gegebenen Zustände und Bedingungen prinzipiell verbesserungsfähig erscheinen, die Zukunft ist eben nicht vorbestimmt und festgefügt, son-

[33] Luhmann 1984. Um Luhmann kein Unrecht anzutun: Kommunikation kann in einem System auch über die reflexive Selbstreferenz anschlußfähig gehalten werden und über die rationale Reflexion, die sogar die Handlungsfolgen für die Systemumwelt thematisiert.

[34] Habermas 1981.

[35] Habermas 1981 I, S. 376.

[36] Joas 1993.

dern prozeßhaft, prinzipiell offen. James ließe sich in Zeiten radikalen weltpolitischen Wandels auch im Hinblick auf die Frage lesen: Wie kann durch Handlung eine neue Struktur geschaffen werden? James gibt auf diese Frage jedoch keine theoretisch ausgefeilte Antwort. Zum einen widerspräche dies seinem theoretischen Grundkonzept, und zum anderen liegt das Problem kollektiven Handelns nicht in seinem Blickwinkel. Er braucht es deshalb nicht zu thematisieren, da es für ihn immer schon vorgängig gelöst ist. In der – von Nolte so genannten[37] – sozialpsychologischen Frage nach dem Verhältnis von Individuum und Gesellschaft vertritt James die Position einer alten europäischen Tradition. Kollektives Handeln ist immer schon über eine gemeinsame intrinsische Verpflichtung der Akteure möglich. Sie müssen nicht erst durch äußeren Zwang zum gemeinsamen Handeln gezwungen werden. Er begründet diese Position damit, daß wir uns gegenseitig als Menschen erkennen, die alle dem Universum vertrauensvoll gegenüberstehen. Dieses Vertrauen liegt nach James in unserer Natur begründet (16; 17). Die äußerliche Verbindung zwischen Menschen ist für James noch unproblematisch. Pluralismus ist bei ihm möglich, weil sich die Menschen nicht aufgrund verschiedener Werthaltungen umbringen. Kultureller und politischer Pluralismus korrespondieren für ihn immer miteinander.

Pluralismus meint hier kein „entweder-oder" zwischen verschiedenen gesellschaftlichen Subsystemen, sondern ein „und". James kann so zu einer Zeit gesellschaftstheoretische Relevanz bekommen, in der die funktionale Differenzierung an ihre Grenzen stößt. Nicht mehr die binäre Codierung der Subsysteme, die die basale Selbstreferenz sicherstellt, steht im Mittelpunkt der Betrachtung, sondern die rationale Reflexion,[38] d. h. die Reflexion auf die Folgen der eigenen Handlung für die Umwelt. In den Politikwissenschaften wird versucht, diese Reflexionsleistung mit Hilfe neuer Steuerungsinstrumente in Form von Verhandlungssystemen

[37] Nolte 1989.
[38] Luhmann 1984, S. 617; Willke 1989, 1992.

~~zu institutionalisieren~~.[39] In der Organisationstheorie wird diskutiert, wie die funktionale Differenzierung durch Abflachung von Hierarchien, Auflösung von Organisationsgrenzen und loser Koppelung teilautonomer Einheiten erweitert werden kann.[40] Auf der sozialwissenschaftlichen Theorieebene hat dies zur Folge, daß sich wieder eine Ausweitung des zugrunde gelegten Handlungsbegriffs vollzog.[41] Auf diesen Ebenen betont demnach die Philosophie des „und" die Mehrdimensionalität der einzelnen Handlungssysteme.

Aus heutiger Sicht müssen jedoch auch einige Zweifel an James' Position vorgebracht werden:

(1) James klagt im ›pluralistischen Universum‹ noch eine Vielfalt ein, die wir heute zu koordinieren versuchen. Auch wenn die Vielfalt nach James nicht mehr auf eine geschlossene Einheit hinausläuft, muß sie als Vielfalt koexistieren können. So polemisiert heute die einflußreiche philosophische Strömung des Kommunitarismus in den USA gegen die Utopie der absoluten Grenzenlosigkeit, weil Freiheit einen geschützten Raum braucht: „Der Liberalismus ist eine Welt von Mauern, und jede erzeugt eine neue Freiheit."[42]

Der reale Universalismus vieler Probleme[43] wird damit zwar nicht gelöst, dennoch wird hierbei deutlich, daß der Pluralismus nur im Rahmen einer gemeinsam geteilten Lebenswelt vorteilhaft gedeiht. In diesem Sinne sind die Wahrheiten einer Gesellschaft auch nicht beliebig, sondern an eine bestimmte Tradition, an eine Sozialisation und an eine gemeinsame Lebenswelt gebunden. In Übereinstimmung mit James ist nach Walzer[44] deshalb Gesellschaftskritik immer Interpretation des kulturellen Kontextes und nicht vom externen Standpunkt eines Nirgendwo her vorgetra-

39 Vgl. Benz/Scharpf/Zintl 1992; Schubert 1994.

40 Staehle 1991.

41 Nolte 1993.

42 Walzer 1993, S. 38.

43 Beck 1993, S. 142.

44 Walzer 1990.

gene – geoffenbarte – Entdeckung oder – vernünftig-revolutionäre – Erfindung. Damit ist jedoch die Frage noch nicht beantwortet, wie denn Pluralismus im Streit mehrerer Kulturen möglich ist.

(2) Die Pluralisierung der Gesellschaft hat auch ihre Entsprechung in der Pluralisierung der Persönlichkeit. Der Weltbürger James hat mögliche negative Auswirkungen davon selbst angesprochen:

> „Man sollte nicht Kosmopolit sein. Die Seele wird desintegriert, wie Jannet sagen würde. Teile von ihr bleiben an verschiedenen Orten, und das Ganze ist nirgends. Das eigene Land erscheint fremd. Es ist keine gute Sache, und ich glaube, darunter zu leiden.“ [45]

Jedoch wollte und konnte er nicht daraus die Konsequenz ziehen, theoretisch – in einem nicht-pathologischen Sinne – von einem multiple self [46] zu reden. Nach James gibt es immer noch die subjektive Leistung, die verschiedene Momente der Persönlichkeit zu einer Identität integriert. [47] In unserer Gesellschaft drängt sich massiv das Problem auf, wie unter pluralistischen Bedingungen sich eine Persönlichkeit ausbilden kann, die weder durch Desintegration noch durch Regression (Identitätsbildung durch Rekurs auf geschlechtliche, nationale etc. Differenzen) verkümmert ist.

Die Philosophie des „und“ läßt sich zusammenfassend als Kritik an dem Singulären, Einen, und als ein Plädoyer für die Vielheiten verstehen. Sie ist Kritik an dem Absoluten der Hegelschen Philosophie, der einzigen Wahrheit und des einen absoluten, übergeordneten und allumfassenden Staates. Dem setzt sie eine pluralistische Metaphysik, die Vielfalt von Verknüpfungsmöglichkeiten, die die pluralistisch-vernetzte Wirklichkeit der Welt abbilden, sowie ein Staatsverständnis entgegen, das sich als Instrument zur Erreichung begrenzter Ziele versteht. Die Vitalität und Überzeugungskraft der philosophischen Arbeiten von James hat einiges dazu beigetragen, daß sich letzteres immer mehr durchzusetzen scheint.

[45] Zit. aus einem Brief vom 24. 1. 1894, nach Stumpf 1928, S. 14.

[46] Elster 1987.

[47] Vgl. auch Bruder 1993.

In der Einführung zitierte Literatur

Alexander, J. C. (1983): Theoretical Logic in Sociology. Vol. 1–4. London.
Beck, U. (1993): Die Erfindung des Politischen. Frankfurt/Main.
Benz, A./Scharpf, F. W./Zintl, R. (1992): Horizontale Politikverflechtung. Zur Theorie von Verhandlungssystemen. Frankfurt/Main.
Böhret, C. (1990): Folgen. Entwurf für eine aktive Politik gegen schleichende Katastrophen. Opladen.
Bruder, K.-J. (1993): Subjektivität und Postmoderne – William James. In: Bruder, K.-J. (1993): Subjektivität und Postmoderne. Frankfurt/Main, S. 81–135.
Elster, J. (Ed.) (1987): The Multiple Self. Cambridge.
Flournoy, T. (1917): The Philosophy of William James. London: Constable & Co.
Glasersfeld, E. von (1985): Konstruktion der Wirklichkeit und des Begriffs der Objektivität. In: Carl Friedrich von Siemens Stiftung (Hrsg.) (1985): Einführung in den Konstruktivismus. München.
Goodmann, N./Elgin, C. Z. (1988): Revisionen. Frankfurt/Main.
Habermas, J. (1981): Theorie des kommunikativen Handelns. Frankfurt/Main.
James, H. (Hrsg.) (1920): The Letters of William James. Boston: The Atlantic Monthly Press.
James, W. (1977): Der Pragmatismus. Hamburg.
Joas, H. (1992): Die Kreativität des Handelns. Frankfurt/M.
Joas, H. (1992a): Pragmatismus und Gesellschaftstheorie. Frankfurt/M.
Joas, H. (1992b): Die unterschätzte Alternative – Amerika und die Grenzen der „Kritischen Theorie". In: Joas (1992a), S. 96–113.
Joas, H. (1992c): Amerikanischer Pragmatismus und deutsches Denken – Zur Geschichte eines Mißverständnisses. In: Joas (1992a), S. 114–145.
Laski, H. (1917): Studies in the Problem of Sovereignty. London.
Luhmann, N. (1984): Soziale Systeme. Frankfurt/Main.
Marcuse, H. (1965): Kultur und Gesellschaft. Frankfurt/Main.
Nolte, H. (1989): Die Sozialpsychologische Fragestellung. In: Soziologia Internationalis 27, S. 173–193.
Nolte, H. (1993): Anthropozentrische Produktionssysteme als Leitbild gesellschaftlicher Veränderung. IAT dp Gelsenkirchen.
Oehler, K. (1977): Einleitung. In: James, W. (1977), S. IX–XXXVI.
Putnam, H. (1983): Realism and Reason. Cambridge.

Putnam, H. (1993): Die bleibende Aktualität von William James. In: Deutsche Zeitschrift für Philosophie, 41. Jg., S. 189–199.
Rorty, R. (1981): Der Spiegel der Natur. Frankfurt/Main.
Rorty, R. (1989): Kontingenz, Ironie und Solidarität. Frankfurt/Main.
Schmidt, S. J. (Hrsg.) (1987): Der Diskurs des Radikalen Konstruktivismus. Frankfurt/Main.
Schubert, K. (1994): Politische Netzwerke (im Erscheinen).
Shirbekk, G. (Hrsg.) (1977): Wahrheitstheorien. Frankfurt/Main.
Staehle, W. H. (1991): Redundanz, Slack und lose Kopplung in Organisationen. In: Staehle, W. H./Sydow, J. (Hrsg.) (1991): Managementforschung 1. Berlin, S. 313–346.
Stumpf, K. (1928): William James nach seinen Briefen. Berlin.
Walzer, M. (1990): Kritik und Gemeinsinn. Berlin.
Walzer, M. (1993): Zivile Gesellschaft und amerikanische Demokratie. Berlin.
Willke, H. (1989): Systemtheorie entwickelter Gesellschaften. Weinheim, München.
Willke, H. (1992): Ironie des Staates. Frankfurt/Main.

Literatur zu William James

Allen, G. W. (1970): William James. Minneapolis.
Ayer, A. J. (1968): The Origins of Pragmatism. Studies in the Philosophy of Charles Sanders Peirce and William James. London; Melbourne.
Bird, G. (1986): William James. London; New York.
Bruder, K. J. (1989): Die Selbstfreisetzung des Ich in der Metapher seiner Auflösung: William James' „Strom des Bewußtseins". In: Psychologie und Geschichte, Jg. 1, S. 9.
Cooper, W. E. (1990): William James' Theory of Mind. In: Journal of the History of Philosophy, Vol. 28, S. 571–593.
Corti, W. R. (1976): The Philosophy of William James. Hamburg.
Edie, J. M. (1987): William James and Phenomenology.Bloomington: Indiana University Press.
Gavin, W. J. (1981): Vagueness and Empathy: A Jamesian Review. In: The Journal of Medicine and Philosophy, Vol. 16, S. 45.
Griffin, D. R. e.a. (1993): Founders of Constructive Postmodern Philosophy. New York.

Herms, E. (1977): Radical Empiricism. Studien zur Psychologie, Metaphysik und Religionstheorie William James'. Gütersloh.

Herms, E. (1979): Nachwort zu W. J.: Die Vielfalt religiöser Erfahrung. Olton.

Horkheimer, M. (1985): Zur Kritik der instrumentellen Vernunft. Frankfurt/Main.

Kallen, H. M. (Hrsg.) (1942): In Commemoration of William James 1842–1942. New York.

Martland, T. R. (1963): The Metaphysics of William James and J. Dewey. New York.

Metzger, A. (1964): W. James und die Krise der Philosophie. In: Metzger, A. (1964): Dämonie und Transzendenz. Pfullingen, S. 120–144.

Morris, C. W. (1970): The Pragmatic Movement in American Philosophy. New York.

Nathanson, S. (1982): Nonevidential Reasons for Belief: A Jamesian Review. In: Philosophy and Phenomenological Research, Vol. 42, S. 572–580.

Olin, D. (1992): Introduction. In: William James: Pragmatism in focus. London; New York.

Scheffler, I. (1974): Four Pragmatists. London; New York.

Schmidt, H. (1959): Der Begriff der Erfahrungskontinuität bei William James und seine Bedeutung für den amerikanischen Pragmatismus. Heidelberg.

Schrag, O. (1969): Struktur der Erfahrung in der Philosophie von James und Whitehead. In: Zeitschrift für philosophische Forschung, Bd. 23, S. 479–494.

Seigfried, C. H. (1978): Chaos and Context. A Study in William James. Athens/Ohio.

Seigfried, C. H. (1990): The Pragmatist Sieve of Concepts: Description versus Interpretation. In: The Journal of Philosophy, Vol. 87, S. 585–592.

Shalin, D. N. (1992): Critical Theory and the Pragmatist Challenge. In: American Journal of Sociology, Vol. 98, S. 237–279.

Thayer, H. S. (1968): Meaning and Action. A Critical History of Pragmatism. Indianapolis.

Wernham, J. C. S. (1987): James's Will-to-Believe Doctrine: A Heretical View. Montreal.

Inhaltsverzeichnis.

1. Vorlesung.

Die Typen des philosophischen Denkens.

Da diese Vorlesungen nicht für ein Fachpublikum bestimmt sind, und ihre Zahl nicht allzu groß sein wird, so glaubte ich, von allen Spezialproblemen absehen zu müssen: nur einige Fragen von allgemein philosophischem Interesse sollen hier zur Erörterung gelangen.

Glücklicherweise beginnt unser Zeitalter wieder philosophisch zu werden — das alte Feuer glüht unter der Asche fort.

Oxford, das für die englische Welt so lange das Saatbeet des von Kant und Hegel inspirierten Idealismus war, wurde neuerdings zur Pflanzstätte eines wesentlich anders gerichteten Denkens.

Auch Nichtphilosophen haben begonnen, Interesse zu bekunden für eine Kontroverse, die als die Frage des Humanismus und Pluralismus bekannt ist[1]). Es hat den Anschein, als wenn der alte englische Empirismus, der so lange durch vornehmer klingende deutsche Formeln aus der Mode gekommen war, in der Mauser begriffen sei und sich zu einem neuen Fluge anschicke, einem mächtigeren denn je. Ja, es scheint, daß die Grundlagen der Philosophie von neuem untersucht und geprüft werden.

Die Individualität widerstrebt aller Klassifikation. Dennoch sind wir geneigt, jeden, der uns begegnet, unter irgend eine allgemeine Rubrik zu bringen. Da aber diese

[1]) Anm. des Übersetzers: Der hier genannte Humanismus ist nicht mit dem klassischen Humanismus der Renaissance oder mit dem des 18. Jahrhunderts in Deutschland zu verwechseln. Was hier gemeint ist, siehe Vorlesung VIII.

Rubriken bei dem einen oder andern Hörer ungünstige Assoziationen hervorrufen und mit Vorurteilen verbunden sind, so besteht der philosophische Verkehr auf der ganzen Linie in der Abwehr der Klassifizierung und in Klagen über mißverständliche Auffassungen. Aber es sind Anzeichen vorhanden, daß es damit besser wird, und daß im allgemeinen die Diskussion mit weniger Bitterkeit und Schärfe geführt wird, was zum Teil Oxford und Harvard zu verdanken ist.

Gehen wir zurück bis in die sechziger Jahre des neunzehnten Jahrhunderts: Mill, Bain und Hamilton waren die einzigen öffentlich anerkannten Philosophen in England; Spencer, Martineau und Hodgson waren damals erst in den Anfängen. In Frankreich beschäftigten sich die Schüler Cousins ausschließlich mit historischen Untersuchungen; nur Renouvier hatte ein eigenes System. In Deutschland hatte sich die Hegel'sche Bewegung erschöpft, und, von historischer Gelehrsamkeit abgesehen, war nichts übrig geblieben als der Materialismusstreit, dessen Hauptkämpen Leute wie Büchner und Ulrici waren. Die einzigen selbständigen Denker waren Lotze und Fechner. Und Fechner war nicht einmal Philosoph von Fach.

Der allgemeine Eindruck, den man von der Gesamtlage der Philosophie empfing, läßt sich etwa so zusammenfassen: Ein Hin und Her von übereilten Aufstellungen und ebensolchen Entgegnungen, ein Mangel an Subtilität und ein Übermaß von Ignoranz; der Dilettantismus war ins Kraut geschossen. Samuel Bailey's „Briefe über die Philosophie des menschlichen Geistes" vom Jahre 1855 sind ein Buch von wirklicher Bedeutung und eine der vortrefflichsten Darstellungen der englischen Assoziationspsychologie. Hören Sie jedoch, was er über Kant schreibt: „Niemanden, der diese Auszüge usw. aus Kant gelesen hat, kann es überraschen, daß selbst Männer von hervorragenden Geistesgaben erklärt haben, sie wären nach jahrelangen Studien nicht imstande gewesen, auch nur einen klaren Gedanken den

Spekulationen Kants zu entnehmen. Ich hätte mich allerdings auch gewundert, wenn dem anders gewesen wäre. Als Lord Grenville im Jahre 1818 die englischen Seeen besuchte, sagte er zu Professor Wilson, daß er nach einem fünfjährigen Studium von Kants Philosophie keinen einzigen klaren Gedanken in ihr gefunden habe. Wilberforce machte einem andern meiner Freude um dieselbe Zeit das gleiche Geständnis. „Ich bemühe mich vergeblich, diese verfluchte deutsche Philosophie zu verstehen", erklärt Sir James Mackintosh, offenbar im Ärger über seine fruchtlosen Bemühungen [2]."

Welcher Oxforder Philosoph würde es heute wagen, solche naive und rückständige (provincial-sounding) Aussprüche von Autoritäten drucken zu lassen!

Wenn der Geist die Flamme anfacht, dann geht die Fackel der Wissenschaft von Land zu Land. Der tiefere philosophische Geist kam zu uns Engländern aus Deutschland, und er wird gewiß über kurz oder lang dorthin zurückkehren. Die Vermittlung deutschen Geistes verdanken wir Ferrier, I. H. Sterling und vor allem T. H. Green. Fragt man, worin der von diesen Männern hervorgerufene Umschwung bestand, so können wir sagen: in der Umwandlung des noch unentwickelten und noch etwas ungewandten englischen Denkens, das sowohl in religiöser wie in antireligiöser Beziehung mit den allereinfachsten Mitteln operierte, in einen Rationalismus, der, obwohl deutschen Ursprungs, sich doch von der deutschen Methode und dem lauten Wesen frei machte und sich begnügte, allgemeine Anregungen zu geben, in Unbestimmtheiten zu verharren und nach englischer Art fromm zu sein.

Zur Zeit, als T. H. Green seine Laufbahn in Oxford begann, schienen seine Zeitgenossen das Gefühl zu haben, daß sie lange genug das Häcksel der Assoziationspsychologie vorgesetzt bekommen hätten; es schien, als wäre ihnen

[2]) Bailey op. cit. Erste Serie p. 52.

ein wenig mehr von großen, wenn auch vagen Gedanken willkommen, die gleich feuchten, aus weiter Ferne kommenden Winden uns gelinde an die Erhabenheit unserer überweltlichen Herkunft gemahnten.

Der Hauptangriffspunkt Greens gegen den herrschenden englischen Sensualismus war dessen Dogma von der inneren Unverbundenheit der Sinneswahrnehmungen und der aus ihnen resultierenden Vorstellungen. Beziehungen herzustellen unter den Gegebenheiten der Erfahrung, darin bestand für ihn die Haupttätigkeit des Intellekts, und die Voraussetzung dafür war letzten Endes die von ihm angenommene Idee Kants, die den meisten von Ihnen wohl als Einheit der Apperzeption bekannt sein dürfte, die jedoch bei Green zugleich die Umwandlung in einen lebendigen Weltgeist erfahren hat.

Daher liegt hier ein Monismus von religiöser Färbung vor. Wir sind auf irgend eine Weise gefallene Engel, die jedoch mit diesen nur die Intelligenz gemein haben; daher auch die Verachtung für den sensualistischen Empirismus, die diese philosophische Schule immer charakterisierte, und die bis heute in Oxford, wie an den schottischen Universitäten, im ganzen uneingeschränkt geherrscht hat.

Aber nun sind Anzeichen vorhanden, daß diese Schule von einer andern abgelöst wird, die zu einem revidierten Empirismus hinführt. Ich bekenne offen, daß ich mich freuen würde, wenn sie sich Geltung verschaffte, und ich hoffe, daß ich mit diesen Vorlesungen etwas hierzu werde beitragen können.

Was bedeuten die Ausdrücke Empirismus und Rationalismus? Der bezeichnendste Unterschied zwischen beiden besteht darin, daß der Empirismus das Ganze gewöhnlich aus den Teilen und der Rationalismus die Teile aus dem Ganzen erklärt. Der Rationalismus bewahrt sich eine gewisse Wahlverwandtschaft mit dem Monismus, da Ganzheit und Einheit zusammengehen, während der Empirismus pluralistischen Anschauungen zuneigt. Keine Philosophie kann jemals mehr sein als eine summarische Skizze, als ein lückenhaftes Bild der Welt, als ein verkleinernder Blick aus der Vogelschau in der Perspektive der Ereignisse. Vor allem aber dürfen wir eins nicht außer acht lassen: das einzige Material, über das wir bei der Herstellung eines Weltbildes verfügen, wird uns von jenen verschiedenen Teilen geliefert, von denen wir bereits eine Erfahrung gewonnen haben. Wir können keine neuen Begriffsformen erfinden, die nur auf das Ganze der Welt Anwendung hätten, und die uns nicht ursprünglich von den Teilen suggeriert werden. Alle Philosophen haben demgemäß das Ganze der Welt nach Analogie irgend eines einzelnen Zuges aufgefaßt, der ihre Aufmerksamkeit besonders fesselte. So entlehnen die Theisten ihren Leitgedanken dem Handwerk, die Pantheisten dem Wachstum. Andern gleicht die Welt einem Gedankengebilde oder einem Satz, in dem ein Gedanke zum Ausdruck kommt. Für solche Philosophen muß das Ganze logisch früher sein als die Teile, denn Buchstaben wären nie erfunden worden, wenn es keine zu buchstabierenden Silben und Silben, wenn es keine auszusprechenden Worte gegeben hätte.

Ein anderer sieht in der Ordnung nur einen gleichsam durch die Statistik hervorgerufenen Schein; und das Universum erscheint ihm wie ein riesiger Glücksbeutel (grab-bag), gefüllt mit weißen und schwarzen Kugeln, deren Mengeverhältnisse wir nach der Häufigkeit erraten, in der wir sie herauskommen sehen. Für einen andern wiederum gibt es keine wirklich immanente Ordnung, sondern wir projizieren die Ordnung in die Welt, indem wir bestimmte Objekte auswählen und zwischen ihnen Beziehungen herstellen, um so unsere intellektuellen Interessen zu befriedigen. Wir arbeiten die Ordnung heraus, indem wir die ihr widerstrebenden Teile ausschalten. So wird die Welt hier aufgefaßt nach Analogie eines Waldes, den wir durch Ausrodung überflüssiger Bäume zu einem Parke umwandeln, oder nach Analogie eines Marmorblockes, aus dem wir, durch Absplitterung überflüssiger Teile, eine Statue bilden. Einige Philosophen entnehmen ihre Denkmotive dem menschlichen Leben und behandeln das Universum, als wenn es wesentlich ein Ort wäre, wo Ideale verwirklicht werden. Andern hinwiederum drängen sich mehr die niedrigen Züge des Universums auf; sie finden daher, daß die brutalen Notwendigkeiten seinen Charakter besser ausdrücken.

Alle folgen der einen oder andern Analogie; und alle diese Analogien halten sich an das eine oder andere Gebiet des Universums. Gleichwohl erhebt jeder den Anspruch, daß seine Schlüsse die einzig logischen sind, und daß sie Nötigungen einer allgemeinen Vernunft sind, obwohl sie im Grunde nur eine mehr oder weniger zufällige Art persönlicher Weltanschauung zum Ausdruck bringen. Es wäre besser, wenn man das einfach zugestände; denn die Weltanschauung des einen Menschen kann viel wertvoller sein als die des andern, und die Art, wie wir die Dinge schauen, ist gewöhnlich nicht nur unser interessantester, sondern auch unser beachtenswertester Beitrag zu der Welt, in welcher wir unsere Rolle spielen. „Wofür anders", sagt ein Denker des achtzehnten Jahrhunderts, „ward dem Menschen die Vernunft gegeben, wenn nicht, um ihn zu befähigen, Gründe zu finden für das, was er tun und denken will?" — und ich glaube, die Geschichte der Philosophie gibt ihm in weitem Maße recht. „Beim Erkennen", sagt Hegel, „ist es überhaupt darum zu tun, der uns gegenüberstehenden objektiven Welt ihre Fremdheit abzustreifen, uns, wie man zu sagen pflegt, in dieselbe zu finden [3]."

Für die verschiedenen Menschen sind es sehr verschiedene Teile der Welt, in denen sie dieses Verlangen befriedigt finden.

---

[3]) Hegels Encyklopädie der philosophischen Wissenschaften im Grundrisse. I. Teil. Die Logik § 194.

Gestatten Sie mir hier ein paar Bemerkungen über die merkwürdige Antipathie, die das Eingeständnis solch subjektiver Momente erweckt. Diese Antipathie ist durchaus ungerecht, denn alle Beteiligten sind menschliche Wesen mit denselben Grundinteressen, und keines von ihnen ist ein so gottverlassenes Geschöpf, wie es in der Einbildung des andern oft erscheint. Beide stehen in einem loyalen Verhältnis zur Welt, die sie trägt; keines will sie als eine sinnlose Zusammenhangslosigkeit betrachten; beide wollen sie als irgendeine Art von Kosmos festhalten. Dieser tiefgehenden Übereinstimmung gegenüber sind ihre abweichenden Meinungen von untergeordneter Bedeutung. Sie sind vielleicht nur Neigungen zu verschiedener Betonung der Dinge. Da liegt vielleicht dem einen die Finalität und letzte metaphysische Sicherheit mehr am Herzen als dem andern; oder ihre sprachlich-ästhetische Geschmacksrichtung ist verschieden. Der eine liebt ein Universum, das sich mit hohen und pathetischen Worten beschreiben läßt. Dem andern mag das als sentimental und rhetorisch erscheinen; der eine verlangt mehr nach einer theologischen Ausdrucksweise, der andere zieht eine technische oder fachwissenschaftliche vor. Einer meiner amerikanischen Bekannten, ein alter Farmer, wurde von seinem Nachbarn „Schuft" gescholten. Er schlug den Mann sofort zu Boden und sagte: „Ich verbitte mir jedes Deiner verkleinernden Beiworte." So erscheinen empiristisch gerichtete Geister, die die Teile vor dem Ganzen existieren lassen, den Rationalisten, die vom Ganzen ausgehen, und deshalb in großen Worten schwelgen können, als Leute, die Beiworte von verletzender Verkleinerung gebrauchen.

Aber mehr als dieses Mißverstehen macht mir der Umstand Sorge, daß viele der Gegenstände, die ich mit Ihnen besprechen muß, beim ersten Anhören schwer verständlich sind. Indeß gibt es, wie Kant gesagt haben würde, in jeder Philosophie zwei Stücke: Erstens der letzte Ausblick, die allgemeine Glaubenshaltung, zu der sie uns hinführt;

zweitens die Überlegungen und Schlußfolgerungen, vermittels deren jene Haltung erreicht wird. Eine Philosophie, pflegte James Ferrier zu sagen, muß wohl wahr sein, aber das ist das wenigste, was man von ihr verlangen kann. Man kann auch, ohne Philosoph zu sein, Wahrheit besitzen, etwa durch Mutmaßungen oder durch Offenbarung. Die Wahrheit eines Philosophen hingegen zeichnet sich dadurch aus, daß sie sich auf Gründe und Beweise stützt. Durch Argumentation, nicht durch bloße Annahmen, muß er sie erworben haben. Die breite Masse befindet sich im Besitze überlieferter Glaubensmeinungen, ohne zu wissen, wie sie dazu gekommen ist. Sie stürzt sich blindlings in sie hinein und verharrt dann darin. Der Philosoph muß mehr tun. Er muß für seine Wahrheit erst die Lizenz der Vernunft einholen. Und für den Philosophen von Fach ist die Arbeit, sich diese Lizenz zu verschaffen, gewöhnlich eine Sache von viel größerer Bedeutung und Wichtigkeit als irgend eine der besonderen Glaubensmeinungen, zu denen ihm die Lizenz ein Recht gäbe. Nehmen Sie beispielsweise an, ein Philosoph glaube an den freien Willen. Wenn nun ein philosophisch ungeschulter Mann rein instinktiv auch an den freien Willen glaubt, so wird ihn der Philosoph darum nicht höher schätzen. — Ja, es könnte ihm unter Umständen sogar peinlich sein, mit einem solchen Manne zusammen genannt zu werden. Den Philosophen interessieren vor allem die besonderen Voraussetzungen, auf denen sein Glaube an den freien Willen beruht, der Sinn, den er mit diesem Glauben verbindet, die Einwände, die er bekämpft, die Schwierigkeiten, die er in Betracht zieht — kurz, die ganze Form, Stimmung, Behandlungsweise und der technische Apparat, der mit dem fraglichen Glauben zusammengeht. Ein anderer Philosoph, der denselben technischen Apparat benutzt und dieselben Distinktionen macht, der aber zu entgegengesetzten Schlußfolgerungen kommt und den freien Willen völlig leugnet, würde unsern Philosophen weit mehr interessieren als jener naive Mann, der seinen Glauben teilt. Ihre gemeinsamen fachtechnischen Interessen verbinden sie mehr, als ihre entgegengesetzten Schlußfolgerungen sie trennen. Jeder würde sich dem andern verwandt fühlen, an ihn denken, für ihn schreiben und sich um seine gute Meinung bemühen. Beide würden den Mann, der einfältigen Herzens an den freien Willen glaubt, gering schätzen; seine Stimme würde weder als die eines Parteigenossen, noch als die eines Gegners gezählt werden.

Bis zu einem gewissen Grade ist das ganz in Ordnung, aber wie alle Fachvirtuosität kann auch diese zu Mißbrauch führen und alles Maß überschreiten. Schließlich ist doch in allen menschlichen Dingen das Ziel mehr als der Weg. Formen und Methoden können leicht den Zweck verfehlen, dem sie als Mittel dienen sollen. Der Mißbrauch einer rein technischen Behandlungsweise zeigt sich darin, daß in der philosophischen Literatur metaphysische Fragen so selten direkt aus ihrer eignen Bedeutung heraus erörtert werden. Sie werden fast immer behandelt, als ob sie sich hinter einem schweren Tuchvorhang befänden — hinter den Meinungen der früheren Philosophen. Die großen Alternativen der Metaphysik werden in besondere Namen gehüllt, als wenn es für eine Wahrheit unanständig wäre, sich nackt zu zeigen. Über diesen Punkt hat der verstorbene Professor John Grote (Cambridge) einige guten Bemerkungen gemacht. „Gedanken“, sagt er, „sind nichts Zünftiges, nichts, was nur für sogenannte Philosophen oder Denker von Fach Bedeutung hat. Der beste Philosoph ist der Mann, der in seinem Denken mit den einfachsten Mitteln auskommt... Ich wünschte, die Menschen würden lernen, das Denken — und Philosophie ist ja nichts anderes als gutes und methodisches Denken — als etwas zu betrachten, was zu ihrem innersten Wesen gehört, als einen Teil ihres eigenen Selbst — ich wünschte, sie würden dem, was sie denken, Wert beimessen und an ihm interessiert sein...

Nach meiner Meinung", fährt er fort, „ist in dieser Last der Gelehrsamkeit etwas Deprimierendes; sie läßt nichts im Geiste aufkommen, ohne daß gleich gesagt wird: Oh, das ist die Meinung, die der oder jener schon vor langem ausgesprochen hat. Ich kann mir für geistig Strebende nichts Schädlicheres denken als die Gewohnheit, bei allen philosophischen Gedanken sich zu sagen: Das ist die Meinung dieses oder jenes, die er schon früher geäußert hat [1])". Dennoch ist dies die Gewohnheit, die an unseren Stätten der Gelehrsamkeit am meisten begünstigt wird. Man muß seine Meinung an die des Aristoteles oder des Spinoza anknüpfen. Man muß sie durch ihre Abweichung von der Kants näher bestimmen. Man muß die Ansicht des Gegners dadurch widerlegen, daß man sie mit derjenigen des Pythagoras identifiziert. So wird alle Spontaneität des Denkens, alle Frische der Auffassung zerstört. Alles, was man berührt, ist verschossen. Die übertriebene Fachvirtuosität mit ihrer Trockenheit ist bei den jüngeren Studenten unserer amerikanischen Universitäten erschreckend. Das kommt daher, daß sie sich zumeist nach deutschen Vorbildern und Sitten richten. Lassen Sie mich der Hoffnung wärmsten Ausdruck geben, daß man in diesem Lande zu der mehr humanen englischen Tradition zurückkehre. Amerikanische Studenten müssen mühevoll auf eigene Faust im späteren Leben direkte Beziehungen zu unserem Gegenstande wieder zu gewinnen suchen. Einige haben es auch zuwege gebracht. Ich fürchte aber, unter den Jüngeren wird mancher sein, dem dies nie mehr gelingen wird, weil die professionale Fachsimpelei schon zur festen Gewohnheit geworden ist. — —

Wenn wir die Geschichte der Philosophie als Ganzes nehmen, reduzieren sich die Systeme auf einige wenige Haupttypen. Trotz alles technischen Wortschwalls, in welche der erfinderische Intellekt des Menschen sie einhüllt, sind diese Typen doch nichts anderes als die verschiedenen Arten,

[1]) Exploratio philosophica Teil I pp XXXVIII, 130. 1865.

das Drängen und Treiben des Lebens zu schauen und zu fühlen; je nach Charakter und Erfahrung wird entweder die eine oder die andere Art vorgezogen — es gibt kein treffenderes Wort dafür — und zwar diejenige, mit der der Betreffende am besten auskommen kann. Cynische (cynical) Charaktere neigen mehr zu der einen Art, weltfreundliche (sympathetic) mehr zu der andern. Aber irgend eine innere Haltung der Gesamtheit der Dinge gegenüber ist nicht möglich, bevor die Fähigkeit des Verallgemeinerns sich in beträchtlicher Weise entwickelt und der Intellekt gelernt hat, an synthetischen Formeln Gefallen zu finden. Die Gedanken des prähistorischen Menschen haben kaum irgend eine philosophische Färbung. Für Wilde kann die Natur nur wenig Einheit haben. Sie ist eine Walpurgisnacht, ein buntes Spiel von Licht und Schatten, ein Durcheinander von kobold- und elfenartigen freundlichen und feindlichen Mächten. Obgleich diese Menschen „mit der Natur leben", sind sie doch nichts weniger als Naturschwärmer. (Wordsworthians.) Wenn sie je etwas von kosmischem Schauer ergreift, so ist es wohl um Mitternacht, wenn der Lagerrauch in die Höhe steigt zu dem unheilbringenden Vollmond im Zenith, und wenn es im Walde sich regt von Zauber und Gefahr. Die Unheimlichkeit der Welt, das Unheilvolle und Vielgestaltige in ihr, die Ohnmacht menschlicher Kräfte, die magischen Überraschungen, die Unberechenbarkeit der wirkenden Dinge, das sind sicherlich auf dieser Kulturstufe die eindrucksvollsten Züge ihrer Welt. Sie erwecken die Neugier und die ersten Regungen des Intellektes. Stürme und Feuersbrünste, Pest und Erdbeben offenbaren überirdische Mächte. Sie rufen eher religiöse Angst als philosophische Betrachtung hervor. Die Natur, mehr dämonisch als göttlich, erscheint über alle Maßen vielgestaltig. Wer kann in dieser bunten Vielheit von Geschöpfen, die sich gegenseitig zerfleischen oder einander bedrohen, die einander helfen oder unterdrücken, die sich hassen oder lieben, die gegeneinander zutraulich sind oder einander erschrecken, — wer kann hier eine Über- und Unterordnung erkennen? Sie sind eher einander koordiniert. Die Hauptaufgabe besteht darin, sich ihnen einzeln anzupassen, die gefährlichen Mächte sich gefügig zu machen und die anderen sich freundlich zu erhalten, unbekümmert um Folgerichtigkeit und Einheit. Das Symbol der Natur ist auf dieser Stufe, wie Paulsen treffend bemerkt, die Sphinx, unter deren nährenden Brüsten die Krallen sichtbar sind.

Aber allmählich erwacht der Intellekt mit seiner Leidenschaft für das Verallgemeinern, Vereinfachen und Unterordnen; es beginnen dann jene Verschiedenheiten der Weltauffassungen sich zu bilden, die durch alle spätere Erfahrung eher vertieft als verwischt zu werden scheinen. Denn die objektive Natur hat beiden Seiten für ihre Aufstellungen in gleicher Weise Stoff geboten, so daß die Denker bald den einen, bald den andern Teil ihres Wesens in den Vordergrund rücken und die verschieden gearteten Erfahrungen durch gedankliche Ergänzungen stützen.

Vielleicht ist der interessanteste Gegensatz derjenige, der sich aus dem Zusammenstoß zwischen dem weltfreundlichen und dem cynischen Temperament herleitet. Er kommt in den miteinander rivalisierenden Typen des Materialismus und des Spiritualismus zum Ausdruck. Dem Materialismus ist die Welt so beschaffen, daß in ihr die Seele des Menschen nur ein fremder Bestandteil von flüchtiger Dauer ist. Die spiritualistische Denkweise hingegen besteht darauf, daß die stoffliche Wirklichkeit von der menschlichen Innerlichkeit umfaßt und beherrscht werden muß. Im folgenden lasse ich den Materialismus einstweilen unberücksichtigt und beschränke mich auf die Erörterung des Spiritualismus. — Es gibt zwei durchaus verschiedene Typen oder Stufen in der spiritualistischen Philosophie. Und es ist zunächst meine Absicht, ihren Gegensatz in dieser Vorlesung deutlich hervortreten zu lassen. Beide Typen gelangen zu einer Weltanschauung, in welcher die Welt mit unserer menschlichen

Innerlichkeit wesensverwandt ist, aber der eine erreicht sie mit mehr Erfolg als der andere.

Der allgemeine Begriff des Spiritualismus, den ich soeben bloß als Gegensatz zum Materialismus gebrauchte, zerfällt in den monistischen Spiritualismus, der den Unterschied zwischen Welt und menschlicher Innerlichkeit gänzlich aufzuheben bestrebt ist, und in den dualistischen Spiritualismus, der darin nicht so entschieden vorgeht. Die dualistische Abart ist der Theismus, der seine systematische Gestaltung in der scholastischen Philosophie fand. Die monistische Abart ist der Pantheismus, der oft einfach als Idealismus, oft auch als nachkantischer oder absoluter Idealismus bezeichnet wird. Der dualistische Theismus wird unerschütterlich an allen katholischen Lehranstalten festgehalten, während er an unseren britischen und amerikanischen Universitäten in den letzten Jahren zurückgeht, um durch einen mehr oder weniger offenen oder versteckten monistischen Pantheismus ersetzt zu werden. Ich habe den Eindruck, als ob seit den Zeiten T. H. Greens der absolute Idealismus in Oxford entschieden im Wachsen begriffen ist. Auch an meiner eigenen Harvard-Universität ist das der Fall.

Der absolute Idealismus sucht nach einer, wie ich schon sagte, mehr inneren Beziehung von Gott und Welt. Doch dieser Satz bedarf einiger Erläuterungen. Soweit der Theismus die Welt als eine Welt Gottes darstellt und Gott als das, was Matthew Arnold als einen vergrößerten und nichtnatürlichen Menschen bezeichnete, soweit scheint es, als ob die innere Qualität der Welt menschlich bliebe, und als ob wir zu ihr in einem inneren Verhältnis stünden; denn das, was wir als das Beste in uns kennen, erscheint auch außerhalb unserer selbst, und das Universum und wir sind von derselben geistigen Wesensart. Soweit ist alles gut; und man kann füglich fragen, was man denn von einem inneren Verhältnis noch mehr verlangt. Allein hierauf ist zu antworten, daß, einem Dinge gleichartig sein, nicht eine ebenso innere Beziehung zu ihm bedeutet, wie mit ihm substantiell verschmolzen sein, mit ihm einen Leib und eine Seele bilden; und diesen höheren Grad von innerer Beziehung erreicht der pantheistische Idealismus dadurch, daß er uns mit Gott wesenseins macht.

Die theistische Schöpfungsidee, die Gott und seine Schöpfung als voneinander verschiedene Wesenheiten auffaßt, läßt das menschliche Subjekt immer noch außerhalb der tiefsten Realität im Universum. Sie behauptet, Gott ist von Ewigkeit her absolut vollkommen und sich selbst genug. Er entläßt die Welt aus sich wie einen fremden Stoff durch einen freien Willensakt und er entläßt den Menschen aus sich wie einen dritten Stoff, der sowohl ihm als der Welt wesensungleich ist. Hier bedeutet Gott ein Erstes, die Welt ein Zweites und der Mensch ein Drittes — das ist die orthodoxe Auffassung des Theismus. Der orthodoxe Theismus ist auf den Ruhm Gottes so eifersüchtig, daß er sich alle Mühe gibt, in der Auffassung seines Wesens alles auf die Spitze zu treiben, was ihm von seiner Schöpfung sondert und trennt. Scholastische Bücher beweisen auf jeder Seite, daß Gott in keiner Weise von seinem Schöpfungsakt berührt oder in seine Schöpfung hineingezogen wird. Als eine pantheistische Leugnung der Selbstgenügsamkeit Gottes wird die Annahme zurückgewiesen, daß sein Verhältnis zu den Geschöpfen, die er geschaffen, ihm etwas bedeuten, ihn durch irgendwelche Folgen in seinem Wesen verändern könnten. Ich sagte vorhin, daß der Theismus Gott und uns als zur gleichen Gattung gehörig auffaßt, aber vom orthodoxen Standpunkte aus war das ein lapsus linguae. In der scholastischen Theologie sind Gott und seine Geschöpfe toto genere verschieden: sie haben absolut nichts miteinander gemein; ja, es hieße Gott herabsetzen, wenn man ihm irgendeine Zugehörigkeit zu einer Gattung zuschriebe; er kann nicht klassifiziert werden. In einem gewissen Sinne also trennt uns der philosophische Theismus von Gott. Unsere

Beziehung zu ihm ist eine äußere und unsere Verbindung mit ihm scheint einseitig und nicht gegenseitig zu sein. Er kann auf uns einwirken, wir aber nicht auf ihn. Mit einem Worte: Unsere Beziehung zu ihm ist keine im eigentlichen Sinne soziale Beziehung. Natürlich hält sie der gemeine Mann für eine solche, aber darin besteht nur eine der vielen Unterschiede zwischen Religion und Theologie.

Dieser absolute Dualismus der theistischen Anschauung hat mancherlei Nebenfolgen. Da der Mensch zu Gott in einem äußerlichen Untertanenverhältnis steht und nicht innerlich an ihm teil hat, so kommt ein Zug von Äußerlichkeit in das Ganze. Gott ist nicht eines Herzens mit uns und sein Denken ist nicht wie unser Denken: er ist eher unsere Obrigkeit; und unsere einzige moralische Pflicht bleibt es, seinen Gesetzen mechanisch zu gehorchen, so seltsam sie auch sein mögen. In der Tat haben die Ideen des Kriminalrechts eine große Rolle gespielt bei der Bestimmung unserer Beziehungen zu ihm. Dieselbe Äußerlichkeit kennzeichnet auch unser Verhältnis zur spekulativen Wahrheit. Es gehört zu unseren Pflichten, die Wahrheit zu kennen, und die rationalistischen Denker haben dies immer für unsere höchste Pflicht gehalten. Aber in dem scholastischen Theismus finden wir die Wahrheit schon fix und fertig vor, ganz unabhängig von unserem Wissen und Tun. Das einzige, was wir tun können, ist, sie passiv anzuerkennen und ihr treu zu bleiben, obgleich es für die Wahrheit nicht den geringsten Unterschied bedeutet, ob wir ihr treu bleiben oder nicht. Hier haben wir wieder eine radikal dualistische Lage. Es verhält sich nicht so, wie pantheistische Idealisten behauptet haben, daß Gott oder die Welt teilweise durch uns zum Wissen ihrer selbst gekommen sind, sondern die Wahrheit existiert per se und absolut, lediglich durch Gottes Gnade und Ratschluß, gleichviel ob einer von uns sie kennt oder nicht, und sie würde unverändert fortexistieren, auch wenn wir, die endlichen Träger der Wahrheit, alle untergingen.

Man muß zugeben, daß dieser Dualismus mit seinem Mangel an Innerlichkeit für den christlichen Gedanken stets hemmend und belastend gewesen ist. Die orthodoxe Theologie hat innerhalb der Schulen einen fortwährenden Kampf zu führen gehabt gegen die verschiedenen Formen der pantheistischen Heräsie, welche die mystischen Erfahrungen religiöser Persönlichkeiten einerseits und die formale oder ästhetische Überlegenheit des Monismus gegenüber dem Dualismus anderseits, immer wieder hervorriefen. Gott als innere Seele und Vernunft des Universums hat gewissen Personen immer als ein würdigerer Begriff geschienen, denn als ein nur von außen wirkender Schöpfer. So aufgefaßt, schien Gott der Welt eine vollkommenere Einheit zu geben; er verminderte ihre Endlichkeit und Starrheit. Ein außerweltlicher Schöpfer und seine Institutionen mögen noch in der Kirche dem Worte nach gelehrt werden; aber aus diesen Formeln, die ihr Dasein nur noch dem Gesetz der Trägheit verdanken, ist das Leben gewichen. Wir verweilen nicht gerne bei ihnen, unser innerstes Herz ist anderswo. — —

Ob wir in die weiteren Zusammenhänge einer uns fremden oder einer uns innerlich verwandten Welt eingegliedert sind, das bedeutet von einem pragmatischen Gesichtspunkte aus den Unterschied zwischen einer Lebenshaltung des Mißtrauens und einer solchen des Vertrauens. Man kann den Unterschied auch als einen sozialen bezeichnen, denn schließlich ist der gemeinsame Gefährte von uns allen das große Universum, dessen Kinder wir sind. Wenn wir Materialisten sind, so müssen wir mißtrauisch gegen diesen Gefährten sein, müssen vorsichtig und unausgesetzt auf der Hut sein. Wenn wir Spiritualisten sind, so können wir uns ihm vertrauensvoll hingeben und alle Furcht vor unserm letzten Schicksal von uns abtun.

Es ist in der Menschennatur begründet, dem Universum vertrauensvoll gegenüberzustehen. Wer keine unsere geistigen Bedürfnisse befriedigenden Beziehungen zum Universum verlangt, in dessen seelischer Verfassung ist irgend etwas mangelhaft. Wenn nun Geister vom idealistischen Typus zu philosophieren beginnen und irgendwelche Einheit in ihr Weltbild bringen wollen, so sehen sie sich gezwungen, jenes ursprüngliche Bild von dem Durcheinander der Dinge zu verbessern, an dem die Naturvölker keinen Anstoß nehmen. Diese Art von Wirklichkeit, deren Sinnbild die Sphinx mit ihren Brüsten und Klauen ist, diese dem ersten Anblick sich darbietende kahle Mannigfaltigkeit, ist zu unharmonisch, um ein geeigneter Gegenstand für philosophische Betrachtung zu sein. Wesensverwandtschaft und Fremdheit der Welt können nicht als einfach nebeneinander existierend hingenommen werden. Eine Ordnung muß hergestellt werden; und in dieser Ordnung muß die höhere Seite der Dinge vorherrschen. Die Philosophie des Absoluten stimmt mit der pluralistischen Philosophie, die ich ihr in diesen Vorlesungen gegenüberstelle, darin überein, daß beide die menschliche Substanz mit der göttlichen Substanz identifizieren. Aber während die Philosophie des Absoluten annimmt, daß die Substanz nur in der Form der Totalität ihre volle Göttlichkeit erreicht, und daß keine andere Form als die All-Form ihr wirkliches Selbst voll zum Ausdruck bringen kann, ist die pluralistische Anschauung, der ich den Vorzug gebe, anzunehmen geneigt, daß es letzten Endes eine die Gesamtheit der Erfahrungen in sich vereinigende All-Form gar nicht zu geben braucht, daß die Substanz der Wirklichkeit niemals zur völligen Einheit zusammengebracht werden kann, daß irgend etwas immer noch außerhalb auch der weitesten Zusammenfassung bleiben kann, und daß eine mehr distributive Form der Wirklichkeit — die Einzel-Form — ebenso logisch annehmbar und empirisch wahrscheinlich ist, wie die All-Form, bei der man sich gewöhnlich beruhigt als bei etwas, das ohne weiteres einleuchtend und evident ist. Der Gegensatz zwischen diesen beiden Formen der Wirklichkeit, die beide der Substanz nach geistig sind, bildet den eigentlichen Gegenstand dieser Vorlesungen. Sie erkennen jetzt, was ich mit den beiden Arten des Pantheismus meine. Wenn wir dem monistischen Pantheismus den Namen einer Philosophie des Absoluten geben, so können wir seinen pluralistischen Rivalen als radikalen Empirismus bezeichnen, und es wird gut sein, sie später gelegentlich nach diesen Bezeichnungen zu unterscheiden.

Um in bequemer Weise in das Studium ihrer Unterschiede einzuführen, möchte ich Sie auf einen kürzlich erschienenen Aufsatz von Prof. Jacks vom Manchester-College verweisen. Im Hibbert-Journal vom Oktober 1906 untersucht Professor Jacks in vortrefflicher Weise die Beziehung zwischen dem Universum und dem Philosophen, der es für uns beschreibt und begrifflich erfaßt. Man kann, wie er sagt, zwei Fälle annehmen: Entweder steht die Geistesarbeit des Philosophen außerhalb des Universums, das er erklären will, sozusagen als ein gleichgültiges parasitäres Nebengebilde, oder die Tatsache seines Philosophierens ist an sich selbst eines der Dinge, die in seiner Weltauffassung einbegriffen ist und in seiner Philosophie erklärt wird. In ersterem Falle versteht der Philosoph unter dem Universum alles mit Ausnahme dessen, was seine eigene Gegenwart hinzubringt. Im zweiten Falle ist seine Philosophie selbst ein innerer Teil des Universums, ein Teil der so wichtig sein kann, daß der Sinn der andern Teile vielleicht modifiziert wird. Seine Philosophie mag die höchste Reaktion des Universums auf sich selbst darstellen, eine Reaktion, durch die es sich zum Bewußtsein seiner selbst erhebt. Infolge dieses Ereignisses mag es vielleicht sich anders gestalten als es sonst geschehen wäre.

Nun betrachten sowohl Empirismus als Absolutismus die Geistesarbeit des Philosophen als zum inneren Wesen des Universums gehörig. Allein, da die eine Richtung pluralistisch ist und die andere monistisch, so tun sie es auf verschiedene Weise. Gestatten Sie mir diesen Pluralismus und Monismus einander gegenüberzustellen, und zwar als die zwei Arten, die Existenz des menschlichen Denkers im Universum zu deuten.

Für den Monismus ist die Welt keine Sammlung von Tatsachen sondern eine große allumfassende Tatsache, außerhalb welcher es nichts gibt — diese Tatsache oder nichts: das ist für ihn die einzige Alternative. Ist der Monismus idealistisch, so wird diese allumfassende Tatsache als absoluter Geist gefaßt, der die einzelnen Tatsachen durch sein bloßes Denken schafft, genau ebenso wie wir Dinge in einem Traum schaffen dadurch, daß wir sie träumen, oder wie wir Personen in einem Roman schaffen dadurch, daß wir sie in der Phantasie gestalten. Nach diesem Schema bedeutet für ein endliches Ding „Sein“: Objekt des Absoluten sein, und für das Absolute bedeutet es: der Denker dieser Sammlung von Objekten sein. Wenn wir das Wort Inhalt hier gebrauchen, so sehen wir, daß das Absolute und die Welt einen identischen Inhalt haben. Das Absolute ist nichts anderes als das Wissen von jenen Objekten; die Objekte sind nichts anderes, als was das Absolute weiß. Die Welt und der Alldenker durchdringen sich so und saugen einander restlos auf. Sie sind nur zwei Namen für ein und dasselbe Material, das einmal vom Subjektiven, ein anderes Mal vom objektiven Standpunkt aus betrachtet wird. „Gedanke“ und „Gedachtes“ — wie gewisse Philosophen sagen würden. Wir Philosophen bilden natürlich einen Teil des Materials in dem monistischen System. Das Absolute schafft uns, indem es uns denkt, und wir sind selbst erleuchtet genug, um an das Absolute zu glauben. Man kann daher wohl sagen, daß unser Philosophieren einer der Wege ist, auf dem das Absolute sich seiner selbst bewußt wird. Das ist das volle pantheistische Schema, das ist die „Identitätsphilosophie“, die Immanenz Gottes in seiner Schöpfung, eine Auffassung, der man ob ihrer überwältigenden Einheit einen Zug von Erhabenheit nicht absprechen kann. Und dennoch ist diese Einheit unvollkommen, wie sich bei einer näheren Untersuchung zeigen wird.

Das Absolute und die Welt sind inhaltlich ein und dieselbe Tatsache. Unsere Philosophie ist z. B. nicht numerisch verschieden von dem Wissen, das das Absolute von sich selbst hat, sie ist nicht etwa ein Duplikat oder eine Kopie desselben, sondern ist ein Teil seines eigenen Wissens und fällt mit diesem zusammen, soweit unser Denken geht. Das Absolute *ist* unsere Philosophie und gleichzeitig alles andere, das von ihm erkannt wird in einem Erkenntnisakte, der (um mich der Worte meines Kollegen Royce, des hervorragenden Vertreters des absoluten Idealismus, zu bedienen) in seiner Ganzheit einen einzigen Bewußtseinsmoment von leuchtender Durchsichtigkeit bildet.

Aber so sehr wir auch inhaltlich eins sind mit der absoluten Substanz, da sie das Ganze unseres Seins ausmacht und wir nur Teile ihres Wesens sind, so tritt dennoch, rein logisch betrachtet, ein gewisser Pluralismus zutage. Wenn wir von dem Absoluten sprechen, so nehmen wir das uns bekannte Material als ein Ganzes; wenn wir von seinen Objekten sprechen, von unseren endlichen Persönlichkeiten usw., so nehmen wir dasselbe Material des Absoluten in distributiver und gesonderter Form.

Aber welches ist der Wert einer Sache, die nur ein einziges Mal existiert, die aber in zwei verschiedenen Weisen aufgefaßt werden kann und je nachdem zu verschiedenen Wahrheiten führt? Wenn das Absolute z. B. mich auffaßt, so erscheine ich zusammen mit allen andern im System seines allumfassenden Wissens. Wenn ich mich selbst erfasse, so erscheine ich *ohne* die meisten andern Dinge in meinem engbegrenzten Bewußtseinsfelde. Aus der Allwissenheit des Absoluten und meiner Unwissenheit ergeben sich praktische Unterschiede. Unwissenheit erzeugt bei mir Irrtum, Neugier, Unglück, Schmerz; ich leide unter diesen Folgen. Das Absolute weiß von all dem natürlich, denn es kennt mich und mein Leiden, aber es leidet selbst nicht. Es kann nicht unwissend sein, denn gleichzeitig mit seiner Kenntnis einer jeden Frage besitzt es die Kenntnis einer jeden Antwort. Es kann nicht geduldig sein, denn es hat auf nichts zu warten, da es alles auf einmal in seinem Besitze hat. Es kann nicht überrascht werden; es kann nicht schuldig werden. Kein Attribut, das mit der Zeitfolge verknüpft ist, kann für das Absolute gelten, denn was es ist, das ist es auf einmal und vollständig: mit der Einheit eines einzigen Augenblickes; die Zeitfolge ist in ihm, es selbst aber ist nicht in der Zeit, denn es ist, wie unaufhörlich betont wird, zeitlos.

Für das als endlich betrachtete Universum sind Dinge wahr, die nicht wahr sind, wenn es als unendlich betrachtet wird. Wenn das Universum als endliche und Mannigfaltigkeiten enthaltende Größe Urteile über sich selbst fällt, so sind diese total verschieden von denen, die es über sich als unendlich einheitliche Größe fällt. Mit dieser radikalen Diskrepanz zwischen dem absoluten und dem relativen Gesichtspunkte scheint mir im Pantheismus sich eine ebenso große Schranke zu erheben, zwischen dem Göttlichen und dem Menschlichen, wie wir sie im dualistischen Theismus gefunden haben und im Pantheismus zu überwinden hofften. Wir Menschen sind nun einmal unlösbar mit der Zeit verwurzelt. „Laßt uns das All nachahmen", hieß es in dem Original-Prospekt des „Monist", jener vortrefflichen Vierteljahrsschrift. Als ob wir das in unseren Gedanken oder in unserem praktischen Verhalten tun könnten! Was wir auch reden, wir sind und bleiben Teile und müssen das Absolute immer so auffassen, als wenn es ein fremdes Wesen wäre. Wenn das, was ich meine, bis jetzt Ihnen noch nicht völlig klar ist, so soll es im Laufe der nächsten Vorlesungen klarer werden.

2. Vorlesung.

Monistischer Idealismus.

Gestatten Sie mir, Ihnen das Programm in Erinnerung zu bringen, das ich Ihnen bei unserer letzten Vorlesung andeutete. Wir waren übereingekommen, den Materialismus in jeder Form unberücksichtigt zu lassen und uns geradeswegs auf einen mehr spiritualistischen Standpunkt zu begeben. Ich wies auf drei Arten spiritualistischer Philosophie hin, zwischen denen wir zu wählen haben. Die erste war der ältere theistische Dualismus, der uns selbst als von Gott geschaffene Substanzen zweiter Ordnung auffaßt. Wir fanden, daß hier die innere Beziehung zu dem schöpferischen Prinzip weniger innig und tief ist als im pantheistischen Glauben, der da behauptet, wir seien mit dem schöpferischen Prinzip wesenseins, das Göttliche als Geist von unserem Geiste sei uns innerlich gegenwärtig. Aber wir sahen auch, daß dieser Glaube zwei Formen annehmen könne, eine monistische, die ich die Philosophie des Absoluten und eine pluralistische, die ich radikalen Empirismus nannte. Nach der Philosophie des Absoluten sind wir erst dann berechtigt, die Existenz des Göttlichen zu behaupten, wenn wir die Welt in ihrer unbedingten Ganzheit als Gegenstand eines Bewußtseins auffassen, wohingegen der radikale Empirismus die Möglichkeit zugibt, daß die absolute Gesamtsumme aller Dinge niemals als Gegenstand eines Bewußtseins erfahren oder erkannt zu werden braucht, und daß die einzige Form, zu der bis jetzt die Realität gelangt sein mag, eine Welt ist, deren zerstreute Teile vorerst in unvollkommener Weise vereinheitlicht sind.

Es sei mir gestattet, die monistische und die pluralistische Form als All-Form und Einzel-Form (each-form) einander gegenüberzustellen. Ich wies am Ende der letzten Vorlesung auf die Tatsache hin, daß die All-Form von der Einzel-Form, in der wir Menschen die Welt erleben in solchem Maße verschieden ist, daß die Philosophie des Absoluten, soweit Einsicht und Verstand urteilen können, uns in beinahe gleicher Weise außerhalb des göttlichen Wesens beläßt wie der dualistische Theismus. Hingegen gestattet der radikale Empirismus, wie ich glaube, eine mehr innere Beziehung zum Göttlichen, sofern er an der uns allein zugänglichen Einzel-Form der Erfahrung festhält und in Gott selbst nur eine Tatsache neben anderen erblickt. Die allgemeine These dieser Vorlesungen soll, wie ich schon sagte, eine Verteidigung der pluralistischen Betrachtungsweise gegen die monistische sein. Stellen Sie sich vor, das Universum existiere nur in der Form individueller Existenzen, so werden Sie von ihm im ganzen eine zutreffendere und befriedigendere Vorstellung haben, als wenn Sie an der Notwendigkeit einer geschlossenen All-Einheit festhalten. Der übrige Teil meiner Vorlesungen wird kaum mehr tun, als diese These faßlicher und, wie ich hoffe, überzeugender machen.

Es ist merkwürdig, wie wenig der radikale Empirismus bisher bei den Philosophen in Gunst stand. Sie haben, ob sie nun materialistisch oder spiritualistisch gesinnt waren, immer darnach gestrebt, die Spreu zu entfernen, wovon die Welt dem Anschein nach voll ist. An Stelle des verwirrenden Durcheinander, das sich den Sinnen zuerst darbietet, haben sie bequeme und wohlgeordnete Begriffe gesetzt, und ob diese Begriffe sittlich erhebend oder nur intellektuell sauber waren: immer waren sie nach der ästhetischen Seite von reiner und scharf umrissener Form und sollten der inneren Struktur der Welt etwas Klares und intellektuell Durchsichtiges geben. Verglichen mit diesem Weltbilde des Rationalismus ist der pluralistische Empirismus, zu dem ich mich bekenne, eine klägliche Erscheinung. Er hat etwas Trübes, Erdiges, Barbarisches. Er besitzt keine kühn geschwungenen Linien und keine edlen Farben. Ich kann es denjenigen unter Ihnen, die an die überlieferten klassischen Konstruktionen der Wirklichkeit gewöhnt sind, nicht verübeln, wenn ihre erste Empfindung gegenüber dem pluralistischen Weltbilde tiefe Verachtung ist, und wenn sie sich mit einem Achselzucken abwenden, als ob solche Ideen einer besonderen Widerlegung überhaupt nicht wert seien. Allein man muß schon eine Zeitlang mit einem System gelebt haben, um seine Verdienste würdigen zu können. Und ein wenig mehr Vertrautheit mit den Ideen des Pluralismus kann vielleicht die erste peinliche Überraschung mildern, die das von mir gebotene Programm Ihnen verursacht hat.

Vorab noch ein weiteres Wort über die schon berührte Wesensfremdheit des göttlichen Prinzips in der Philosophie des Absoluten. Wer von Ihnen die zwei letzten Kapitel von Bradleys ausgezeichnetem Werke, „Appearance and Reality" gelesen hat, der wird sich erinnern, wie fremdartig sich für uns s e i n Absolutes nach vielem logischen Hin und Her schließlich ausnimmt. Es ist weder Intelligenz, noch Wille, weder ein Selbst, noch eine Sammlung (collection) von Selbsten, weder wahrhaftig, noch gut oder schön in dem Sinne, in dem wir diese Worte verstehen. Kurz, es ist ein metaphysisches Monstrum. Keinen der Werte, die wir kennen, dürfen wir ihm zusprechen; es verkörpert jedenfalls höhere Werte (d. h. Werte, die ihm höher stehen) als wir mit unsern lobpreisenden Beiwörtern ihm zuschreiben können. Das Absolute besteht wohl aus uns und aus allen anderen Erscheinungen, aber nicht aus uns a l s s o l c h e n, denn in ihm sind wir alle „umgewandelt". Und das Absolute „als solches" gehört einer vollständig andern Klasse von Wesen an.

Spinoza war der erste große Philosoph des Absoluten.

Aber die Unmöglichkeit, zu seinem Gotte ein inneres Verhältnis zu gewinnen, wird allgemein anerkannt. Soweit er unendlich ist (quatenus infinitus est) ist er ein anderer als was er ist quatenus humanam mentem constituit. Man hat mit Recht gesagt, daß Spinozas Philosophie vermittels des Wortes quatenus konstruiert worden ist. Konjunktionen, Präpositionen, Adverbien spielen in der Tat die wichtigste Rolle in allen philosophischen Systemen. In dem zeitgenössischen Idealismus haben die Worte „insoweit" und „qua" die schwere Aufgabe zu erfüllen, die metaphysische Einheit mit der phänomenalen Mannigfaltigkeit zu versöhnen. Qua absolut ist die Welt eins und vollkommen. Qua relativ ist sie eine Vielheit und unvollkommen. Dennoch ist sie genau die gleiche Welt — statt von ihr als von vielen Tatsachen zu sprechen, nennen wir sie eine Tatsache mit vielen Aspekten.

Als absolut oder sub specie aeternitatis oder, quatenus infinitus est, vermag die Welt unsere Sympathie nicht zu erwecken; sie hat keine Geschichte. Das Absolute als solches ist weder aktiv noch passiv, es liebt weder, noch haßt es, es hat keine Bedürfnisse, Wünsche oder Strebungen irgendwelcher Art, weder Erfolge noch Mißerfolge, weder Freunde noch Feinde, weder Siege noch Niederlagen. Alle solche Dinge gehören der Welt an, soweit sie relativ ist, der Welt, in der unsere endlichen Erfahrung liegen, und deren Wechselfälle allein Macht haben, unser Interesse zu erregen. Was hilft es mir, wenn man mir sagt, der Weg des Absoluten sei der richtige, und wenn man mich ermahnt, wie es Emerson tut, meine Augen zum Absoluten und zu den Wegen des Himmels zu erheben, wenn mir diese Tat ihrem Wesen nach unmöglich ist? Ich bin ein für alle Male ein endliches Wesen, und alle Kategorien meiner Sympathie sind verknüpft mit der endlichen Welt als solcher und mit Dingen, die eine Geschichte haben. „Aus dieser Erde quellen meine Freuden, und ihre Sonne scheinet meinen Leiden." Ich habe weder

Augen noch Ohren, weder Herz noch Geist für eine völlig anders geartete Realität, und die sich ewig gleichbleibende Glückseligkeit, die dem Absoluten aus seiner Vollkommenheit quillt, bewegt mich ebensowenig, wie meine Glückseligkeit irgendwie das Absolute bewegt. Ja, wären wir bloß Leser des kosmischen Romans, dann stünde es wesentlich anders: Der Gesichtspunkt des Autors wäre auch der unsrige, und wir würden die Schurken als ebenso wichtig für die Schürzung des Knotens anerkennen wie die Helden. Aber wir sind nicht die Leser des Weltendramas, sondern die handelnden Personen selbst. In seinen eigenen Augen ist jeder hier der Held dieses Dramas und die Schurken sind ihre jeweiligen Freunde und Feinde. Die Erzählung, die das Absolute so vollkommen findet, verleiden wir einander dadurch, daß wir unser Schicksal mit den Schicksalen der in die Handlungen verflochtenen Personen identifizieren.

Das Absolute ist zeitlos. Auf diese Behauptung legen die Philosophen des Absoluten am meisten Gewicht. Den Pluralisten hingegen ist die Zeit ebenso wirklich wie nur je eine Wirklichkeit; nichts im Universum ist so groß, so unveränderlich, so edel, daß es nicht eine Geschichte hinter sich hätte. Die Welt aber, in der jeder von uns sich innerlich zu Hause fühlt, ist eine Welt von Wesen, die alle eine Geschichte haben, von Wesen, deren Geschichte in unsere eigene hineinspielt, und denen wir in den Wechselfällen ihres Schicksals ebenso helfen können, wie sie es uns tun können. Diese Möglichkeit versagt uns das Absolute: wir vermögen weder für noch gegen es etwas zu tun, denn es steht außerhalb aller Geschichte.

Es gehört sicherlich zu den Verdiensten einer Philosophie, unserem eigenen Leben in höherem Maße Wirklichkeit und Ernst zu verleihen. Ein solches Verdienst hat der Pluralismus. Indem er das Absolute verbannt, vernichtet er die furchtbare Macht, die das einzige, uns zugängliche Leben entwirklicht; er befreit das Wesen der Wirklichkeit von der ihm sonst innewohnenden Fremdartigkeit. Alle unsere Ziele, alle Gründe und Triebfedern unseres Handelns, alles, was Gegenstand unseres Begehrens und unseres Abscheus ist, alles was uns Sorge oder Freude macht — es ist nur in der Welt endlicher Mannigfaltigkeit zu finden, denn nur in dieser Welt geschieht wirklich etwas, nur dort gehen Ereignisse vor sich.

In einem Sinne jedoch ist dieser Einwand gegen das Absolute etwas weit hergeholt und kindisch: wie dem Absoluten, stehen wir ja schließlich auch so vielem in den Geschehnissen der endlichen Welt entsetzt und fremd gegenüber. Rührt doch gerade die Fremdartigkeit des Absoluten großenteils von dem schlimmen Charakter der endlichen Welt her, die doch nicht minder zum Sein des Absoluten gehört. Wenn uns unser Gefühl daher treibt, wegen der Fremdartigkeit des Absoluten der pluralistischen Anschauung den Vorzug zu geben, so scheint dieser Grund nicht sehr zwingend zu sein[1]).

Ich werde auf die Frage in meiner Schlußvorlesung zurückkommen und werde bis dahin den Einwand nicht mehr berühren, umsoweniger, als die wesenhafte Fremdartigkeit des Absoluten für unser Gefühl durch das Attribut der Totalität aufgehoben wird, und an dieses, so glaubt man allgemein, knüpft sich unweigerlich ein anderes Attribut: die Vollkommenheit. „Die Philosophie“, schreibt ein zeitgenössischer amerikanischer Philosoph, „bedeutet für die Menschheit ein Festhalten an der Totalität“ — und zweifellos finden die meisten von uns, daß schon der bloße Begriff eines absoluten All-Einen erhebend ist. „Ich gab mich dem vollkommenen Ganzen hin“, schreibt Emerson. Und kann

---

[1]) Der Unterschied besteht aber darin, daß für die Philosopie des Absoluten die mangelhaften Teile dieser endlichen Welt ewig und von dauerndem Wesen sind, wohingegen die Pluralisten hoffen können, daß sie verschwinden werden, ohne eine Spur ihres Daseins zurückzulassen.

man eine Idee finden, die den Geist mehr weitet und beflügelt? Sie ruft geradezu ein Gefühl der Loyalität bei uns wach, und selbst, wenn sie nicht bewiesen werden kann, so muß man doch irgendwie an sie glauben. Nur ein Feind der Philosophie kann geringschätzig von ihr sprechen. Der Rationalismus geht von der Idee eines solchen Ganzen aus: er beginnt vom First aus zu bauen. Bewegung und Veränderung bedeuten in dem unveränderlichen Ganzen nur bloße Erscheinungsformen. Wenn man dieser Verklärung des Seins im Gegensatz zum Geschehen und Werden zustimmt, dann stellt sich das Gefühl ein, als ob man eine intellektuelle Pflicht erfüllt habe. „Die Realität", sagt uns Mc. Taggart, „ist ihrem innersten Wesen nach kein Prozeß, sondern ein unveränderlicher zeitloser Zustand[2]." „Die wahre Erkenntnis Gottes", schreibt Hegel, „fängt damit an, zu wissen, daß die Dinge in ihrem unmittelbaren Sein keine Wahrheit haben[3]." „Die Vollführung des unendlichen Zwecks", sagt er an einer andern Stelle, „ist nur, die Täuschung aufzuheben, als ob er noch nicht erfüllt sei. Das Gute, das absolut Gute, vollbringt sich ewig in der Welt und das Resultat ist, daß es schon an und für sich vollbracht und nicht erst auf uns zu warten braucht. Diese Täuschung ist es, in der wir leben ... Die Idee in ihrem Prozeß macht sich selbst jene Täuschung, setzt ein anderes sich gegenüber und ihr Tun besteht darin, diese Täuschung aufzuheben[4]."

Aber ein allgemeiner Appell an das Gefühl hat für unser Vorhaben etwas Dilettantenhaftes. Gefühlsmäßiges Philosophieren, wie gefühlsmäßiges Herstellen von Uhren oder Landvermessen ist dem Sachverständigen unerträglich. Die ernsthafte Erörterung der hier vorliegenden Alternative

---

[2]) Zitiert bei W. Wallace; Lectures and Essays, Oxford 1898, p. 560.

[3]) Hegel, Logik, I. Teil, 2. Abteilung § 112 p. 227.

[4]) Hegel, Logik, I. Teil, 3. Abteilung § 212 p. 384.

zwingt mich daher in einer mehr fachwissenschaftlichen Weise vorzugehen. Die Philosophie des Absoluten erhebt den großen Anspruch, daß das Absolute keine Hypothese sei, sondern eine mit dem Wesen des Denkens selbstgesetzte Annahme, und daß es nur einer geringen Mühe kritischer Zergliederung bedürfe, um diese Annahme als eine logische Notwendigkeit zu erkennen. Ich will daher diese Philosophie in diesem strengeren Sinne untersuchen und sehen, ob ihr Anspruch wirklich so zwingender Natur ist.

Zwingend freilich erschien er einer sehr großen Anzahl zeitgenössischer englischer Denker. Professor Henry Jones beschreibt den weitreichenden Einfluß dieser Philosophie auf das soziale und politische Leben der Gegenwart mit folgenden Worten:[5]): „Anhänger dieser Denkungsart haben mit ihren Schriften viele Jahre hindurch das britische Publikum aufs tiefste interessiert. Fast noch wichtiger als ihre Schriften ist die Tatsache, daß sie die philosophischen Lehrstühle fast jeder Universität des Königreiches innegehabt haben. Selbst die Männer von Fach, die den Idealismus kritisieren, sind auch zum größten Teile in ihrer Weise Idealisten. Und wenn sie es nicht sind, so sind sie gewöhnlich mehr damit beschäftigt, den Idealismus zu widerlegen als eine bessere Theorie an seine Stelle zu setzen. Abgesehen von allem andern ergibt schon ihre Stellung als akademische Autorität, daß der Idealismus einen, wenn auch schwer einzuschätzenden Einfluß auf die Jugend der Nation ausübt — auf denjenigen Teil dieser Jugend nämlich, der infolge der ihnen gewährten Erziehungsmöglichkeiten voraussichtlich die geistigen und praktischen Führer der Nation zu werden bestimmt ist. So schwer es auch ist, die in der Erziehung wirksamen Kräfte zu messen . . . so kann doch nicht geleugnet werden, daß die Macht, die Bentham und die utilitaristische

[5]) Contemporary Review, Dezember 1907, Volume 92, p. 618.

Schule ausgeübt haben, sei es zum Guten, sei es zum Schlimmen, in die Hände der Idealisten übergegangen ist[6]).

Wenn es allein auf das Gewicht der Autorität ankäme, so wäre die Wahrheit des absoluten Idealismus entschieden. Aber wir wollen zuerst einmal die allgemeine Art der Argumentation betrachten, deren sich diese Philosophie bedient.

Wie ich sie verstehe, läuft ihr Lieblingsargument gegen Pluralismus und Empirismus auf eine reductio ad absurdum hinaus, die man etwa folgendermaßen formulieren kann: Du behauptest, sagen sie zum Pluralisten, daß die Dinge, obwohl in einigen Hinsichten miteinander verbunden, doch in andern Hinsichten unabhängig voneinander sind, so, daß sie nicht Bestandteile einer einzigen, alles umschließenden individuellen Tatsache sind. Nun, deine Position ist nach jeder Richtung widersinnig. Denn, gib den geringsten Grad von Unabhängigkeit zwischen den Dingen zu, und du wirst finden, wenn du nur richtig denkst, daß du mehr und mehr Unabhängigkeit zulassen mußt, bis dir schließlich nichts anderes übrig bleibt, als ein absolutes Chaos, oder daß du die Unmöglichkeit irgendeiner Verbindung zwischen den Teilen des Universums zugeben mußt. Wenn du aber andererseits die geringste Beziehung zwischen zwei Dingen zugibst, so kannst du wiederum nicht früher aufhören, bis du einsiehst, daß die absolute Einheit der Dinge schon mit der ersten geringfügigsten Beziehung gegeben ist.

Ein gutes Beispiel für diese zuletzt erwähnte reductio ad absurdum finden wir bei Lotze, und zwar an der Stelle, wo er den bekannten Beweis für den Monismus aus der tatsächlichen Wechselwirkung zwischen den endlichen Dingen führt. Nehmen wir einmal an, so ungefähr lautet in freier Wiedergabe das Argument Lotzes, daß viele getrennte Wesen,

---

[6]) Ich führe hier ein paar Namen führender Idealisten an: Carlyle, Jowett, Thomas Hill Green, William Wallace, Lewis, Nettleship, Arnold Toynbee, David Ritchie, John and Edward Caird, Hutchison Stirling.

A, B, C usw. unabhängig voneinander existieren: Kann in diesem Falle A jemals auf B einwirken?

Was heißt einwirken? Bedeutet es nicht so viel wie einen Einfluß ausüben? Löst sich der Einfluß von A los und findet B? Wenn dem so ist, dann haben wir eine dritte Tatsache, und das Problem ist nicht nur, wie A wirkt, sondern wie sein Einfluß auf B wirkt. Geschieht das vielleicht durch einen andern Einfluß? Und wie erreicht schließlich die Reihe der Einflüsse gerade B und nicht C, wenn B nicht in ihnen schon vorgebildet ist? Und wenn sie B erreicht haben, wie kommt es, daß B auf sie reagiert, wenn B nichts mit ihnen gemeinsam hat? Weshalb gehen sie nicht durch B einfach hindurch? Die Veränderung, die sich in B vollzieht, ist eine Antwort, die nur dadurch zustande kommt, daß B fähig ist, den Einfluß von A zu erleiden; dies wiederum scheint zu beweisen, daß die Natur von B von vorne herein irgendwie der Natur von A angepaßt ist. Kurz, A und B sind nicht, wie wir zuerst annahmen, vollkommen getrennt und wie durch einen leeren Raum voneinander geschieden. Wäre das der Fall, so könnten sie nicht in einander eindringen oder zum Mindesten könnten sie keinerlei Beziehung zueinander haben. Sie würden zwei verschiedene Welten bilden, deren jede für sich existierte, ohne einander zu stören, ebensowenig wie die Welt Ihrer Tageträume von den meinigen berührt wird. A und B müssen deshalb von Anbeginn an zusammengehören, das eine muß schon mit dem andern mitgesetzt sein; ihre Naturen müssen eine eingeborene Beziehung zu einander haben.

Lotzes eigene Lösung lautet folgendermaßen: Die vielen unabhängigen Dinge, die wir angenommen haben, können in dieser Form nicht wirklich sein, sondern sie müssen, wenn gegenseitige Einwirkung zwischen ihnen möglich sein soll, als Teile eines einzigen realen Wesens betrachtet werden. Der Pluralismus, von dem wir ausgingen, hat einem Monismus zu weichen; und die als transeunt gefaßte Wechselwirkung, die als solche unverständlich ist, muß als eine immanente Operation begriffen werden[7]).

Die Worte „immanente Operation" scheinen hier zu bedeuten, daß das einzelne reale Wesen M, dessen Glieder A und B sind, sich einzig und allein ändert, und daß, wenn dies geschieht, es sich innerlich und von Grund auf ändert. Wenn sich in ihm Teil A ändert, so muß sich in der Folge auch Teil B ändern, aber dies würde nicht geschehen, wenn nicht das ganze M sich ändern würde.

Ein geschicktes Argument! Aber nach meiner Auffassung doch nur ein Argument, das sich um Worte dreht. Man nenne A und B unverbunden, und sie können nicht aufeinander wirken; man nenne sie verbunden, und sie können es. Nimmt man nämlich die Worte „unverbunden' und „unabhängig" ohne jede nähere Bestimmung, so erwecken sie nur die Vorstellung von Zusammenhangslosigkeit. Wenn das die einzige Eigenschaft von A und B ist (und es ist ja die einzige Eigenschaft, die in den Worten liegt), dann vermag man natürlich, da man von dieser Eigenschaft ihren gegenseitigen Einfluß nicht ableiten kann, keinen Grund zu finden, weshalb er zwischen ihnen stattfinden sollte. Das nackte Wort „unverbunden" widerspricht dem nackten Wort „verbunden" und scheint daher jede Verbindung auszuschließen.

Lotze schlägt als Heilmittel gegen diese in den Worten liegende Unmöglichkeit vor, das erste Wort zu ändern. Wenn wir, statt A und B „unabhängig" zu nennen, sie „voneinander abhängig", „vereint" oder „eins" nennen, dann, so sagt er, widersprechen diese Worte nicht der Möglichkeit eines gegenseitigen Einflusses. Wenn A und B eins sind, und dieses Eine sich ändert, dann müssen natürlich sich auch A und B entsprechend ändern. Was sie unter dem alten Namen nicht tun konnten, unter dem neuen haben sie die Lizenz dazu.

---

[7]) Lotze, Metaphysik, sect. 69ff.

Aber, so möchte ich Sie fragen, verstehen wir den modus operandi der Wechselwirkung irgendwie dadurch besser, daß wir das, was wir früher als ein Vieles bezeichnet haben, jetzt als „Eins“ bezeichnen? Wir haben jetzt den Vielen gestattet, sich zu ändern, wenn sie können. Wir haben eine sprachliche Unmöglichkeit aufgehoben und an ihre Stelle eine sprachliche Möglichkeit gesetzt. Aber der neue Name, mit der in ihm angedeuteten Möglichkeit, sagt uns nichts von dem tatsächlichen Vorgang, vermittels dessen wirkliche Dinge, die eine Einheit bilden, sich überhaupt ändern können und es auch tatsächlich tun.

Tatsächlich ändert sich eine abstrakte Einheit als solche nicht, sie hat auch keine Teile — ebensowenig wie abstrakte Unabhängigkeit als solche eine Wechselwirkung kennt. Aber es existiert auch weder abstrakte Einheit noch abstrakte Unabhängigkeit; in Wirklichkeit gibt es nur konkrete Dinge, deren Eigenschaften zusammen das ausmachen, was wir ihr volles Wesen nennen. Irgendeinen ihrer abstrakten Namen so zu konstruieren, daß ihr volles Wesen unmöglich wird, heißt einen Unfug mit den Benennungen treiben. Man befreit sich nicht von den abstrakten Folgerungen eines Wortes, wenn man zu dem entgegengesetzten gleicherweise abstrakten Worte seine Zuflucht nimmt, sondern wenn man das erste Wort durch entsprechende Adjektive verbessert, die den fraglichen Ausdruck konkreter gestalten. Man nehme nicht die „Unabhängigkeit“ simpliciter, man nehme sie secundum quid.

Wenn wir genau wissen, worin der Prozeß der Wechselwirkung in seiner Konkretheit besteht, dann nur können wir etwas darüber ausmachen, ob Wesen, die in bestimmten Hinsichten unabhängig voneinander sind, die beispielsweise räumlich getrennt und nach Art und Ursprung verschieden sind, miteinander in Wechselwirkung stehen können oder nicht.

Das nenne ich „verderbten Intellektualismus“,

wenn man einen Namen so behandelt, daß er von der benannten Tatsache das ausschließt, was die Definition des Namens nicht positiv einzuschließen vermag[8]).

Später werde ich mehr über diesen Intellektualismus zu sagen haben. Aber daß Lotzes Argumentation davon angesteckt ist, wird man wohl kaum bestreiten können. Man könnte ebensogut behaupten — um mich eines Beispiels von Sigwart zu bedienen — daß eine Person, die man einmal einen Reiter genannt hat, deshalb für immer unfähig ist, zu Fuß zu gehen.

Ich habe beinahe die Empfindung, als ob ich um Entschuldigung bitten müßte, daß ich in solch kurzen Vorlesungen so fein gesponnene Argumentationen der Kritik unterziehe. Aber die kritischen Betrachtungen müssen ebenso abstrakt sein wie die Argumente, und wenn sie deren Unwirklichkeit darlegen wollen, klingen sie selbst so unwirklich und abstrakt, daß ein Hörer, der nicht in der intellektualistischen Atmosphäre aufgewachsen ist, nicht weiß, ob er das Argument oder die Kritik anklagen soll. Aber -- le vin est versé, il faut le boire. Und ich muß noch einige weitere Beispiele anführen, bevor ich dieses Thema verlasse.

Wenn wir Empiristen sind und von den Teilen zum Ganzen gehen, so glauben wir, daß die Wesen zuerst existieren und sich aus sich selbst erhalten, und dann erst miteinander bekannt zu werden brauchen. Aber, sagen die Philosophen des Absoluten, ließe man eine solche Unabhängigkeit des Seins vom Bewußtsein einmal zu, so ginge das Universum hoffnungslos der Auflösung entgegen. Dieses Argument benutzt Professor Royce als Beweis für die einzige Alternative, die wir haben: nämlich, zu wählen zwischen

---

[8]) Anmerkung des Übersetzers: Vgl. hierzu den Aufsatz von James: „Abstractionism and Relativism“ in der Essaysammlung „The Meaning of Truth“ 1909.

der vollkommenen Unverbundenheit aller Dinge oder ihrer vollkommenen Verbundenheit im absoluten Einen.

Nehmen Sie z. B. das englische Sprichwort: „Es ist einer Katze erlaubt, einen König anzusehen“ (A cat may look at a king), und halten Sie sich an die realistische Auffassung, nach der die Existenz des Königs unabhängig von der Tatsache ist, daß er von der Katze wahrgenommen wird. Diese Annahme, welche besagen will, daß es keinen wesentlichen Unterschied für das königliche Objekt zu sein braucht, ob das Subjekt Katze ihn erkennt oder nicht, daß die Katze von ihm wegblicken kann oder gar vernichtet werden kann, ohne daß sich etwas für den König dabei ändert — diese Annahme, sage ich, wird von meinem geistreichen Kollegen so angesehen, als ob sie zu der widersinnigen praktischen Konsequenz führen müßte, daß die beiden Wesen niemals später irgendeine Beziehung oder Verbindung gewinnen *können*, sondern ewig wie in zwei verschiedenen Welten getrennt bleiben müssen. Denn, nehmen wir einmal an, daß irgendeine Verbindung erfolgen würde, so würde diese Verbindung einfach ein drittes Wesen sein, das zu Katze und König hinzukäme, und das selbst wieder durch weitere Glieder mit beiden zu verbinden wäre, bevor es sie verbinden könnte, usw. ad infinitum. Sie sehen, es ist dasselbe Argument, das Lotze bei der Frage verwendet, wie der Einfluß von A es fertig bringt, B zu beeinflussen.

Wenn der König existieren kann, ohne daß die Katze etwas von ihm weiß, dann „können Katze und König nichts Gemeinsames haben, keine Verbindungen, keine wirklichen Beziehungen: sie sind jede von dem anderen getrennt durch völlig unüberbrückbare Klüfte; sie gehören weder demselben Raum an noch derselben Zeit, noch derselben natürlichen oder geistigen Ordnung [9]“. Kurz, sie bilden zwei Welten ohne jede Beziehung zu einander — womit die reductio ad absurdum erreicht wäre.

[9]) „The World and the Individual“, Vol. I, pp. 131—132.

Deshalb müssen wir, um diesem widersinnigen Zustande der Dinge zu entgehen, die anfängliche Annahme widerrufen: König und Katze sind nicht unabhängig voneinander in der Weise, wie wir es ursprünglich angenommen haben. Und wenn sie es nicht auf diese Weise sind, dann sind sie es überhaupt nicht. Denn eine Verbindung in einer Hinsicht führt zu Verbindungen auch in anderen Hinsichten, so daß, wenn wir unsere Argumentation nach der entgegengesetzten Seite verfolgen, wir zum Absoluten selbst als dem Existenzminimum gelangen. Katze und König schließen einander ein, sie sind eine einzige Tatsache unter zwei verschiedenen Namen; sie können nie einander unbekannt gewesen sein und sie sind beide in gleicher Weise einbegriffen in alle die andern Tatsachen, aus denen das Universum besteht.

Wer immer zugibt, so behauptet Royce, daß die Katze den König überhaupt wahrnimmt, hat infolgedessen auch das Absolute zuzugeben. Und dies beweist Royce kurz folgendermaßen: Um den König zu kennen, muß die Katze gerade diesen König meinen; sie muß auf die eine oder andere Weise dazu übergehen, ihn in seiner Individualität und Art zu erfassen. — Kurz, die Vorstellung der Katze muß über die Grenzen ihres eigenen Geistes hinausgehen und irgendwie den König einschließen; denn wäre der König völlig außerhalb der Katze und unabhängig von ihr und nach jeder Richtung der Katze fremd, so könnte der Gedanke des Tieres in keiner Weise den König erreichen. Dies macht die Katze vom König viel weniger unterschieden, als wir zuerst naiverweise angenommen haben. Es muß schon früher irgendeine Kontinuität zwischen ihnen bestanden haben.

Diese Kontinuität deutet Royce im Sinne des Idealismus, als bedeute sie einen höheren Geist, der sie beide — Katze und König — als Objekt setzt und erkennt; und indem er das tut, kann er auch irgendwelche Beziehung zwischen ihnen stiften, wie z. B. die, daß das eine das andere wahrnimmt. Betrachtet man sie rein unter dem Gesichtspunkt des Pluralismus, so kann keines von beiden auch nur die geringste Beziehung zwischen sich und den andern setzen, weil nach der Definition der Vielheit jedes einzelne in sich eingeschlossen ist: die Tatsache einer Beziehung zwischen ihnen verweist uns so auf einen höheren Geist, der sie beide kennt.

Aber der höhere Geist, der die beiden Wesen kennt, von denen wir ausgegangen sind, erweist sich als derselbe, der auch alles andere kennt. Denn, nehmen wir irgendein drittes Wesen an, beispielsweise die Königin, und nehmen wir weiter an, daß, wie die Katze den König, so auch der König seine Königin kennt, und daß ferner diese zweite Erkenntnis aus den gleichen Gründen einen höheren Geist voraussetzt und erfordert. Dieser Geist, dem das Wissen des Königs bekannt ist, muß, so behaupte ich jetzt, derselbe höhere Geist sein, der für das Wissen der Katze erforderlich war; denn, wenn man etwas anderes annimmt, so hat man nicht länger denselben König. Das mag nicht sofort einleuchtend erscheinen, aber wenn Sie der intellektualistischen Logik folgen, die allen diesen Argumentationen zugrunde liegt, so kann ich nicht einsehen, wie Sie dieser Behauptung ausweichen können. Wenn es wahr ist, daß die Begriffe des Unabhängigen und Indifferenten als solche jede Beziehung ausschließen, denn die abstrakten Worte „unabhängig“ oder „indifferent“ schließen als solche keine Beziehung ein, dann ist es gerade so wahr, daß der König, der von der Katze gekannt wird, nicht der gleiche König sein kann, der die Königin kennt. Denn der abstrakte Begriff „was die Katze kennt“, und der abstrakte Begriff „was die Königin kennt“, sind als solche logisch verschieden. Der König zerfällt so logisch in zwei Könige, ohne daß etwas vorhanden wäre, was sie verbände. Erst ein höherer Geist muß hinzukommen, um sie als ein und denselben König zu erkennen, der schon früher einmal bei andern Gelegenheiten Gegenstand seiner Erkenntnis war. Dieser höhere Geist ist hierzu befähigt, weil er alle Begriffe als seine eigenen Objekte besitzt und sie behandeln kann, wie er will. Fügen Sie irgendeinen vierten oder fünften Begriff hinzu, und Sie erhalten ein gleiches Ergebnis, und so weiter, bis endlich ein allwissender Geist, sonst das Absolute genannt, erreicht ist. So steht denn die Welt des Monismus, in der Alles in Allem eingeschlossen ist, durch unwiderlegliche Logik bewiesen vor uns, und aller Pluralismus erscheint widersinnig.

Die Beweisführung hat in ihrem Scharfsinn etwas Ansprechendes und es ist beinahe schade, daß eine Brücke, die so bequem von der abstrakten Logik zur konkreten Tatsächlichkeit führt, nicht unser Gewicht tragen sollte.

Es wäre eine gar zu angenehme Vereinfachung, wenn wir zur Alternative gezwungen wären, entweder die Existenz endlicher Dinge zuzugeben, deren jedes von aller Beziehung zu seiner Umgebung abgeschnitten ist, oder das Absolute anzunehmen, für das außerhalb seiner Selbst nichts vorhanden ist und das alle im Universum vorhandenen Beziehungen in sich verpackt enthielte. Aber der wortklauberische Charakter dieser wünschenswerten Vereinfachung liegt unverhüllt zutage: weil die Namen der endlichen Dinge und ihrer Beziehungen unverknüpft sind, folgt daraus noch nicht, daß die benannten Wirklichkeiten eines Deus ex machina bedürfen, der sie von obenher verbindet. Dieselben Dinge, die in einer Hinsicht unverbunden sind, erscheinen in anderer Hinsicht als verbunden. Daß wir die Tatsache der Disjunktion besonders benennen, hält uns nicht davon ab, bei der späteren Feststellung eines veränderten Tatbestandes auch die Konjunktion besonders zu benennen; denn die beiden sind völlig gleichwertige Teile des endlichen Erfahrungszusammenhanges. Wenn man es in Athen für sich selbstwidersprechend hielt, daß ein Knabe zugleich groß und klein sein konnte (groß nämlich im Verhältnis zum Kind; klein im Verhältnis zum Mann), so hatte man noch nicht an das Absolute gedacht, denn dieses hätte ebensogut von Sokrates angerufen werden können wie von Lotze oder Royce, um die eigentümliche

Schwierigkeit, die sein Intellektualismus geschaffen hat, zu beheben.

Überall sehen wir die Rationalisten sich dieser Art der Beweisführung bedienen. Das ursprüngliche Ganze, das in ihrer Intuition gegeben ist, muß nicht nur eine Tatsache, sondern auch eine logische Notwendigkeit sein. Es muß das unerläßliche Minimum sein, das überhaupt existieren kann — entweder gibt es das absolute Ganze oder es gibt überhaupt nichts.

Man führt den logischen Beweis für die Irrationalität der entgegengesetzten Behauptung in der Weise, daß man zeigt, man könne das Ganze nur mit Worten leugnen, die es implicite schon bejahen. Wenn man „Teile" sagt, so stellt sich notwendig die Frage ein: Von welchem Ganzen sind es Teile? Spricht man von einer Vielheit, so liegt in diesem Wort schon eine Vereinheitlichung. Wenn man sie als unverbunden in einer besonderen Beziehung annimmt, sind sie gerade durch diese Beziehung verbunden. Kurz, was man auch tun mag, man verwickelt sich in hoffnungslose Widersprüche. Man muß bei dem einen oder andern Extrem stehen bleiben[10]. Es ist nicht zulässig, die Welt mit einem „teils dies", „teils das", beispielsweise teils rational, teils irrational, zu beschreiben. Wenn in ihr Rationalität vorhanden ist, so muß sie auch durch und durch rational sein; wenn irgendwo Irrationalität vorhanden ist, so muß diese die ganze Wirklichkeit durchdringen. Die Welt muß völlig rational oder völlig irrational sein, ein reines Universum oder ein reines Multiversum oder Nulliversum. Wenn man einmal die Dinge auf ein so scharf zugespitztes Entweder—Oder gebracht hat, sollte einem die Wahl nicht schwer fallen. Das in sich abgeschlossene Abso-

---

[10]) Eine gute Erläuterung hierzu findet man in einer Kontroverse zwischen Bradley und mir im Mind, 1893. Dort bestreitet Bradley (wenn ich ihn recht verstand), daß Ähnlichkeit eine unzulässige Kategorie sei, weil sie verschiedene Grade zulasse, und daß die einzigen Beziehungen der Vergleichung absolute Identität und absolute Nichtvergleichbarkeit seien.

lute, dessen Teile sich völlig gegenseitig bedingen, und zwar so, daß nichts in einem Teil sein kann, ohne daß alle andern Teile innerlich davon berührt werden: das ist die einzige rationale Annahme. Es würde eine irrationale Annahme sein, wollte man Verbindungen äußerer Art zulassen, wodurch die Dinge bloß äußerlich zusammenhingen, statt gleichen Wesens zu sein.

Bradley ist ein typischer Vorkämpfer dieser Philosophie der Extreme, wie man sie nennen könnte, denn er zeigt eine solch extreme Unduldsamkeit gegenüber dem Pluralismus, daß wohl wenige seiner Leser, wie ich glaube, ihm hierin völlig beipflichten können. Sein Denken gibt überall Beispiele für das, was ich das Laster des Intellektualismus nenne, denn er verwendet die abstrakten Begriffe in einer solchen Weise, als ob sie wirklich das ausschlössen, was in ihren Definitionen nicht eingeschlossen werden kann. Einige griechische Sophisten konnten bestreiten, daß wir das Recht haben, zu sagen: Der Mensch ist gut; denn, so behaupteten sie, Mensch bedeutet nur Mensch, und gut nur gut; wie soll da das Wort ist imstande sein, so verschiedenartige Bedeutungen in eines zu setzen. Bradley schwelgt geradezu in derartigen Beweisen. Kein Adjektiv, denkt er, kann vernünftigerweise ein Substantiv näher bestimmen. Denn, wenn es verschieden vom Substantiv ist, kann es nicht mit ihm vereinigt werden, und wenn es nicht von ihm verschieden ist, so haben wir von vorne herein nur eine Einheit, und es liegt nichts vor, was zu vereinigen wäre. Die ganze Art, wie der Pluralismus Subjekt und Prädikat verwendet, ist im tiefsten Grunde irrational: sie ist ein Beispiel der verzweifelten Lage unseres endlichen Intellektes; denn er wird vergiftet und geschwächt durch die trennenden und diskursiven Formen, die unsere einzigen Kategorien sind, die aber die absolute Realität irgendwie in ihre Einheit aufnehmen und auf diese Weise überwinden muß.

Die Leser von „Appearance and Reality“ werden sich erinnern, daß Bradley unter der gleichen Schwierigkeit leidet wie Lotze und Royce: Wie kann ein Einfluß beeinflussen? Wie kann eine Beziehung verbinden? Irgendeine konjunktive Beziehung zwischen zwei phänomenalen Erfahrungen A und B muß nach der intellektualistischen Philosophie dieser Autoren selbst eine dritte Wesenheit sein. Als solche kann sie nur, statt die eine ursprüngliche Kluft zu überbrücken, zwei neue von geringerer Breite schaffen, die ihrerseits wiederum überbrückt werden müssen. Statt daß die neue konjunktive Beziehung A und B verknüpft, muß sie selbst durch eine neue Beziehung R^1 mit A und durch eine andere R^2 mit B verknüpft werden. Diese neuen Beziehungen sind nur noch zwei neue Wesenheiten, die ihrerseits wiederum durch noch vier weitere Beziehungen verknüpft werden müssen — und ehe wir uns versehen, stürzen wir unaufhaltsam in den Schwindel erregenden regressus in infinitum. Da nun ein regressus in infinitum als widersinnig gilt, so muß die Vorstellung fallen gelassen werden, Beziehungen könnten sich zwischen ihren Begriffen einschieben. Kein rein äußerliches Zwischenglied kann logisch eine Verbindung herstellen. Dazu sind Vorgänge von mehr innerer Art erforderlich. Die Verknüpfung muß eine innerliche Durchdringung, ein Besitzergreifen sein. Die Beziehung muß die Glieder in sich einschließen, und umgekehrt muß jedes Glied die Beziehung in sich einschließen, und indem die einzelnen Glieder ihr Wesen in der Beziehung verschmelzen, müssen sie irgendwie ihr Wesen ineinander verschmelzen, obgleich wir, da sie doch für uns in der Erscheinung noch weiter getrennt existieren, niemals genau begreifen können, wie und wodurch sie innerlich eins sind. Das Absolute jedoch muß als fähig gelten, die Vereinigung in seiner unerforschlichen Weise vorzunehmen.

Jedesmal, wenn in früheren Zeiten ein Philosoph wegen einer groben Widersinnigkeit in seinem System angegriffen wurde, pflegte er den Angriff mit dem Argument von der göttlichen Allmacht zu begegnen: „Wie, Ihr wollt Gottes Macht beschränken?“ pflegte er zu antworten: „wollt Ihr mit Eurer

Behauptung sagen, daß Gott, wenn er wollte, nicht dieses oder jenes tun könnte?“ Diese Entgegnung sollte allen Widersachern von Bildung und Anstand den Mund schließen. In dem vorliegenden Fall hat das Bradley'sche Absolute die gleiche Aufgabe wie der theistische Gott. Das Absolute besitzt die Fähigkeit, Anschauungen, die für so widersinnig gehalten werden, daß man sie in der von uns bewohnten endlichen Welt nicht gelten lassen kann, irgendwie in seiner unaussprechlichen Weise wahr zu machen. Zuerst hören wir Bradley die Dinge der Widersinnigkeit zeihen, um dann das Absolute herbeizurufen, das trotz alledem sie zu verbürgen hat. Um keiner andern Aufgabe willen wird es angerufen: diese aber muß und soll es erfüllen.

Sowohl Bradley wie Royce behaupten die seltsamste Diskontinuität zwischen unserer Welt der Erscheinungen und der angenommenen Welt der absoluten Realität. Die Plötzlichkeit und Gewaltsamkeit des Überganges von der einen Welt zur andern versuchen beide Schriftsteller, und zwar Royce mit großer Geschicklichkeit, zu mildern. Aber unvermittelt und plötzlich bleibt der Übergang dennoch, und so empfinden ihn auch die meisten Leser. Wer diesen gewaltsamen Übergang stark empfindet, erkennt deutlich wie an einem Diagramm, worin die Besonderheit dieser ganzen Philosophie des Absoluten besteht. Da ist zuerst ein gesunder Glaube, daß die Welt rational und mit sich selbst in Übereinstimmung sein muß. Alle Wissenschaft, jede wirkliche Erkenntnis, alle Erfahrung setzt, wie Ritchie schreibt, ein zusammenhängendes Universum voraus. Dann finden wir ein loyales Festhalten an dem rationalistischen Glauben, daß die Sinnesgegebenheiten und ihre Assoziationen unzusammenhängend sind, und daß nur, wenn man an ihre Stelle eine begriffliche Ordnung setzt, die Wahrheit gefunden werden kann. Drittens behandelt man diese Begriffe nach der intellektualistischen Methode, d. h. als diskontinuierlich und sich gegenseitig ausschließend, so daß selbst die geringste harmlose Kontinuität in dem Flusse der Sinneserfahrung für uns zerstört ist, ohne daß an ihre Stelle eine höhere begriffliche Kontinuität tritt. Da schließlich dieser Zustand, bei dem die Erfahrung auseinanderfällt, unerträglich ist, so bittet man den absoluten Deus ex machina, sie nach seiner Art wiederherzustellen, weil wir es nach der unsrigen nicht können.

Eine andere Anschauung als diese vermag ich mir von dem nachkantischen absoluten Idealismus nicht zu bilden. Ich sehe nur, wie die intellektualistische Kritik den unmittelbar gegebenen Zusammenhang der phänomenalen Welt zerstört, dabei aber nicht imstande ist, mit ihren Begriffen einen neuen Zusammenhang herzustellen, und ich sehe ferner, wie man das Absolute herbeiholt, um einen Zusammenhang höherer Art zu haben. Die Lage besitzt zwar dramatische Lebendigkeit, ist aber innerlich durchaus unzulänglich, so daß sich unvermeidlich die Frage ergibt, ob sich nicht irgendwo in die Gedankenentwicklung, die uns in diese Lage gebracht hat, ein Fehler eingeschlichen hat. Kann man nicht dadurch den Schwierigkeiten besser abhelfen, daß man die intellektualistische Kritik noch einmal überprüft, statt sie zuerst anzunehmen, und dann versucht, ihre Folgen durch einen willkürlichen Glaubensakt an ein unbegreifliches Absolute aufzuheben? Kann nicht der Fluß der Sinneserfahrung selbst eine Rationalität enthalten, die übersehen worden ist? Das wirkliche Heilmittel bestände dann darin, mit vollem Bewußtsein zur ursprünglichen Erfahrung zurückzukehren, statt die entgegengesetzte Richtung einzuschlagen und sich von aller Erfahrung abzuwenden, ja, sogar über alle die Erfahrung auflösende intellektualistische Kritik hinauszugehen, um zu jener Pseudo-Rationalität zu gelangen, die sich aus der Annahme des Absoluten für unsere Welt ergibt. Ich für meine Person glaube, daß wir nur auf diesem Wege die Rationalität in der Welt festhalten können, und daß der traditionelle Rationalismus immer in der falschen Richtung die Lösung gesucht hat. Ich hoffe, Sie werden schließlich auch meinen Glauben teilen oder doch wenigstens achten; aber bevor wir dahin gelangen, ist noch vielerlei zu sagen.

Ich gebrauchte gerade eben das Wort „gewaltsam", als ich die dramatische Situation beschrieb, in der sich die Philosophie des Absoluten wohl fühlt. Jedem muß in den Schriften des absoluten Idealismus jene von mir schon berührte seltsame Neigung auffallen, sich in gewaltsamen Extremen zu bewegen. Das Universum muß rational sein; meinetwegen! Aber wie? Was ist der Sinn dieses zwar logischen aber zweideutigen Wortes? Das müßte doch zuerst einmal ausgemacht werden. Es gibt sicherlich Grade der Rationalität, die unterschieden und beschrieben werden könnten. Die Dinge können auf sehr verschiedene Arten miteinander zusammenhängen. Aber ebensowenig wie in der Auffassung der Rationalität kann der monistisch gerichtete Geist in seiner Auffassung der Beziehungen ein Mehr oder Weniger zulassen. Rationalität ist eins und unteilbar; wenn aber nicht, dann muß das Universum völlig irrational sein und jede Milderung, Mischung oder Kompromiß wird abgewiesen.

Mc. Taggart, der den Begriff einer Mischung von Rationalität und Irrationalität untersucht, schreibt hierzu: „Die beiden Prinzipien der Rationalität und Irrationalität, auf die man das Universum zurückführt, müssen vollständig getrennt und unabhängig voneinander sein. Denn wenn es eine gemeinsame Einheit geben könnte, auf die man sie zurückführen müßte, so würde in dieser Einheit selbst und nicht in ihren beiden Manifestationen die letzte Erklärung des Universums liegen ... und nachdem wir auf diese Weise wiederum eine monistische Theorie hätten, würde diese sich von selbst noch einmal vor die gleiche Alternative gestellt sehen: „Ist dieses eine und einzige Prinzip durch und durch rational oder nicht[11])". „Ist eine Mehrheit von realen We-

[11]) Mc. Taggart, „Studies in the Hegelian Dialectic", p. 184.

sen möglich", fragt Bradley und er antwortet: „Nein, es ist unmöglich, denn es würde bedeuten, daß eine Anzahl von Wesen nicht abhängig voneinander sein würde und diese Unabhängigkeit würde ihrer Mehrheit widersprechen." In der Tat, wenn es eine Vielheit gibt, so gibt es auch Beziehungen; denn das Wort „Vielheit" hat keinen Sinn, wenn nicht die Einheiten irgendwie zusammengefaßt sind, und da es unmöglich ist, sie in einer Art unwirklicher Leere zusammenfassen, so müssen sie einer weiteren Wirklichkeit angehören, und ihr eigenes Wesen über sich selbst hinaus erstrecken in ein Ganzes, das Einheit besitzt, und ein größeres System darstellt[12])". Entweder unbedingte Unabhängigkeit oder unbedingte gegenseitige Abhängigkeit — das ist also das einzige Entweder—Oder, das diese Denker zulassen. Da nun natürlich absolute „Unabhängigkeit" unsinnig sein würde, so bleibt der einzig zulässige Schluß nach den Worten Ritchies, daß „jedes einzelne Ereignis letztlich mit jedem andern verknüpft ist und durch das Ganze, dem es angehört, bestimmt wird". Daher gibt es nur zweierlei: Entweder ein Universum, das wie ein Block nach allen Seiten hin abgeschlossen ist, oder überhaupt kein Universum.

Professor Taylor hat die naive Gewohnheit, nur in Extremen zu denken: er beschuldigt die Pluralisten, sie dächten ihre Behauptungen nicht folgerichtig zu Ende und zögen sich selbst den Boden unter den Füßen weg. Die Pluralisten behaupten folgendes: Es ist ein Universum möglich, dessen Teile, nach der Art unserer täglichen Erfahrung, locker miteinander verbunden sind, und aus bestimmten Gründen ist diese Hypothese jeder andern vorzuziehen. Professor Taylor jedoch glaubt, sie sollten behaupten: Jede andere Art von Universum ist logisch unmöglich, und eine Totalität von Dingen, die in der Weise des Monismus miteinander verknüpft sind, ist eine Hypothese, die überhaupt

[12]) Bradley, „Appearance and Reality", 1893, pp. 141/142.

nicht ernsthaft erwogen werden kann[13]). Es fällt aber keinem vernünftigen Pluralisten ein, so extrem dogmatisch zu sein.

Wenn die Pluralisten vom Zufall als von einer wesentlichen Tatsache des Universums sprechen, so legen die Anhänger des absoluten Idealismus es in einer Weise aus, als ob es bedeutete, daß mit gleicher Wahrscheinlichkeit aus dem Würfelbecher doppelte Sieben wie doppelte Sechser geworfen werden könnten. Wenn man vom freien Willen spricht, so muß das nach Ansicht der Herren bedeuten, daß es einem englischen General heute ebenso möglich ist, seinen Gefangenen zu verspeisen, wie es einem Maori-Häuptling vor hundert Jahren war. Um Beispiele Mc. Taggarts zu gebrauchen, wäre es bei der Annahme eines freien Willens ebenso möglich, daß die Mehrheit der Bewohner Londons sich morgen bei lebendigem Leibe selbst verbrennen, wie daß sie ihre gewöhnliche Nahrung zu sich nehmen; es wäre ebenso möglich, daß ich gehenkt werde, weil ich mein Haar gebürstet habe, wie weil ich einen Mord begangen habe[14]), und was der Annahmen mehr sind, für die kein Indeterminismus einen wirklichen Grund sieht.

Diese Gewohnheit, nur in den gewaltsamsten Extremen zu denken, erinnert mich an das, was Wells in seinem wunderhübschen kleinen Buche „New Worlds for old“ über die landläufigen Einwände sagt, die man dem Sozialismus macht. Das gewöhnlichste Laster des menschlichen Geistes ist seine angeborene Neigung, alles als ja oder nein, als schwarz oder weiß zu sehen, seine Unfähigkeit, Abtönungen zu unterscheiden. So einigen sich die Kritiker auf irgendeine grobe und unmögliche Definition des Sozialismus und ziehen dann aus ihr unsinnige Folgen, wie ein Zauberkünstler Kaninchen aus einem Hute zieht. Der Sozialismus schafft das Eigentum ab, schafft die Familie ab und alles übrige. Die Methode ist, wie Wells fortfährt, immer dieselbe: Man nimmt

---

[13]) „Elements of Methaphysics“, p. 88.

[14]) „Some Dogmas of Religion“, p. 184.

an, daß, was auch immer der Sozialismus als wünschenswert hinstellt, ohne jede Einschränkung verlangt wird — setzen Sie Pluralist an Stelle von Sozialist und die Parallele trifft zu. Man stellt sich vor, daß jeder Vorschlag, den der Sozialist macht, von ungezügelten Manomanen ausgeführt wird. Auf diese Weise stellt man den sozialistischen Traum in einem Bilde dar, das man dem einfachen, im Zweifel befindlichen Menschen mit den Worten vorführt: „Das ist Sozialismus" — oder Pluralismus — und das wollen Sie doch sicherlich nicht!"

Wenn ich meine Zweifel ausdrückte, ob es logisch notwendig sei, angesichts der losen Zusammenhänge der Sinneserfahrung in das entgegengesetzte Extrem zu fallen und ein Absolutes anzunehmen, wie oft ist mir da geantwortet worden: „Aber etwas Verbindung muß doch sicherlich zwischen den Dingen sein!" Als ob ich als Pluralist notwendigerweise ein ungezügelter Manomane sein müßte, der in seinem Wahnsinn jede Verbindung leugnete! Die ganze Frage dreht sich in Wahrheit um das Wort „etwas". Radikaler Empirismus und Pluralismus treten ein für die Legitimität des Begriffes „Etwas": Jeder Teil der Welt ist mit andern Teilen in einigen Hinsichten verknüpft, in andern nicht. Und man kann die Richtungen erkennen, denn viele von ihnen treten auch mit ihren Verschiedenheiten deutlich hervor. Der absolute Idealismus scheint aber seinerseits zu glauben, daß „etwas" eine Kategorie ist, die mit Selbstwiderspruch behaftet ist, und daß die einzigen Kategorien, die innerlich konsequent und deshalb auch Bedeutung für die Realität haben, „alles" oder „nichts" sind.

Die Frage mündet in das noch allgemeinere Problem, mit dem Bradley und die späteren Vertreter der monistischen Schule uns genügend bekannt gemacht haben: Sind alle Beziehungen, die ein Ding mit andern Dingen haben kann, in seiner inneren Natur ursprünglich schon mitgesetzt und in seinem Wesen begründet, oder kann das Ding existieren, ohne einige dieser Beziehungen zu andern Dingen zu haben, und wenn es zu diesen in Beziehung tritt, geschieht das dann wie zufällig und erst nachträglich?

Das ist eben die große Frage: Kann es bloß „äußere" Beziehungen geben? Zweifellos scheint es so zu sein. Mein Manuskript z. B. ist „auf" dem Pult. Die Beziehung, die in dem Wort „auf" liegt, scheint in keiner Weise die innere Bedeutung des Manuskriptes oder die Struktur des Pultes mit einzuschließen — diese Objekte sind mit dieser Beziehung „auf" nur rein äußerlich verknüpft; die Beziehung scheint nur ein vorübergehender Zufall in ihren jeweiligen Schicksalen zu sein. Außerdem scheint der Ausdruck „auf" unsern Sinnen nicht als eines jener unverständlichen Zwischenglieder, die gesondert an Begriffe geknüpft werden müssen, die einigen sollen. Diese ganze Sinneserscheinung jedoch, so wird uns gesagt, kann vor den Augen der Vernunft nicht bestehen. Sie ist ein Gewebe von Selbstwidersprüchen, das nur von der vollständigen Auflösung des Pultes und des Manuskriptes in die höhere Einheit einer absoluten Realität aufgehoben werden kann.

Die Argumentation, vermittels der dieser Schluß begründet wird, ist zu subtil und verwickelt, als daß man in einer öffentlichen Vorlesung genügend darauf eingehen könnte; Sie werden mir auch dankbar sein, daß ich Sie nicht auffordere, die Beweisführung näher zu untersuchen. Ich fühle mich umsomehr von der Pflicht entbunden, sie jetzt zu erörtern, als ich denke, daß der allgemeine Überblick über die Haltung des absoluten Idealismus, den ich Ihnen schon gegeben habe, für unseren gegenwärtigen Zweck genügt. Mein eigener Urteilsspruch, den ich mit den Worten „Nicht bewiesen" über die Philosophie des Absoluten setze, — beachten Sie bitte, daß ich nicht weitergehe — braucht nicht an jedem Punkte gestützt zu werden. Flankenoperationen sind weniger verlustreich und in gewissen Hinsichten wirksamer als Frontalangriffe. Möglicherweise werden Sie selbst nach dem Anhören der übrigen Vorlesungen die Anschauung haben, daß die Alternative eines vollkommen rationalen oder eines vollkommen irrationalen Daseins übertrieben und gezwungen ist, und daß ein mittlerer Weg besteht, den einige gleich mir vorziehen werden. Etwas Rationalität charakterisiert sicher unser Universum; und wenn wir die eine Art gegen die andere abwägen, so möchten wir glauben, daß die unvollkommenen Arten von Rationalität, die uns entgegentreten, im Ganzen annehmbarer sind, als die radikale Art von Rationalität, auf der die monistischen Systematiker bestehen.

Alle die genannten Systematiker, die nach Hegel mit ihren Schriften hervorgetreten sind, haben ihm in hohem Maße ihre Inspiration zu verdanken. Selbst, wenn sie keine besondere Verwendung für seine besondere triadische Dialektik fanden, hat sein überlegener und autoritativer Ton ihnen Mut und Vertrauen eingeflößt. Ich habe in dieser Vorlesung nichts über Hegel gesagt; ich muß in der nächsten das Versäumte nachholen.

3. Vorlesung.

Hegel und seine Methode.

Hegels fremdartige und machtvolle Genialität hat unmittelbar oder mittelbar mehr als alle übrigen Kultureinflüsse dazu beigetragen, den idealistischen Pantheismus in philosophisch interessierten Kreisen zu befestigen. Ich muß über diesen Denker einiges sagen, ehe ich zum endgültigen Schluß darüber komme, welche zwingende Kraft den Argumenten für das Absolute zuzuerkennen ist.

Nirgends ist es offensichtlicher als bei Hegel, daß die Intuition eines Philosophen und die methodologische Technik, deren er sich bedient, um sie nachträglich in seinem System als objektive Wahrheit zu erweisen, zwei völlig verschiedene Dinge sind. Hegel schaut die Welt im Lichte eines Vernunftprozesses, der alle Dinge in den Rhythmus seiner Bewegung hineinzieht, und der alle scheinbare Irrationalität dadurch rechtfertigt, daß er sie als ein Moment in sich aufnimmt. Diese Intuition lebte so stark in Hegel, und der Ton der Autorität, mit dem er sie zum Ausdruck brachte, war so wuchtig, daß der Eindruck, den er hervorrief, niemals verwischt worden ist. Die gewaltigen Umrisse dieses Weltbildes, wie sie vom Auge des Meisters geschaut wurden, durften die Schüler nicht verkleinern.

Um den Inhalt seiner Intuition zu beweisen, bediente er sich der sogenannten dialektischen Methode; hier aber war ihm das Glück weniger hold. Kaum einer der neueren Anhänger hat die besonderen Anwendungen seiner Methode befriedigend gefunden. Viele haben sie vollständig fallen lassen, indem sie sie als eine Art von provisorischem Lückenbüßer behandelten, als ein Symbol dessen, was eines Tages zu erreichen möglich sein wird, was jedoch heute ohne Wert und Beweiskraft ist. Aber dieselben Schüler halten an dem Inhalt der Intuition selbst wie an einer Offenbarung fest, die nie vergehen kann. Der Fall ist seltsam und wert, von uns genauer untersucht zu werden.

Noch seltsamer erscheint er aber dadurch, daß dieselben Schüler zwar bereit sind, jedes besondere Beispiel der dialektischen Methode der Kritik preiszugeben, dennoch unerschütterlich überzeugt sind, daß in irgendeiner Form die dialektische Methode den Schlüssel zur Wahrheit enthält. Was ist denn nun die dialektische Methode? Sie ist selbst ein Teil der Hegelschen Vision oder Intuition, und zwar ein Teil, der das stärkste Echo im Empirismus und in der Weltauffassung des gesunden Menschenverstandes findet. Man tut Hegel großes Unrecht, wenn man ihn in erster Linie als einen abstrakten Denker behandelt. In Wirklichkeit ist er ein naiv beobachtender Mensch, der nur von einer perversen Vorliebe für den Gebrauch eines technischen und logischen Kauderwelsches beherrscht ist. Er versetzt sich mitten in den Strom der Erfahrung und läßt die Dinge auf sich wirken. Sein Denken ist in wahrstem Sinne des Wortes impressionistisch, und wenn man sich einmal in den schöpferischen Mittelpunkt seiner Auffassungen versetzt, so ist es das leichteste von der Welt, den Pulsschlag seines Denkens zu fühlen und ihn weiter zu verfolgen.

Jeder Denker ist leicht zu verstehen, wenn man das Zentrum seiner Intuition zu fassen weiß. Aus dem Zentrum der Hegelschen Intuition stammen jene gewaltigen Sätze, die nur mit ähnlichen Luthers verglichen werden können, so z. B. der, in welchem er von dem ontologischen Beweis für das Dasein Gottes spricht: Dieser Beweis erfolgt aus seinem Begriff als dem ens perfectissimum, dem kein Attribut fehlen kann; und Hegel fährt dann fort: „Wir haben hier den Begriff Gottes in seiner ganzen Freiheit: Dieser Begriff ist identisch mit dem Sein; Sein ist die allerärmste Abstraktion, der Begriff ist nicht so arm, daß er diese Bestimmung nicht in sich hätte.“ (Vorlesungen über die Religionsphilosophie; herausgegeben von Marnheineke 1840, S. 551, Bd. II.

Aber wenn auch Hegels Grundgedanke leicht zu erfassen ist, so machen es doch seine ungeheuerlichen Sprachgewohnheiten einem äußerst schwer, ihm zu folgen, wenn er seinen Grundgedanken auf die Einzelheiten anwendet. Die Nachlässigkeit, in der er sich bei der Abfassung seiner Sätze gefällt, sein prinzipienloses Hin- und Herspielen mit den Begriffen, seine entsetzliche Wortwahl, die ihn z. B. veranlaßt, dasjenige, was ein Ding vervollständigt, seine Negation zu nennen; seine hartnäckig beibehaltene Unklarheit, die einem im Dunkel darüber läßt, ob er als Logiker, Physiker oder Psychologe spricht; seine ganze wohlüberlegte, angenommene Politik der Zweideutigkeit und Unbestimmtheit: all das treibt die heutigen Leser zur Verzweiflung und könnte sie dazu bringen, sich — oder ihm — die Haare zu raufen. Wie Byrons Korsar hat er anderen Zeiten einen Namen hinterlassen, „verknüpft mit einer Tugend und tausenden Verbrechen“.

Die Tugend war die Intuition, die eigentlich zwei Gedanken enthält. 1. Die Vernunft ist allumfassend; 2. die Dinge sind dialektisch. Lassen Sie mich zuerst ein Wort über diesen zweiten Gedanken der Hegelschen Intuition sagen.

Der Eindruck, den jeder naive Mensch erhält, der sich selbst unbefangen in den Fluß der Dinge stellt, ist der, daß die Dinge sich nicht im Gleichgewicht befinden. Jedes Gleichgewicht, zu dem unsere endlichen Erfahrungen gelangen, ist nur vorübergehender Art. Die Vulkanausbrüche von Martinique erschüttern jenes Gefühl seliger Eintracht mit der Natur, das Wordsworth in seinen Dichtungen uns gegeben hat. Unfälle sittlicher, geistiger oder physischer Art stören das mühsam hergestellte Gleichgewicht, das die Menschen im Familienleben und in ihren bürgerlichen und beruflichen Beziehungen erreichen. Intellektuelle Rätsel machen unsere wissenschaftliche Systeme zuschanden, indes die unerbittliche Grausamkeit des Universums unsere religiöse Haltung und gläubige Hoffnung erschüttern. Was wir auch immer auf einem Gebiete Gutes erreicht haben, das Universum erkennt seinen Wert nicht als heilig an. Zusammen stürzt es, vornüber bricht es, ein Opfer der gefräßigen Zerstörungswut des weiteren geschichtlichen Zusammenhanges, in dessen Entwicklung es für einen Augenblick einen Halteplatz und eine Stufe gebildet hat. Jedes Ding wird von seiner Negation, seinem Schicksal, seiner Auflösung verfolgt, alles ist in unablässiger Bewegung zu etwas Künftigem hin, das an die Stelle des Gegenwärtigen treten wird: Das ist die Hegelsche Intuition der gänzlichen Vorläufigkeit und deshalb auch Unwirklichkeit alles dessen, was der endlichen Erfahrung angehört. Man nehme irgend ein konkretes endliches Ding und versuche, es im Denken für sich festzuhalten. Der Versuch wird mißlingen, denn dieses aus allen Zusammenhängen herausgelöste und festgehaltene Ding erweist sich überhaupt nicht mehr als konkret, sondern nur noch als ein Abstraktum, das man willkürlich aus dem übrigen Erfahrungsinhalt gebildet hat. Es kann dem Andrang der anderen Dinge nicht standhalten, sie überwältigen es und gleichzeitig den Menschen, dessen vorschnellen Versuch sie vernichten. Jede Anschauung, die nur eine Seite der Welt beachtet, reißt den Teil aus seinem Zusammenhang, läßt irgendeine Wahrheit unberücksichtigt, ist unrichtig und gibt ein falsches Bild von der Wirklichkeit. Die volle Wahrheit über irgendeine Sache schließt mehr in sich als die Sache selbst. Am Ende kann doch die Wahrheit über irgend etwas nichts weniger als das Ganze sein.

Soweit kann man Hegel im großen ganzen nicht nur ohne Gefahr folgen, man muß auch seine Anschauung als durchaus zutreffend anerkennen. Es gibt in den Dingen eine dialektische Bewegung, wenn man sie so bezeichnen will, eine Bewegung, die in der ganzen Beschaffenheit des konkreten Lebens zum Ausdruck kommt. Aber diese Bewegung läßt sich mit Ausdrücken, die der pluralistischen Anschauung der Dinge entnommen sind, weit natürlicher beschreiben und verständlich machen als mit den Begriffen des Monismus, auf die Hegel die dialektische Bewegung schließlich zurückführte. Der pluralistische Empirismus weiß, daß jedes Ding sich in einer Umgebung befindet, in einer es umschließenden Welt von anderen Dingen, und daß, wenn es dort in seiner Aktivität ungehemmt sich selbst überlassen bleibt, es unvermeidlich Reibung und Widerstand von seinen Nachbarn erfahren wird. Seine Nebenbuhler und Feinde werden es zerstören, wenn anders es sich nicht dadurch mit ihnen abfinden kann, daß es irgendeinen Teil seiner ursprünglichen Ansprüche aufgibt.

Aber Hegel sah diese unleugbare Eigenart unserer Welt im Lichte einer Philosophie, die sich von aller Erfahrung unabhängig dünkte. Er glaubte, es würden sich genau die gleichen Folgen ergeben, wenn man das geistige Bild des Dinges ganz allein im reinen Denken tätig sein läßt. Es wird von den entgegengesetzten Vorstellungen, die es verfolgen, negiert werden, und kann sich nur dadurch erhalten, daß es mit ihnen eine Art Vergleich schließt. Dieser Vergleich wird ein Beispiel der sogenannten höheren Synthesis sein, die jedes Ding mit seiner Negation bildet. Hegels Originalität lag nun darin, daß er diesen Vorgang aus dem Gebiete der Wahrnehmungen in das der Begriffe übertrug, und ihn als die Universalmethode behandelte, nach der jede Art des Lebensprozesses, sei es in der logischen, physikalischen oder psychologischen Form, sich vollzieht. Nicht also in den Sinneswahrnehmungen als solchen liegt für

Hegel das Geheimnis, wodurch sich das Dasein erhält und sich immer neu gestaltet, sondern in der begrifflichen Verarbeitung, die wir mit den Wahrnehmungen vornehmen. In seinen Augen waren die Begriffe nicht, wie die früheren Logiker es angenommen hatten, jene unbeweglichen, sich selbst in festen Schranken haltenden Realitäten, sondern sie waren keim- und entwicklungsfähig und gingen ineinander über, und zwar vermittels dessen, was er ihre immanente Dialektik nannte. Indem die Begriffe jeder für sich sind und sich gleichsam ignorieren, schließen sie sich virtuell aus und ebenso verneinen sie sich; dadurch wird es möglich, von Begriff zu Begriff einen Übergang zu schaffen und ihre Exklusivität zu überbrücken. So hatte nach ihm die dialektische Logik die Identitätslogik zu ersetzen, in der seit Aristoteles ganz Europa erzogen worden ist.

Diese Auffassung vom Wesen des Begriffes ist Hegels revolutionäre Tat. Aber seine Ausdrucksweise ist absichtlich so unbestimmt und zweideutig, daß man kaum sagen kann, ob es die Begriffe als solche sind oder die begrifflich gefaßten Sinneserfahrungen und Elemente, die Hegel für seine Arbeit im Auge hat. Das einzig Gewisse ist, daß, was man auch über sein Verfahren sagen mag, irgend jemand immer behaupten wird, man habe es mißverstanden. Ich mache keinen Anspruch, es zu verstehen, ich behandle es bloß nach meinen eigenen Eindrücken.

Dabei bedaure ich nur, daß er sein Verfahren mit dem Namen „Logik“ bezeichnet hat. Da er an der Intuition einer wirklich lebendigen Welt festhielt und nicht zufrieden damit sein wollte, von ihr ein Bild in der zerhackten Form des landläufigen Intellektualismus zu geben, so ist es schade, daß er gerade das Wort gewählt hat, auf das der Intellektualismus schon von vorne herein einen Anspruch hatte. Aber er hielt fest an der alten rationalistischen Verachtung für die unmittelbar gegebene Welt der Sinne und für alle ihre trüben Einzelheiten, und duldete nie die Vorstellung, daß die Form der

Philosophie nur empirisch sein könnte. Sein eigenes System sollte ein Erzeugnis der ewigen Vernunft sein. Deshalb war das Wort Logik mit der ihr innewohnenden Idee einer zwingenden Notwendigkeit das einzige Wort, das ihm für seine Philosophie natürlich erschien. Er gab deshalb vor, die aprioristische Methode zu benutzen und nur mit einem dürftigen Rüstzeug von alten logischen Begriffen zu arbeiten, wie Position, Negation, Reflexion, universal, partikulär, individuell und dergleichen. Aber tatsächlich arbeitete er mit seinen eigenen empirischen Wahrnehmungen, die, wo immer er von ihnen Gebrauch machte, weit über seine jämmerlich ungenügenden logischen Kategorien hinausgingen.

Am originellsten verfuhr er mit der Kategorie der Negation. Nach der überlieferten Auffassung kann man rein logisch durch das Feld der Begriffe nur vorrücken, wenn man von Gleichem zu Gleichem geht. Hegel empfand aufs tiefste, wie unfruchtbar dieses Gesetz des begrifflichen Denkens war; er bemerkte, daß in gewisser Weise auch die Negation die Dinge verbindet. Und er hatte den ausgezeichneten Gedanken, über die gewöhnliche Logik hinauszugehen, indem er von Verschiedenem zum Verschiedenem weiterging, als ob es eine Notwendigkeit des Denkens wäre.

„Wenn man behauptet, dieser Satz (der Satz der Identität) könne nicht bewiesen werden, aber jedes Bewußtsein verfahre darnach und stimme ihm nach der Erfahrung sogleich zu, wie es ihn vernehme, so ist dieser angeblichen Erfahrung der Schule die allgemeine Erfahrung entgegenzusetzen, daß kein Bewußtsein nach diesem Gesetze denkt, noch Vorstellungen hat usw., noch spricht, daß keine Existenz, welcher Art sie sei, nach demselben existiert. Das Sprechen nach diesem sein sollenden Gesetze der Wahrheit (ein Planet ist — ein Planet, der Magnetismus ist — der Magnetismus, der Geist ist —ein Geist) gilt mit vollem Recht für albern... Es ist von großer Wichtigkeit, sich über die wahre Bedeutung der Identität gehörig zu verständigen, wozu dann vor allen Dingen gehört, daß dieselbe nicht bloß als abstrakte Identität, d. h. nicht als Identität mit Ausschließung des Unterschiedes aufgefaßt wird. Dies ist der Punkt, wodurch sich alle schlechte Philosophie von dem unterscheidet, was allein den Namen der Philosophie verdient ... Wenn das Denken weiter nichts wäre, als jene abstrakte Identität, so müßte dasselbe für das überflüssigste und langweiligste Geschäft erklärt werden. Allerdings sind der Begriff und weiter die Idee mit sich identisch, allein nur, insofern dieselben zugleich den Unterschied in sich enthalten[1]."

Die Unterscheidung, an die Hegel hier denkt, ist natürlich in erster Linie die Unterscheidung des einen Dinges und Begriffes von allen andern Dingen und Begriffen. Aber unter seinen Händen entwickelt sich diese Unterscheidung von andern schnell zu einem Widerspruch mit den andern und schließlich in Rückbeziehung auf den Begriff oder das Ding selbst zum Selbstwiderspruch. Der immanente Selbstwiderspruch aller endlichen Begriffe wird von nun an die vorwärtstreibende logische Kraft, die die Welt bewegt[2]. „Man trenne ein Ding von seinen Beziehungen", schreibt Dr. Edward Caird, indem er Hegel erläutert, „und man versuche, es für sich allein festzuhalten. Man wird finden, daß es sowohl sich wie auch seine Beziehungen negiert hat. Das Ding an sich ist nichts[3]". Oder, um Hegels eigene Worte anzuführen: „Wenn wir ein Dasein A nennen, das andere aber B, so ist zunächst B als das andere bestimmt. Aber A ist ebensosehr das andere des B. Beide sind auf gleiche Weise A n d e r e ... Das Andere für sich ist das Andere an ihm selbst, hiermit das Andere seiner selbst, so das Andere des Andern, — also das in sich schlechthin Ungleiche,

[1]) Die Logik. Werke VI, 1840, pp. 232/33.

[2]) Vgl. Hegels glänzende Verteidigung der Funktion des Widerspruchs in seiner „Wissenschaft der Logik", Bd. II, Sec. I, Kap. IIC, Anm. 3.

[3]) Hegel, in Blackwood's Philosophical Classics, p. 162.

sich Negierende, das sich V e r ä n d e r n d e[4]).“ An einem andern Orte schreibt Hegel: „Wir wissen, daß alles Endliche anstatt ein Festes und Letztes zu sein, vielmehr veränderlich und vergänglich ist, und dies ist nichts anderes als die Dialektik des Endlichen, wodurch dasselbe als an sich das Andere seiner selbst, auch über das, was es unmittelbar ist, hinausgetrieben wird und in sein Entgegengesetztes umschlägt ... Wir sagen, daß alle Dinge (d. h. alles Endliche als solches) zu Gericht gehen, und haben hiermit die Anschauung der Dialektik als der allgemeinen unwiderstehlichen Macht, vor welcher nichts, wie sicher und fest sich dasselbe auch dünken möge, zu bestehen vermag ... Was das Vorkommen der Dialektik in der geistigen Welt und näher auf dem Gebiet des Rechtlichen und Sittlichen anbetrifft, so braucht hier nur daran erinnert zu werden, wie, allgemeiner Erfahrung zufolge, das Äußerste eines Zustandes oder eines Tuns in sein Entgegengesetztes umzuschlagen pflegt, welche Dialektik denn auch vielfältig in Sprichwörtern ihre Anerkennung finden. So heißt es z. B. summum jus, summa injuria, womit ausgesprochen ist, daß das abstrakte Recht, auf seine Spitze getrieben, in Unrecht umschlägt. Ebenso ist es bekannt, wie im Politischen die Extreme der Anarchie und des Despotismus einander gegenseitig herbeizuführen pflegen. Das Bewußtsein der Dialektik im Gebiet des Sittlichen in seiner individuellen Gestalt finden wir in jenen allbekannten Sprichwörtern: Hochmut kommt vor dem Fall; — Allzu scharf macht schartig, usw. — Auch die Empfindung, die leibliche sowohl als die geistige, hat ihre Dialektik. Es ist bekannt, wie die Extreme des Schmerzes und der Freude ineinander übergehen; das von Freude erfüllte Herz erleichtert sich in Tränen, und die innigste Wehmut pflegt unter Umständen sich durch ein Lächeln anzukünden[5]).“

---

[4]) „Wissenschaft der Logik“, herausgegeben von Dr. L. von Henning, I. Teil, I. Abteilung, I. Buch, 1. Abschnitt B, p. 116.

[5]) Die Logik, pp. 155/156.

Hier könnte man wohl die Bemerkung einfügen, daß die meisten menschlichen Institutionen infolge der rein technischen und bürokratischen Art, in der sie schließlich verwaltet werden, am Ende gerade diejenigen Zwecke vereiteln, um derentwillen ihre Gründer sie geschaffen haben.

Hat man einmal den Kniff dieses Denkschemas erfaßt, so kann man froh sein, wenn man je wieder davon loskommen kann. Man ist nicht mehr imstande, die Dinge anders zu sehen. Lassen Sie irgend jemand irgend etwas behaupten, und es wird Ihnen zur Gewohnheit, in der Behauptung einen Widerspruch zu empfinden; bei manchen Personen bildet sich fast eine motorische Gewohnheit heraus, die sie veranlaßt, die Affirmation, die Negation und die schließliche Synthese jedesmal mit einer stereotypen Handbewegung zu versinnbildlichen. Wenn Sie „zwei" oder „viele" sagen, so zeugt Ihre Rede wider Sie, denn schon der Name bringt die vielen zur Einheit zusammen. Wenn Sie einen Zweifel ausdrücken, so widerspricht Ihr Ausdruck seinem Inhalt, denn der Zweifel selbst wird nicht bezweifelt, sondern behauptet. Wenn Sie „Unordnung" sagen, was bedeutet das anders als eine gewisse Art von schlechter Ordnung. Wenn Sie „Unbestimmtheit" sagen, dann bestimmen Sie gerade *diese*. Wenn Sie sagen „Nichts als das Unerwartete geschieht", so ist es das Unerwartete, was Sie erwarten. Sagen Sie: „Alle Dinge sind relativ", so muß man fragen: Kann das Ganze dieser Dinge selbst wieder relativ sein? Wenn Sie sagen: „Nichts mehr", so haben Sie schon mehr gesagt, indem Sie ein Gebiet annehmen, in dem nichts mehr zu finden ist; eine Grenze als solche erkennen, heißt folglich soviel, wie schon darüber hinaus sein. Man kann so viele Beispiele, als man nur will, anführen.

Was immer man für eine Aufstellung macht, sie erscheint dennoch als einseitig, sie negiert ein anderes, das wiederum, da es selbst in gleicher Weise einseitig ist, die erste Aufstellung negiert. Und da diese Lage schwankend bleibt, so haben nach Hegel die beiden sich widersprechenden Begriffe eine höhere Wahrheit zu erzeugen, in der sie beide als unentbehrliche Glieder erscheinen, und in der jedes von beiden uns gewisse Aspekte des höheren Begriffes oder des Gedankenprozesses vermittelt.

So versöhnt jedes höhere Ganze, wie vorläufig und relativ es auch immer sei, die Widersprüche, die den für sich betrachteten Teilen von selbst innewohnen. Hegel ist hier durch und durch rationalistisch, denn, wie Sie sich erinnern werden, nannte ich Rationalismus die Denkweise, deren Methode es ist, die Teile dem Ganzen unterzuordnen. Das einzige Ganze, in dem alle Widersprüche versöhnt sind, ist für ihn die absolute Totalität, die allumfassende Vernunft, der Hegel den Namen der absoluten Idee gab, die ich aber, wie bisher, schlecht und recht „das Absolute" nennen werde.

Es gibt unzählige Beispiele aus der Erfahrung, die zeigen, in welcher Weise höhere Einheiten Widersprüche versöhnen. Wiederum stimmt hier Hegels Intuition, nimmt man sie rein impressionistisch, mit zahllosen Tatsachen überein. Irgendwie findet das Leben bei dem Reichtum seiner Kräfte immer Mittel und Wege, um mit einem Schlage Gegensätze zu vereinen. Gerade diese Art Paradoxie weisen viele Erscheinungen unserer Zivilisation auf. Den Frieden sichern wir mittels der Rüstungen, die Freiheit mittels Gesetz und Verfassung. Einfachheit und Natürlichkeit sind das höchste Ergebnis künstlicher Erziehung und Schulung; Gesundheit, Kraft und Reichtum erhöht und vermehrt man nur, wenn man freigiebig von ihnen Gebrauch macht. Unser Mißtrauen des Mißtrauens erzeugt unser kommerzielles Kreditsystem, unsere Duldung gegenüber anarchistischen und revolutionären Anschauungen ist der einzige Weg, ihre Gefahr zu vermindern; unsere Mildtätigkeit hat oftmals nein zu den Bettlern zu sagen, damit sie nicht ihren Zweck verfehlt; der echte Epikuräer hat große Nüchternheit zu bewahren; der Weg zur Gewißheit geht durch radikalen Zweifel; Tugend bedeutet nicht

Unschuld, sondern das Wissen um die Sünde und ihre Überwindung; indem wir der Natur gehorchen, befehlen wir ihr, usw. Das ethische und religiöse Leben ist voll solcher Widersprüche, die sich gegenseitig die Wage halten. Sie hassen Ihren Feind? Gut, vergeben Sie ihm und häufen Sie dadurch feurige Kohlen auf sein Haupt. Um sich selbst zu finden, gilt es, sich selbst aufzugeben; um seine Seele zu retten, muß man sie erst verlieren: Kurz, stirb, um zu leben.

Nach solchen wuchtigen Beispielen kann man leicht Hegels Intuition verallgemeinern. In groben Umrissen gibt seine „dialektische" Zeichnung ziemlich richtig ein gutes Stück Weltwirklichkeit wieder. Sie wirkt zwar paradox, aber wenn immer man sich einmal auf den Standpunkt irgendeiner höheren Synthese versetzt, so sieht man genau, wie sie in ihrer Weise die Gegensätze in sich aufnimmt. Als ein Beispiel hierfür betrachte man einmal den Konflikt zwischen unseren Jagdinstinkten und unserem Verlangen nach Fleischnahrung einerseits und jenem Mitgefühl für die Tierwelt andererseits, die die verfeinerte Kultur mit sich bringt. Wir haben eine Möglichkeit gefunden, um diese Gegensätze aufs wirksamste zu versöhnen: Wir schaffen Jagdgesetze und Schonzeiten und halten uns Haustiere. Die solchermaßen geschonten Tiere werden zwar nur geschont, um später geschlachtet zu werden; aber wären sie aus diesem Grunde nicht geschont worden, kein einziges von ihnen wäre überhaupt noch am Leben. Ihr Wille zu leben, und unser Wille, sie zu töten, vereinigen sich harmonisch in dieser besonderen höheren Synthese der Zähmung.

Soweit Hegel gewisse Seiten der Wirksamkeit wiedergibt, wie sie sich seinem Blick darstellen, ist er groß und wahr. Aber er strebte nach etwas weit Größerem, als nur die Erfahrung wiederzugeben, und über diese wesentliche Seite seines Denkens muß ich mich daher mit einigen Worten auslassen. Hegel war beherrscht von dem Begriff einer Wahrheit, die unbestreitbar gewiß und für jedermann bindend sein sollte. Es sollte die Wahrheit sein, eine, unteilbar, ewig, objektiv und notwendig, die Wahrheit, zu der all unser besonderes Denken wie zu seiner Vollendung hinführen müsse. Das ist das dogmatische Ideal, das dem kritischen Zweifel nicht ausgesetzte Postulat aller Verfechter des Rationalismus in der Philosophie. „Ich habe niemals gezweifelt", bemerkt ein jüngerer Oxforder Autor, daß es nur eine universale einzige und zeitlose Wahrheit gibt, deren einzigartiger Inhalt und deren Sinn eine Einheit, Ganzheit und Vollständigkeit bildet[6]).

Das Denken hat in dem Hegelschen Universum mehr mit den apodiktischen Worten: Es muß sein, fortzuschreiten, als mit den bescheideneren hypothetischen Worten, es kann sein, die allein den Empiristen zur Verfügung stehen.

Hegel fand nun, daß seine Idee einer immanenten Bewegung, die sich vermittels der „dialektischen" Negation durch das Ganze der Begriffe vollzieht, aufs beste der rationalistischen Forderung entgegen kam: die Wahrheit müsse etwas Absolutes und Unerschütterliches sein. Der Zusammenhang ist leicht ersichtlich. Wenn Sie irgend etwas behaupten, z. B., daß A existiert, und einfach diese Behauptung stehen lassen, wie sie steht, so ist sie einem jeden ohne weiteres ausgeliefert, der hinzukommen und behaupten mag: Nicht A, sondern B existiert. Wenn er solches behauptet, so widerlegt Ihre Aufstellung ihn nicht. Sie widerspricht einfach der seinen, geradeso, wie die seine der Ihrigen. Es gibt nur einen Weg, der es ermöglicht, daß Ihre Behauptung über A in sich selbst ihre Sicherheit trägt: Sie muß in eine Form gebracht werden, die implizite alle möglichen Negationen im voraus negiert. Die bloße Abwesenheit der Negation ist nicht genug; sie muß schon in der Affirmation mit eingeschlossen sein, aber mit ein-

---

[6]) Joachim: „The Nature of Truth", Oxford 1906, pp. 22, 178.

gezogenen Krallen. Was Sie als A setzen, muß schon die Alternative vernichtet oder unschädlich gemacht haben, indem es diese von vornherein negiert hat. Doppelte Negation ist die einzige Form der Negation, die in vollständiger Weise dem dogmatischen Ideal zu seinem Rechte verhilft. Affirmative Behauptungen, die sich einfach und unschuldig geben, mögen für Empiristen genügen, sind aber ungeeignet zum Gebrauch für Rationalisten, da derartige Behauptungen jedem Beliebigen, der ihnen widerspricht, wehrlos gegenüberstehen und jedem Hauch des Zweifels ausgesetzt sind. Die endgültige Wahrheit muß etwas sein, wofür es keine nur ersinnliche Alternative gibt, weil Sie in sich selbst alle nur möglichen Alternativen enthält, und zwar als Momente, die schon berücksichtigt und überwunden sind. Was immer seine eigenen Alternativen als Elemente seiner selbst in sich schließt, ist, nach einer oft wiederholten Phrase, sein „eigenes Andere", und zwar vermittels der Methode der absoluten Negativität. Dieses Schema eines Organismus der Wahrheit, der schon alles das sich assimiliert hat, was tödlich für ihn werden könnte, so daß er, nachdem einmal der Tod für ihn vernichtet war, hernach nicht mehr sterben kann —, dieses Schema ist in formaler Hinsicht die tiefste Erfüllung des rationalistischen Strebens. Das eine und einzige Ganze, in dem alle seine Teile beschlossen sind, Teile, die sich gegenseitig negieren, und die nicht bestehen können, wenn sie abstrakt und für sich genommen werden, die sich aber gegenseitig bedingen und einander am richtigen Platz halten, wenn sie als Ganzes zusammengehalten werden: das ist buchstäblich das Ideal, nach dem man gesucht hat. Folgendes ist also das Diagramm und Bild desjenigen Begriffes der Wahrheit, das so stark den menschlichen Geist beherrscht: Eine Wahrheit, die außerhalb ihrer selbst keine Alternativen zuläßt, der weder etwas hinzugefügt noch etwas weggenommen werden kann, und von der irgendwie abzuweichen, widersinnig wäre. Nachdem wir einmal die Züge dieses Diagramms, das eine so erfolgreiche Lösung des uralten Problems der Wahrheit gibt, erfaßt haben, befriedigen uns die früheren Methoden, mit denen man die Notwendigkeit der Urteile zu beweisen suchte, nicht länger. Hegels Methode erscheint uns nunmehr die richtige zu sein. Die Wahrheit muß die zu sich selbst zurückkehrende Realität sein, die sich selbst reflektiert und alles in sich selbst enthält; sie muß ihre Gewißheit in sich selbst tragen, indem sie ihr eigenes Andere in sich einschließt und negiert; sie muß ein sphärisches System sein, über dessen Grenzen keine losen Enden hinaushängen, die von etwas Fremdem ergriffen und in Besitz genommen werden können; sie muß für immer in sich abgerundet und in sich abgeschlossen sein; sie darf nicht aus einzelnen Wahrheiten bestehen, die geradlinig aneinandergereiht und an ihren Enden offen sind, wie es jenes Universum ist, das aus einer Sammlung und Zusammenfügung der Teile besteht, jenes Universum, das Hegel die Welt des schlechten Unendlichen nennt — eine andere Welt aber kann der Empirismus, der von einzelnen in ihrer Tatsächlichkeit einfach hingenommenen Teilen und Elementen ausgeht, überhaupt nicht erreichen.

Niemand wird die Erhabenheit dieser Hegelschen Auffassung bestreiten. Sie hat etwas vom großen Stil, wenn es so etwas wie großen Stil in der Philosophie gibt. Für uns jedoch bleibt sie einstweilen ein bloß formaler und diagrammatischer Begriff; denn der tatsächliche Inhalt der absoluten Wahrheit, wie ihn Hegel festzustellen sucht, befriedigt nur wenige Schüler, und ich gedenke nicht, auf die konkreteren Teile seiner Philosophie einzugehen. Die Hauptsache ist mir jetzt, die Intuition in allgemeinen Zügen zu erfassen und zu prüfen, wie weit das abstrakte Schema einer Behauptung zu Recht besteht, die in sich selbst ihre Gewißheit trägt, indem sie doppelte Negation in sich einschließt. Anhänger des Absoluten, die gar nicht Hegels eigene Technik gebrauchen, arbeiten in Wirklichkeit doch nach seiner Methode. Sie erinnern sich wohl der Beweise für das Absolute, die ich in meiner letzten Vorlesung als Beispiele gab: Lotze und Royce wollen durch eine reductio ad absurdum die Existenz des Absoluten beweisen, und zwar so, daß sie behaupten, die geringste willkürlich zwischen den Dingen angenommene Verbindung muß mit logischer Notwendigkeit zu absoluter Vereinigung aller Dinge führen und der geringste Unzusammenhang zu absoluter Auflösung. Das sind tatsächlich Argumente, die nach Hegel'schem Muster gebildet wurden: die Wahrheit liegt in dem, was man in dem Versuche, es zu leugnen, implizite bejaht; sie ist dasjenige, von dem jede Abweichung sich selbst widerlegt, indem sie sich als ein Selbstwiderspruch erweist. Das ist die höchste Erkenntnis, die der Rationalismus vom Wesen der Wahrheit besitzt, und alle notwendigen Deduktionen rationalistischer Beweisführung sind nichts anderes als Versuche, diese Einsicht dem Hörer zu vermitteln.

Sie sehen also, diese Vorlesung knüpft an die Ausführungen meiner letzten an, und da Hegel und die andern Verteidiger des Absoluten dasselbe System vertreten, so können wir sie gemeinsam behandeln.

Der nächste Punkt, bei dem ich verweilen möchte, ist die Bedeutung, die dem von mir geschilderten verderbten Intellektualismus in der Struktur dieses bewundernswerten Systems zukommt.

Der Rationalismus glaubt ganz allgemein, er erfasse die volle Wahrheit, wenn er sich von den Wahrnehmungen zum Begriff wendet, da der Begriff offenbar ein Bild gibt, das allgemeiner und unveränderlicher als die Wahrnehmung ist. Verderbten Intellektualismus nannte ich die gewohnheitsmäßige Annahme, daß ein Begriff von irgendeinem Stück Wirklichkeit, das durch ihn definiert wird, alles das auch realiter ausschließe, was nicht in der Definition des Begriffes enthalten ist. Ich bezeichnete solchen Intellektualismus als illegitim, und solchen illegitimen Intellektualismus fand ich in den Beweisen, die Lotze, Royce und Bradley für die Existenz des Absoluten verwenden, Argumente, die mir daher das Absolute nicht bewiesen haben. Damit ließ ich die Erörterung fallen, indem ich gleichzeitig meinen eigenen Glauben verteidigte, daß ein pluralistisches und unvollkommen geeintes Universum, das man nur mittels eines freien Gebrauches des Wortes „mehrere" beschreiben kann, eine zulässige Hypothese sei.

Indem Hegel seine Methode der doppelten Negation konstruiert, bietet er das bemerkenswerteste Beispiel für dieses Laster des Intellektualismus. Jede Vorstellung eines endlichen Dinges ist natürlich ein Begriff von diesem Ding und nicht ein Begriff von irgend etwas anderem. Für Hegel ist aber die Tatsache, daß der Begriff eines bestimmten Dinges nicht gleichzeitig der Begriff von irgend etwas anderem ist, gleichbedeutend mit der Negation der realen Existenz aller von dem bezüglichen Begriff ausgeschlossenen anderen. Da die Gesamtheit der übrigen Dinge, denen implicite von dem zuerst begrifflich erfaßten Ding widersprochen wird, auch nach demselben Gesetz ihm widersprechen, so beginnt dann der Puls der Dialektik zu schlagen und die berühmten Triaden heben an, den Kosmos zu zermahlen. Wenn irgendeinem dieser Prozeß einleuchtend erscheint, dann müssen wir ihn mit dieser Erleuchtung sich selbst überlassen, er muß ungestört Hegelianer bleiben. Was wir anderen als eine unerträgliche Zweideutigkeit empfinden, als ein Spielen mit Worten und als eine gewissenlose Art des Meisters, Dinge zu deduzieren, wird er wahrscheinlich — da göttliche Orakel bekanntermaßen schwer zu verdolmetschen sind — der Schwierigkeit zuschreiben, die gewöhnlich mit Tiefsinn verbunden ist. Mir für mein Teil erscheint es als etwas Groteskes und Abgeschmacktes, wenn ein Stil, der so wenig den ersten Regeln einer normalen Verständigung zwischen den Geistern entspricht, den Anspruch erhebt, die echte Muttersprache der Vernunft zu sein und genauer als irgendein anderer Stil in rhythmischem Einklang mit der eigenen Gedankenbewegung des Absoluten zu stehen. Ich nehme daher den technischen Apparat Hegels durchaus nicht ernst. Ich betrachte Hegel eher als einen jener zahlreichen ursprünglichen Seher, die es niemals lernen, ihre Gesichte deutlich zu machen. Seine vorgeblich zwingende Logik gilt nichts in meinen Augen; aber das beeinträchtigt nicht im geringsten seine Auffassung des Absoluten, wenn wir sie bloß als eine Hypothese nehmen, als eine der großen Typen kosmischer Intuition.

In diesem Sinne möchte ich sie hier kurz behandeln. Bevor ich es aber tue, muß ich Ihre Aufmerksamkeit auf eine sonderbare Eigentümlichkeit in dem Hegel'schen Verfahren lenken. Zu einer endgültigen Entscheidung über diese Eigentümlichkeit werden wir in meiner siebenten Vorlesung kommen; daher will ich heute nur vorübergehend auf sie hinweisen. Sie werden sich erinnern, daß Hegel die unmittelbaren Gegebenheiten der endlichen Erfahrung als „unwahr" betrachtet, weil sie nicht ihr eigenes Andere sind. Sie werden durch das negiert, was außerhalb ihrer ist. Das Absolute ist wahr, weil es, und nur es allein, nichts außerhalb seiner selbst hat, und daher gleichzeitig sein eigenes Andere ist. (Diese Worte klingen ziemlich seltsam, aber diejenigen unter Ihnen, die etwas von Hegels Text kennen, werden ihren Sinn verstehen.) Wenn wir seine Voraussetzung zugeben, daß ein Ding, um wahr zu sein, in irgendeiner Weise sein eigenes Andere sein muß, so hängt alles davon ab, ob er mit der Behauptung recht hat, die verschiedenen Stücke der endlichen Erfahrung können in keiner Weise *ihre* eigenen Anderen sein. Behandelt man sie begrifflich oder intellektualistisch, so können sie natürlich nicht ihre eigenen Anderen sein. Jeder abstrakte Begriff als solcher schließt das aus, was er nicht einschließt, und wenn solche Begriffe das adäquate gedankliche Gegenstück der jeweiligen konkreten Pulse des Wirklichen bilden, dann müssen diese Pulse mit den Formen der intellektualistischen Logik übereinstimmen, und keiner von ihnen kann in irgendeinem Sinne sein eigenes Andere zu sein beanspruchen. Wenn sich jedoch herausstellen sollte, daß die begriffliche Behandlung der im Fluß befindlichen Realität mit gutem Grunde ihr nicht adäquat ist, und sie mehr einen praktischen als einen theoretischen oder spekulativen Wert besitzt, dann kann vielleicht ein von Vorurteilen nicht getrübter Einblick in das Wesen der lebendigen Wirklichkeit zeigen, daß einige Sinneserfahrungen ihre eigenen anderen sind, genau in demselben Sinne, wie es Hegel von seinem Absoluten behauptet. Wenn ich in meiner sechsten Vorlesung auf Bergson zu sprechen komme, werde ich in der Tat diese Anschauung zu verteidigen haben, indem ich meine These durch seine Autorität noch verstärke. Ich möchte jetzt nicht mehr über diesen Punkt reden, und was ich im Augenblick darüber gesagt habe, sollte nur flüchtig andeuten, wohin unsere fragliche Behauptung im allgemeinen Rahmen dieser Vorlesungen gehört.

Wenden wir uns nun endlich zu der großen Frage, zu der unsere ganze bisherige Erörterung nur die Vorrede war. Existiert das Absolute oder existiert es nicht? Ich kann das Ergebnis der bisherigen Erörterung dahin zusammenfassen, daß ich sage: Ob ein Absolutes existiert oder nicht, niemand, der es anzweifelt oder leugnet, macht sich einer Widersinnigkeit oder eines Selbstwiderspruchs schuldig. Der Vorwurf des Selbstwiderspruches beruht, wo er sich nicht auf reine Wortbeweise stützt, auf einem verderbten Intellektualismus. Ich will meine Kritik nicht wiederholen, ich will Sie nur bitten, die Richtung der Erörterung zu verändern und über das Absolute zu verhandeln, als wenn es nur eine offene Hypothese wäre. Besitzt sie als solche ein größeres Maß von Wahrscheinlichkeit oder von Unwahrscheinlichkeit?

Vor allem aber muß ich Sie bei dieser Gelegenheit bitten, den Begriff des Absoluten sorgfältig zu unterscheiden von dem eines andern Objektes, mit dem man es leicht unachtsamerweise verwechselt. Dieses andere Objekt ist der Gott der volkstümlichen Religion und der Schöpfer-Gott der orthodox-christlichen Theologie. Nur eingeschworene Monisten oder Pantheisten glauben an das Absolute. Der Gott unseres volkstümlichen Christentums ist nur ein Glied eines pluralistischen Systems. Er und wir stehen jeder für sich, jeder außerhalb der Sphäre des andern, ebenso wie außerhalb beider der Teufel, die Heiligen und die Engel stehen. Ich kann mir kaum etwas vorstellen, das mehr von dem Absoluten verschieden wäre, als etwa der Gott Davids oder Jesaias. Dieser Gott ist ein durchaus endliches Wesen in dem Kosmos, nicht mit dem Kosmos in sich; er hat im Himmel seine Wohnung und sehr einseitige örtliche und persönliche Beziehungen. Wenn es sich als wahrscheinlich erweisen sollte, daß das Absolute nicht existiert, so wird nicht im geringsten daraus folgen, daß ein Gott, wie der eines David, Jesaia oder Jesus nicht existieren kann, oder daß wir ihn nicht für uns als die wichtigste Existenz im Universum anzuerkennen hätten. Ich bitte Sie also, wenn Sie die Kritik, die ich zu geben im Begriff bin, anhören, die beiden Vorstellungen nicht miteinander zu verwechseln. Ich halte an dem endlichen Gotte fest aus Gründen, die ich in der siebenten dieser Vorlesungen berühren werde; aber ich behaupte, daß sein Nebenbuhler und Mitbewerber — sein Feind, wie ich beinahe versucht bin zu sagen — das Absolute, uns durch die Logik nicht nur nicht aufgezwungen wird, sondern daß es auch eine unwahrscheinliche Hypothese ist. Man gibt als zwingenden Grund für das Absolute an, daß seine Existenz uns die Welt rationaler erscheinen läßt. Jeder Hypothese dieser Art werden wir immer ein größeres Maß von Wahrheit zusprechen als einer Hypothese, die die Welt irrational erscheinen läßt. Die Menschen sind nun einmal so beschaffen, daß sie einer rationalen Welt den Vorzug geben, nur an eine solche glauben und in ihr leben wollen. Aber die Rationalität hat zum mindesten vier Seiten, eine intellektuelle, eine ästhetische, eine moralische und eine praktische, und es ist nicht leicht, eine Welt zu finden, die in allen diesen Hinsichten gleichzeitig in höchstem Grade rational ist. Nach der intellektuellen Seite ist die Welt des mechanischen Materialismus die rationalste, denn wir unterwerfen ihre Ereignisse der mathematischen Berechnung. Aber die mechanische Welt ist häßlich, wie die Arithmetik häßlich ist, und sie ist ferner auch ohne Moral. Nach der moralischen Seite ist die theistische Welt ziemlich rational, aber sie läßt intellektuell viel zu wünschen übrig. Die praktische Welt der Geschäfte ist ihrerseits in hohem Maße rational für den Politiker, den Militär, für den vom Geschäftsgeist beherrschten Mann; keiner von ihnen würde jemals wünschen, ihr Wesen möchte verändert werden. Aber sie ist irrational für das sittliche und künstlerische Temperament. Was für ein Verlangen nach Rationalität wir daher auch immer durch eine philosophische Hypothese befriedigt finden, stets müssen wir gewärtig sein, daß durch dieselbe Hypothese irgendein anderes Verlangen nach Rationalität unbefriedigt bleibt. Die Rationalität, die uns in einer Münzart gegeben wird, verlieren wir wieder in einer andern. Und das ursprüngliche Problem scheint daher auf den ersten Blick sich in jenes andere aufzulösen: eine Weltanschauung zu gewinnen, die die größtmögliche Bilanz der Rationalität ergibt statt einer solchen, die nach allen Richtungen vollkommene Rationalität gewährt. Im allgemeinen kann man sagen: Ein Mensch wird in dem Maße eine Weltanschauung als rational empfinden, als sie in ihm irgendeine Tätigkeit auslöst, die ihm leicht fällt, oder eine Fähigkeit weckt, die er gerne nutzt, es sei die Fähigkeit, Berechnungen anzustellen, sich zu schlagen, Vorlesungen zu halten, zu klassifizieren, schematische Tafeln anzufertigen, oder sei es die Fähigkeit, vorteilhafte Geschäfte abzuschließen, ruhig zu warten und zu dulden, zu predigen, Scherze zu erfinden, oder irgend etwas ähnliches. Obgleich man das Absolute als die notwendige Verkörperung einer Rationalität und einer objektiven Vollkommenheit definiert, so muß man doch seinen englischen Befürwortern gerechtermaßen zugestehen, daß diejenigen unter ihnen, die diese Hypothese in konkretester Weise und mit größtem Ernste ergriffen haben, gewöhnlich zugeben, es gebe im Absoluten gewisse Elemente, die ihrem eigenen Geiste irrational erscheinen.

Das Wichtigste und Wertvollste, das unser Gefühl für die Rationalität des Universums dem Begriff des Absoluten verdankt, ist die Versicherung, daß, wie auch immer die Oberfläche voller Störungen und Erregungen sein mag, im Grunde doch alles wohl um den Kosmos steht — inmitten unaufhörlicher Bewegung wohnt wandelloser Friede. Diese Auffassung ist in vielen Hinsichten rational, sie ist in ästhetischer Hinsicht schön — schön auch nach der intellektuellen Seite (könnten wir sie nur in die Einzelheiten verfolgen!) und schön in moralischer Hinsicht, wenn anders man den Genuß der Sicherheit zur Moral rechnen kann. Praktisch genommen ist sie weniger schön; denn, wie wir in unserer letzten Vorlesung sahen, wenn wir die tiefste Wirklichkeit der Welt als an sich unveränderlich und als ungeschichtlich uns vorstellen, so verliert die Welt unsere Sympathie und ihre Seele wird der unsern fremd. Und dennoch: diese Auffassung gibt F r i e d e n, und diese Art von Rationalität wird in so hohem Maße von den Menschen gefordert, daß es bis ans Ende der Tage Anhänger des Absoluten geben wird, Menschen, die lieber an ein Unbewegliches und Ewiges glauben, als zugeben, die endliche Welt der Veränderung und des Strebens, auch wenn Gott selbst als ringende strebende Macht ihr angehörte, sei selbst ewig. Für so geartete Geister werden die Worte Professor Royces immer die letzte Wahrheit enthalten: „Gerade die Anwesenheit des Übels in der zeitlichen Ordnung ist von Bedeutung für die Vollendung der ewigen Ordnung... Wir sehnen uns nach dem Absoluten nur so weit, als es auch durch unser zeitliches Streben hindurch sich sehnend müht um den Frieden, der nirgends in der Zeit gegeben ist, sondern nur in der Ewigkeit, dort aber in vollkommener Weise. Gäbe es keine Sehnsucht nach Frieden in der Zeit, so gäbe es auch keinen Frieden in der Ewigkeit ... Gott (das ist: das Absolute), der hier in mir nach dem verlangt, was ich in der Zeit entbehre, besitzt nicht nur in der ewigen Welt das Ziel, nach dem ich strebe, sondern erreicht es auch selbst durch und infolge meines Sorgens... Durch diese meine Trübsal wird der Triumph des Absoluten errungen... Im Absoluten liegt meine Erfüllung. Und dennoch verlangt gerade meine Erfüllung dieses Leiden, das sie deshalb ja auch überwinden kann[7])." Royce hat die glückliche Gabe, auf Elemente der endlichen Erfahrung hinzuweisen, in denen er eine teilweise Übereinstimmung findet mit seiner Vorstellung vom Absoluten und der Art, wie wir es erleben. Es ist aber schwer, das Absolute überhaupt zu schildern, ohne daß man sich zu dem erhebt, was man den inspirierten Stil der Sprache nennen könnte —, wobei ich diese Worte nicht in ironischem, sondern in prosaischem und beschreibendem Sinne gebrauche, um die einzige literarische Form zu bezeichnen, die zu der vom Begriff des Absoluten hervorgerufenen Art der Gemütsbewegung paßt. Den Weg des Denkens, der zum Absoluten führt, kann man ruhig und nüchtern verfolgen[8]), aber das Bild des Absoluten selbst muß in leuchtenden Farben gehalten sein. Diese bewundernswerte Fähigkeit, über alle

---

[7]) „The World and the Individual" Vol. II, pp. 385, 386, 409.

[8]) Das beste nicht in begeisterter Sprache gehaltene Argument (wiederum nicht in ironischem Sinne!), das ich kenne, ist dasjenige, das sich in Miß M. W. Calkins' ausgezeichnetem Buch „The persistent Problems of Philosophy" (Macmillan 1912) findet.

Gegensätzlichkeit hinauszugehen, während sie trotzdem im Innern bewahrt bleibt, ist die charakteristische Form der Rationalität, die dem Absoluten eigen ist. Wir sind nur Silben im Munde des Herrn; wenn der ganze Satz göttlich ist, so ist auch jede Silbe vollständig das, was sie sein sollte, trotz alles entgegengesetzten Scheines. Wenn wir den Überschlag machen, was für oder gegen den absoluten Idealismus spricht, so bedeutet dieser Gefühlswert außerordentlich viel für die Kreditseite der Rechnung. Es stört uns aber, daß wir so wenig imstande sind, einen Einblick in die positiven Einzelheiten zu gewinnen und daß das Absolute, wenn es nicht zwingend durch die intellektualistischen Argumente bewiesen werden kann, nur eine hypothetische Möglichkeit bleibt.

Macht man aber mit dem Absoluten Ernst und nimmt es nicht bloß als eine Umschreibung für unser Recht, gelegentlich in der Anspannung unserer Kräfte nachzulassen und uns einen moralischen Feiertag zu machen, dann kommen auf die Debetseite unserer Rechnung alle jene entsetzlichen Irrationalitäten, die das Absolute in das Universum einführt, Irrationalitäten, die einem rein pluralistischen Theismus erspart sind, die aber jeder Form des monistischen Theismus oder Pantheismus als Vorwurf entgegengehalten worden sind. Das Absolute läßt nämlich ein spekulatives „Problem des Übels“ entstehen und stellt uns staunend vor die Frage, warum die Vollkommenheit des Absoluten gerade solche scheußlichen Formen des Lebens benötigen sollte, wie es diejenigen sind, die unserem menschlichen Geiste das Licht des Tages verdüstern. Wären sie dem Absoluten von etwas Fremdem aufgezwungen, und es hätte sie festzuhalten, um sie zu „überwinden“, wir könnten sein Triumphgefühl verstehen, obgleich wir, soweit wie wir selbst zu den Elementen gehörten, die zu überwinden wären, nur knirschend in die sich hieraus ergebende Lage uns fügen könnten. Wir hätten sie jedenfalls nie als die denkbar vernünftigste gewählt. Aber das Absolute wird dargestellt als ein Wesen, das nichts außer sich selbst hat, dem nichts Fremdes aufgezwungen werden kann, als ein Wesen, das aus eigenem Willen und freier Wahl entschieden hat, sich das Schauspiel all dieses Übels zu geben und nicht ein solches, in dem weniger Übel enthalten sind[9]). Die Vollkommenheit des Absoluten wird dargestellt als die Quelle aller Dinge, und doch ist die erste Wirkung dieser Vollkommenheit die entsetzliche Unvollkommenheit aller endlichen Erfahrungen. In welchem Sinne man auch immer das Wort Rationalität nehmen mag, vergebens wird man behaupten, daß der Eindruck, den unser endlicher Geist von dem Verhalten des Absoluten empfängt, als rational zu bezeichnen ist. Die Theologen haben scharf seine Irrationalität gefühlt, und der „Sündenfall", die Prädestination und die Gnadenwahl, Begriffe, die aus solcher Lage entstanden sind, haben ihnen bei ihrem Versuch, dem Christentum eine pantheistische Form zu geben, mehr Sorgen gemacht, als irgend etwas anderes. Das Ganze bleibt ein Rätsel, intellektuell wie moralisch.

Geben wir einmal zu, das romantische Schauspiel einer Welt, das sich das Absolute selbst gibt, sei in seinen Augen vollkommen. Würde dann aber die Welt nicht vollkommener sein, wenn es auch so geblieben wäre, und wenn nicht irgendwelche endlichen Zuschauer hinzugekommen wären, die das, was schon vollkommen war, dadurch beeinträchtigten, daß sie unzählige Male dasselbe Schauspiel in unvollkommener Weise erleben? Nehmen Sie an, das ganze Universum wäre gleichwie eine einzige und herrliche Ausgabe eines Buches, die für einen idealen Leser hergestellt wäre. Wird das Universum dadurch verbessert oder wird es verschlechtert, daß es auch gleichzeitig Myriaden verstümmelter und verdruckter Einzelblätter und Kapitel ge-

[9]) Vgl. Dr. Fullers vortrefflichen Aufsatz „Ethical Monism and the Problem of Evil" in dem Harvard Journal of Theology, Vol. I, Nr. 2, April 1908.

schaffen hat, die jedem, der sie liest, einen falschen Eindruck von dem Buche geben? Zum mindesten sprechen solche Verstümmelungen nicht gerade zugunsten der Rationalität. Es wird daher die Frage dringend: Wenn die Gesamtanschauung der Dinge, die das Absolute besitzt, so rational ist, warum mußte sie aufgelöst und zerstückelt werden in diese Unzahl geringerer und beschränkterer Anschauungen?

In seiner Theodicee stellt Leibniz Gott dar als beschränkt durch einen in den Dingen liegender Grund, mit dem gewisse Verbindungen desselben logisch unvereinbar sind, und der gewisse Güter unmöglich macht. Gott überschaut im voraus das ganze Universum, das er schaffen möchte, und durch einen Akt, den Leibniz seinen vorhergehenden Willen nennt, wählt er unsere wirkliche Welt als diejenige, in der das Übel, das nun einmal unglücklicherweise auf die eine oder andere Weise notwendig ist, am geringsten ist. Sie ist daher die beste der möglichen Welten, aber keineswegs die an sich beste. Nachdem Gott diese geistige Wahl getroffen hat, geht er weiter zu dem, was Leibniz den Akt des nachfolgenden Willens nennt. Er spricht sein „Fiat“, und die ausgewählte Welt tritt als Wirklichkeit hervor mit all ihren endlichen Geschöpfen, die an ihren Unvollkommenheiten leiden, ohne Teil zu haben an ihres Schöpfers Vision, die sie versöhnen könnte mit ihrem Schicksal.

Lotze hat einige scharfsinnige Bemerkungen über diese Auffassung Leibnizens gemacht, die durchaus zu der von mir dargestellten Auffassung der Anhänger des absoluten Idealismus stimmen. Die Welt, die mit dem Fiat dem schöpferischen Geist entsprang, und die losgelöst von ihrem Urheber existiert, ist eine Seinsphäre, wo die einzelnen Teile nur ein Bewußtsein von sich selbst haben. Wenn ihr göttlicher Wert nur sichtbar wird, sobald sie als Ganzes zusammen betrachtet werden, dann, so bemerkt Lotze mit Recht, ist die Welt Gottes durch das Fiat Gottes nicht reicher, sondern ärmer geworden. Es wäre viel besser gewesen, er hätte sich mit der bloßen Wahl des Planes begnügt, ohne ihm ein schöpferisches Dekret folgen zu lassen. Der Plan als solcher war bewunderungswert, er mußte jedoch bei der Umsetzung in die Wirklichkeit nur verlieren[10]). Warum, so möchte ich in ähnlicher Weise fragen, sollte das Absolute jemals die Vollkommenheit seines Weltbewußtseins aufgeben und sich in unsere endlichen Bewußtseinsformen gespalten haben?

Es ist nur recht und billig, zu erwähnen, daß von diesem Gesichtspunkte aus viele unter den neueren englischen Anhängern des absoluten Idealismus sich zu der unvollkommenen Rationalität des Absoluten bekannt haben. Mc. Taggart z. B. schreibt: „Zerstört nicht gerade unser vergebliches Bemühen, die Vollkommenheit des Universums zu bemerken, diese selbst? Insofern wir die Vollkommenheit des Universums nicht erkennen, sind wir selbst nicht vollkommen. Und da wir Teile des Universums sind, kann dieses auch nicht vollkommen sein[11]).“

Und Joachim findet genau dieselbe Schwierigkeit. Er bezeichnet die Hypothese des Absoluten mit dem Namen der „Kohärenztheorie der Wahrheit“, und er vermag nicht zu begreifen, wie die vollständige Kohärenz aller Dinge im Absoluten als ein notwendiges Moment seiner Selbsterhaltung die Selbstbehauptung der endlichen Geister einschließen sollte, da diese Selbstbehauptung in ihrer äußersten Form Irrtum ist. Joachim nennt dieses Problem ein unlösbares Rätsel. Wenn die Wahrheit Quelle und Ursprung aller Dinge ist, wie kann da der Irrtum hereinkommen? „Die Kohärenztheorie der Wahrheit“, so schließt er, „leidet sozusagen Schiffbruch schon am Eingang des Hafens[12]).“

Aber trotz dieser ziemlich schlimmen Form der Irrationalität behauptet Joachim kräftig seine „unmittelbare Ge-

[10]) Metaphysik, sec. 79.

[11]) „Studies in the Hegelian Dialectic“, secs. 150, 153.

[12]) The Nature of Truth, 1906, pp. 170/171.

wißheit" der schiffbrüchigen Theorie, deren Richtigkeit er, wie er sagt, niemals bezweifelt hat. Dieses offene Glaubensbekenntnis gegenüber dem Absoluten, das sich selbst durch die eigene Kritik und Verlegenheit nicht stören läßt, scheint mir sehr bedeutungsvoll. Nicht nur Empiristen, sondern auch Anhänger des absoluten Idealismus müßten, wenn sie ebenso offenherzig wie Joachim wären, bekennen, daß das Erste in ihrer Philosophie ihre Intuition einer möglichen Wahrheit ist, und daß sie dann diese, so gut es geht, vermittels des Denkens in Gewißheit oder Wahrscheinlichkeit umzuwandeln sich bemühen.

Ich kann mir denken, daß ein gläubiger Anhänger des Absoluten hier entgegnen würde, daß *er* sich auf jeden Fall nicht mit bloßen Wahrscheinlichkeiten abgibt, sondern daß das Wesen der Dinge mit logischer Notwendigkeit die vielen fehlerhaften Ausgaben verlangt, und daß daher das Universum nicht allein das Buch für das Absolute sein kann. Denn, wird er fragen, ist nicht das Absolute definiert als das Gesamtbewußtsein alles dessen, was ist? Muß nicht sein Gesichtsfeld aus Teilen bestehen? Und was können die Teile eines Gesamtbewußtseins anders sein als bruchstückartige Bewußtseinformen? Unsere endlichen Geister *müssen* daher neben dem absoluten Geiste eine besondere Existenz haben. Wir sind seine Wesensbestandteile, und er kann nicht ohne uns leben. — Aber wenn irgendeiner von Ihnen sich versucht fühlt, mir in dieser Weise zu erwidern, so darf ich Sie daran erinnern, daß Sie ganz offen pluralistische Waffen verwenden und dadurch die Sache des absoluten Idealismus aufgeben. Die Auffassung, daß das Absolute aus Teilen besteht, von denen sein Wesen abhängt, ist der entschiedenste Empirismus. Das Absolute als solches hat *Objekte*, nicht Teile, und wenn jedes der Objekte überdies sich zu einem Selbst entwickelt, so müssen diese Selbste als Tatsachen angesehen werden, die zu dem absoluten Bewußtsein hinzukommen, und nicht als Elemente, die in seine Definition eingeschlossen sind. Das Absolute ist ein rationalistischer Begriff. Der Rationalismus geht vom Ganzen zu den Teilen und nimmt nur an, daß das Ganze sich selbst genügt[13]).

Meine Schlußfolgerung lautet deshalb: Die Hypothese des Absoluten gewährt zwar eine gewisse Art religiösen Friedens und übt dadurch eine höchst wichtige Funktion aus, um uns die Dinge rational zu machen, aber dennoch ist sie vom Standpunkt des Intellektes aus entschieden irrational. Das Ganze, das die ideale Vollkommenheit besitzt, ist sicherlich das Ganze, dessen Teile auch vollkommen sind. Wenn wir uns überhaupt auf die Logik verlassen können, so jedenfalls bei dieser Definition. Das Absolute wird definiert als das Ganze von idealer Vollkommenheit, und dennoch sind die meisten seiner Teile, wenn nicht alle, zugegebenermaßen, unvollkommen. Offensichtlich entbehrt der Begriff der inneren Folgerichtigkeit und bietet uns mehr ein Problem als eine Lösung. Er schafft ein spekulatives Rätsel, das sogenannte Mysterium des Übels und des Irrtums, von dem eine pluralistische Metaphysik völlig frei ist. In jeder pluralistischen Metaphysik sind die Probleme, die das Übel uns stellt, praktischer und nicht spekulativer Natur. Nicht, warum das Übel überhaupt existiert, sondern wie wir seine wirklich vorhandene Größe vermindern können, ist die einzige Frage, die für uns in Betracht kommt. In dem religiösen Leben der Mehrzahl der Menschen ist Gott durchaus nicht der Name für das Ganze der Dinge, sondern nur für die zum Idealen hinwirkende Kraft in den Dingen, eine Kraft, an die sie glauben als an

[13]) Die psychologische Analogie, die die Tatsache liefert, daß gewisse endliche Bewußtseinszustände sich zusammensetzen aus einzelnen für sich bestehenden Teilen, die sich aneinanderfügen, kann von den Anhängern des Absoluten nicht als ein Beweis benutzt werden, daß solches für jede Art von Bewußtsein der Fall ist. Andere endliche Bewußtseinsfelder scheinen tatsächlich nicht in einzelne Teile auflösbar zu sein.

ein übermenschliches Wesen, das uns aufruft, mitzuarbeiten an seinen Zwecken, und das die unsrigen fördert, wenn sie dessen würdig sind. Er wirkt nach außen, er hat Grenzen und er hat Feinde. Als John Mill sagte, der Begriff von Gottes Allmacht müsse aufgegeben werden, wenn Gott als Gegenstand religiöser Verehrung erhalten bleiben soll, war er sicherlich durchaus im Recht; dennoch besitzt der gedankenträge Monismus, der überall, wo von Gott die Rede ist, sein spukhaftes Wesen treibt, eine solche Macht, daß ein so einfacher und wahrer Ausspruch allgemein als Paradoxon behandelt wurde: Gott, so sagte man, könne nicht endlich sein. Ich glaube, daß der einzige Gott, der dieses Namens würdig ist, endlich sein muß, und ich werde auf diesen Punkt in einer späteren Vorlesung zurückkommen. Wenn außerdem noch das Absolute existiert — und die Hypothese muß trotz ihrer irrationalen Züge offengehalten werden —, dann ist das Absolute nur das weitere kosmische Ganze, und unser Gott nur diejenige Sphäre desselben, in der die idealen Kräfte verkörpert sind. Das Absolute aber kann kaum als eine religiöse Hypothese in dem gebräuchlichen Sinne des Wortes bezeichnet werden. „Kosmische Emotion" ist ein besserer Name für die Gefühle, die es in uns erwecken mag.

Man beachte wohl, daß alle Irrationalitäten und Rätsel, die der Begriff des Absoluten im Gefolge hat, und von denen der endliche Gott frei bleibt, in der Tatsache ihren Grund haben, daß das Absolute nichts, durchaus nichts, außerhalb seiner selbst. Der endliche Gott, den ich ihm gegenüberstelle, mag möglicherweise beinahe nichts außerhalb seiner selbst haben; er mag schon über alles triumphiert und alles in sich hineinbezogen haben mit Ausnahme eines ganz geringen Bruchteiles des Universums. Aber dieser Bruchteil, wie klein er auch sein mag, macht ihn zu einem Wesen, das letzten Endes nicht unabhängig ist; im Prinzip ist das Universum dadurch bewahrt vor den Irrationalitäten, die mit dem absoluten Idealismus verknüpft sind. Die einzige Irrationalität, die noch bliebe, wäre die Irrationalität, deren der Pluralismus als solcher beschuldigt wird, und hierüber hoffe ich später ein Wort mehr zu sagen.

Ich habe Sie in dieser Vorlesung schon mit so vielen Subtilitäten ermüdet, daß ich nur noch zwei Punkte zu meiner Anklage gegen das Absolute hinzufügen will.

Erstlich erlauben Sie mir, Sie daran zu erinnern, daß das Absolute nutzlos ist, wenn es sich darum handelt, andere Dinge zu deduzieren. Es gibt uns, wenn Sie wollen, unbedingte Sicherheit hinsichtlich unseres metaphysischen Schicksals, aber es ist vereinbar mit jeder noch so gefährlichen Lage in unserer endlichen Welt. Dieser Begriff des Absoluten gewährt Ihnen nicht die Möglichkeit, irgendwelche Einzelheiten anzugeben, denen Sie in der phänomenalen Welt begegnen werden. Was auch immer die Einzelheiten der Erfahrung sein mögen, nachträglich wird das Absolute sie als zu sich gehörig anerkennen. Es ist eine Hypothese, die nach rückwärts, aber nicht nach vorwärts arbeitet. Was auch immer für eine Welt uns die Erfahrung zeigen mag, stets wird man nachträglich sagen: Gerade das ist die Welt gewesen, die dem Absoluten gefallen hat, sich als Schauspiel zu geben.

Das Absolute wird außerdem immer dargestellt als das Allwissende im Sinne des Idealismus. Wenn man diese Auffassung folgerichtig durchdenkt, so kommt man dahin, sich von ihm eine beinahe lächerliche Vorstellung zu bilden und zwar in Ansehung der ungeheuren Massen nutzlosen Wissens, durch die es belastet sein müßte. Einer der vielen Beweise, die der absolute Idealismus benutzt, um den Pluralismus ad absurdum zu führen, und gleichzeitig damit das absolute Eine zu beweisen, lautet folgendermaßen: Man nehme einmal eine Vielheit von Tatsachen an; nach idealistischen Prinzipien existieren nun Tatsachen nur insoweit, als sie wahrgenommen werden; so bedeutet die Vielheit der Tatsachen eine Vielheit von Personen, die sie wahrnehmen. Aber daß es so viele wahrnehmende Personen gibt, ist selbst eine Tatsache, die ihrerseits wieder verlangt, daß sie wahrgenommen wird. Auf diese Weise kommt man schließlich zu dem einen absoluten Bewußtsein.

Alle Tatsachen führen zu ihm. Wenn es eine Tatsache ist, daß dieser Tisch nicht ein Stuhl ist, nicht ein Rhinozeros, nicht ein Logarithmos, nicht eine Meile von der Tür entfernt, nicht 500 L Sterling wert, nicht tausend Jahrhunderte alt, so muß das Absolute in eben diesem Augenblick ausdrücklich von diesen Negationen Kenntnis haben. Neben dem, was jedes Einzelne ist, muß es auch bewußt sein dessen, was es nicht ist: dieser unübersehbar große Kreis von ausführlich anzugebenden Negationen, der bei jedem Ding vorhanden ist, erscheint uns als eine solch nutzlose Belastung des Absoluten, daß es unserem mitfühlenden Verständnis noch ferner rückt. Wenn es außerdem eine Tatsache ist, daß gewisse Ideen einfältig sind, so muß das Absolute die einfältigen Ideen schon gedacht haben, um sie in die Kategorie der Einfältigkeit einzuordnen. Es könnte leicht sein, daß das wertlose Zeug in seinem Geist das wertvollere Material überwiegen würde. Man könnte erwarten, daß es mit einer solchen Überfüllung und Überschwängerung von nutzlosem Wissen zerspringen müßte.

Weitere Einwände will ich Ihnen ersparen. Aus all dem ergibt sich, daß das Absolute unserem Glauben nicht durch die Logik aufgezwungen wird, daß es Irrationalitäten aufweist, die ihm eigentümlich sind, und daß ein Denker, dem es sich nicht (um Joachims Worte zu gebrauchen) als „unmittelbare Gewißheit" aufdrängt, in keiner Weise gezwungen ist, es als etwas anderes zu behandeln denn als eine Hypothese, die Gefühle der Erhabenheit weckt. Als solche mag sie mit allen ihren Mängeln infolge ihrer Friede gewährenden Macht und ihrer formalen Größe rationaler sein als irgendeine andere Hypothese.

Indes besitzt diese Hypothese einen Nebenbuhler in der Hypothese, daß die Welt in der Zeit unvollendet existiert und ihre Teile aneinandergereiht sind. Die Wirklichkeit kann möglicherweise in distributiver Form existieren, nicht in der Gestalt eines All, sondern als eine Anzahl von Einzelexistenzen — geradeso, wie sie uns erscheint. Das ist die dem absoluten Idealismus entgegenstehende Hypothese. Prima facie spricht zugunsten der Einzelexistenzen die Tatsache, daß sie jedenfalls genügend Wirklichkeit besitzen, um einem jeden von uns in ihrer Besonderheit erscheinen zu können. Indessen ist das Absolute bis jetzt unmittelbar nur wenigen Mystikern erschienen und diesen außerdem noch in sehr zweifelhafter Form. Die Verteidiger des Absoluten versichern uns, jede distributive Form des Seins sei durch Selbstwiderspruch vergiftet und untergraben. Wenn wir uns ihre Argumente nicht zu eigen machen können, und wir waren dazu nicht imstande, so scheint mir der einzige Weg, den wir einschlagen können, der zu sein, es dem Absoluten zu überlassen, das Absolute zu begraben, und die Wirklichkeit dort aufzusuchen, wo sie verspricht, uns bessere Resultate zu geben, und wäre es selbst inmitten der Einzelheiten des Endlichen und unmittelbar Gegebenen.

4. Vorlesung.

Fechner.

Das Absolute hat bei näherer Betrachtung viel von seiner Autorität eingebüßt. Die logischen Beweise, die man zu seinen Gunsten anführt, sind nicht zwingend; die Bilder, die seine besten Hofmaler von ihm geben, sind ausdruckslos und äußerst verschwommen; und von dem kalten Troste abgesehen, daß um es alles wohl steht, und daß auch um uns alles wohl stände, wenn wir nur gleich ihm die Dinge sub specie aeterni betrachteten, gewährt es uns keinerlei Hilfe. Es führt im Gegenteil in die Philosophie und Theologie künstlich erzeugte Schwierigkeiten ein, die wie Gifte wirken.

Aber wenn wir das Absolute fallen lassen, folgt dann daraus notwendig, daß in der Welt kein höheres Bewußtsein existiert als das unsrige? Soll unser ganzer instinktiver Glaube an die Gegenwart höherer Wesen, unser untilgbares Verlangen nach innerer Gemeinschaft mit Gott für nichts gelten? Ist das nur die herzbewegende Illusion von Wesen, deren phantastischer Geist nicht ablassen kann, nach höherer Gemeinschaft zu trachten?

Solch ein negativer Schluß würde, wie ich glaube, äußerst vorschnell sein, er würde sozusagen das Kind mit dem Bade ausschütten. Logisch ist es möglich, an übermenschliche Wesen zu glauben, ohne sie mit dem Absoluten zu identifizieren. Der Vertrag einer offensiven und defensiven Allianz, den gewisse Gruppen der christlichen Geistlichkeit in jüngster Zeit mit unseren Transzendentalphilosophen abgeschlossen haben, scheint mir auf einem zwar gutgemeinten aber verhängnisvollen Irrtum zu beruhen. Weder der Jehova des Alten Testamentes noch der himmlische Vater des Neuen haben irgend etwas mit dem Absoluten gemein, außer daß sie größer sind als der Mensch. Sagt man mir aber, die Gottheit eines Abraham und eines David müsse sich, nachdem sie sich zu der eines Jesu entwickelt hat, bei den reflektierten und modernen Geistern notwendig zum Begriff des Absoluten entwickeln, so antworte ich, daß dies zwar für gewisse, besonders philosophisch geartete Geister zutreffen mag, daß aber bei Geistern, die als religiös im eigentlicheren Sinne zu bezeichnen sind, die Entwicklung eine ganz andere Richtung eingeschlagen hat. Den Beweis hierfür liefert die ganze Geschichte des evangelischen Christentums.

Ich beabsichtige in diesen Vorlesungen zugunsten dieser anderen Entwicklungsrichtung zu sprechen. Ich will der Lehre des Absoluten den richtigen Rahmen geben, damit sie nicht den ganzen Himmel ausfülle und alle weiteren Möglichkeiten des höheren Denkens ausschließe, wie sie es vielen zu tun scheint, die ohne genügende philosophische Vorkenntnisse an das Studium dieser Lehre gehen. Ich will die von mir bekämpfte Lehre einem System gegenüberstellen, das, rein abstrakt betrachtet, zuerst viel Gemeinsames mit dem absoluten Idealismus zu haben scheint, in Wirklichkeit aber, wenn man es konkret und nach seinem seelischen Gehalt nimmt, an dem entgegengesetzten Pole steht. Ich spreche von der Philosophie Gustav Theodor Fechners, eines Denkers, der bis jetzt englischen Lesern noch wenig bekannt ist, der aber nach meiner Überzeugung dazu bestimmt ist, mit der Zeit mehr und mehr an Einfluß zu gewinnen.

Es ist die eindringende Sachlichkeit Fechners, sein Reichtum an Einzelheiten, was mich mit Bewunderung erfüllt, und wovon ich meiner Zuhörerschaft gerne etwas mitteilen möchte. Unter den philosophischen Sonderlingen (cranks) meines ehemaligen Bekanntenkreises befand sich eine Dame, von deren

System mir nur ein Satz gegenwärtig ist. Wäre sie auf dem jonischen Archipel vor einigen dreitausend Jahren geboren worden, dieser eine Lehrsatz hätte wahrscheinlich in jedem Universitätsprogramm und in jeder Examensarbeit ihrem Namen einen Platz gesichert. „Die Welt", sagte sie, „ist nur aus zwei Elementen zusammengesetzt: dem dünnen und dem dicken." Niemand kann die Wahrheit dieser Analyse leugnen (obgleich sie im Lichte unserer gegenwärtigen Naturerkenntnis etwas „dünn" klingt) und sie ist nirgendswo wahrer als in dem Teile der Welt, welcher Philosophie heißt. So haben wohl manche von Ihnen bei der dürftigen Darstellung, die ich von dem transzendentalen Idealismus geben konnte, den Eindruck gehabt, daß seine Argumente seltsam dünn sind, und daß die Begriffe, die er uns übermittelt, unsere so lebensvolle und prächtige Welt umhüllen wie eine dünne Decke, unter der es einen fröstelt. Einige von Ihnen werden natürlich die Schuld für diese Dünnheit meiner Darstellung zuschreiben; aber so dünn auch meine Darstellung gewesen ist, so sind doch, wie ich glaube, die in Frage stehenden Lehren noch dünner. Das Absolute, das die verwirrende Fülle der Erfahrung, in der wir unser Leben zubringen, entwirren und glätten sollte, bleibt von Green bis zu Haldane eine reine Abstraktion, die kaum irgend jemand eine Spur konkreter zu machen versucht. Wenn wir die Werke Greens aufschlagen, bekommen wir nichts anderes als das transzendentale Ich der Apperzeption (ein Wort, mit dem Kant die Tatsache bezeichnet, daß ein Ding, um ein Teil der Erfahrung zu sein, von einem Subjekt wahrgenommen werden muß). Dieses transzendentale Ich wird zu einer Art zeitloser Seifenblase aufgetrieben, groß genug, um das ganze Universum in sich zu spiegeln. Die Natur, so behauptet Green immer wieder, besteht nur aus Beziehungen, und diese schließen die Tätigkeit eines ewigen Geistes ein, eines sich selbst von allen andern unterscheidenden Bewußtseins, das außerhalb der Beziehungen steht, mittels deren es die anderen Dinge determiniert. Obgleich es allem gegenwärtig ist, was in zeitlicher Folge vor sich geht, gehört es doch selbst nicht der Zeit an. Wenn wir die beiden Cairds befragen, so sagen sie uns wenig mehr von dem Prinzip des Universums, als daß sein Wesen darin besteht, aus der Verschiedenheit der von ihm dargestellten Objekte zur Identität seines Selbstes zurückzukehren. Es trennt sich von ihnen und gelangt so dazu, sie sich als voneinander getrennt vorzustellen, während es sie zu gleicher Zeit als Elemente in einem höheren Selbstbewußtsein zusammenfügt.

Dies scheint das Äußerste an „Dünnheit“ zu sein; und das Ganze nimmt kaum vollere Formen an, wenn wir nach umfassendster Lektüre erfahren, das große umfassende Selbst sei die absolute Vernunft und als solche gebrauche sie ständig gewisse dürftige „Kategorien“, um ihr großes Werk, die Herstellung von Beziehungen, zu vollführen. Die ganze lebendige Leiblichkeit der Natur ist bis auf den Grund vernichtet, und nur der kahlste intellektualistische Formalismus ist geblieben.

Wie wir sahen, versuchte Hegel das System dadurch konkreter zu gestalten, daß er den Beziehungen zwischen den Dingen eine Wendung ins Dialektische gab; wenn wir uns aber denjenigen zuwenden, die seinen Namen mit besonderer Verehrung nennen, so finden wir, daß sie alle Einzelheiten seines Versuches aufgegeben haben und nur seine Absichten loben, — ebenso, wie wir selbst es nach unserer Weise getan haben. Haldane z. B. lobt in seinen überaus klugen Gifford-Lectures Hegel bis in den Himmel hinein, aber was er von ihm aussagt, läuft kaum auf etwas anderes hinaus, als daß „die Kategorien, mit denen der Geist seine Erfahrungen ordnet und interpretiert und die Universalien, vermittels deren das Individuum die Einzelvorstellungen erfaßt, eine logische Kette sind, in der das erste Glied das letzte voraussetzt, und das letzte die Voraussetzung und Wahrheit des ersten bildet.“ Er versucht kaum, dieses dünne logische

Schema konkreter und lebendiger zu machen. Er sagt zwar, daß der absolute Geist an sich und der absolute Geist in seinem Anderssein, eine Unterscheidung, die der absolute Geist an sich von sich in Hinsicht seiner selbst vornimmt, eine Synthese von beiden als ihr wirkliches prius haben muß. Und da dies des absoluten Geistes wahre Natur ist, so muß dessen dialektischer Charakter sich sowohl in solchen konkreten Formen, wie die der Dichtung eines Goethe und Wordsworth, als auch in den Formen der Religion zeigen. „Die Natur Gottes, die Natur des absoluten Geistes, muß die dreifache Bewegung der Dialektik zeigen, und daher muß die Natur Gottes, wie sie in der Religion dargestellt wird, eine Dreiheit, eine Trinität sein.“ Aber Haldanes Hegelianismus bringt uns nicht weiter als bis zur Nennung von Goethes und Wordsworth' Namen und bis zur Feststellung der Trinität, führt uns aber sonst kaum einen Schritt weiter in die konkreten Einzelheiten der Welt hinein, der wir wirklich angehören.

In gleicher Weise dünn sind bei Taylor die Prinzipien und deren Ergebnisse. Er folgt den Gedanken Bradleys und versichert uns gleich zu Anfang, daß die Wirklichkeit nicht sich selbst widersprechen kann, daß aber, wenn ein Ding wirklich auf etwas außerhalb seiner selbst bezogen würde, dies einen Selbstwiderspruch darstellte. Daher muß die letzte Realität ein einziges allumschließendes systematisches Ganzes sein. Alles jedoch, was er von diesem Ganzen am Ende seines ausgezeichnet geschriebenen Buches sagen kann, besteht in den Worten, daß sein Begriff unseren Erfahrungen nichts hinzufügen, unserem praktischen Verhalten keine Motive liefern kann.

Mc. Taggart setzt uns eine beinahe ebenso magere Kost vor: „Das praktische Hauptinteresse der Hegel'schen Philosophie“, sagt er, „liegt in der abstrakten Gewißheit, die die Logik uns gibt, daß alle Realität wohlbeschaffen und rational ist, selbst wenn wir nicht im geringsten einsehen können, wie sie solcher Art ist ... Nicht in dem Sinn, daß die Logik uns zeigt, wie die Tatsachen um uns herum gut sind, oder wie wir sie besser machen können, sondern in dem Sinn, daß sie beweist, die Tatsachen, wie jede andere Wirklichkeit sind sub specie aeternitatis vollkommen gut und sub specie temporis bestimmt, vollkommen gut zu werden."

Wiederum bekommen wir hier nichts von Einzelheiten, nur die abstrakte Gewißheit, daß alles Einzelne, als was es auch immer sich erweisen mag, gut sein wird. Der Durchschnittsmensch, der nichts von Dialektik weiß, besitzt schon diese Gewißheit als einen hochherzigen angeborenen Lebensenthusiasmus gegenüber dem Universum. Die Besonderheit der Transzendentalphilosophie besteht in der souveränen Verachtung für alles, was wie der Enthusiasmus, bloß vitale Bedeutung hat, und in ihrem Anspruch, unser einfaches und unmittelbares Vertrauen und unseren Glauben in die Form logisch vermittelter Gewißheit umzuwandeln, welche zu bezweifeln töricht sein würde. Aber die ganze Grundlage, auf die Mc. Taggarts eigene Gewißheit sich stützt, ruht auf der Behauptung, in die er, wie in einer Nußschale, das Evangelium Hegels zusammenfaßt: In jedem Stück der Erfahrung und des Denkens, so beschränkt es auch sei, ist das Ganze der Realität (die absolute Idee, nach Hegels Bezeichnung) „implicite gegenwärtig".

Das ist in der Tat Hegels Intuition, deren Wahrheit, wie Hegel glaubte, die Einzelheiten seiner Dialektik beweisen würden. Aber seine Schüler, die die Einzelheiten des Beweises als unbefriedigend behandeln und dennoch an dem Inhalt der Intuition festhalten, sind sicherlich, trotzdem sie ein Bewußtsein von hoher Rationalität für sich beanspruchen, nicht besser als die gewöhnlichen Menschenkinder mit ihrem Enthusiasmus oder ihren mit vollem Bewußtsein ergriffenen Glaubensüberzeugungen. Wir haben selbst auf einige der Schwächen der monistischen Beweise hingewiesen. Mc. Taggart kritisiert seinerseits Hegels Logik aufs schärfste und schließt dann mit den Worten, daß „alle wahre Philosophie mystisch sein muß, zwar nicht in ihren Methoden, aber in ihren letzten Schlüssen", was so viel sagen will, als daß die rationalistischen Methoden uns im Stich lassen trotz aller ihrer Überlegenheit, und daß am Ende wir uns mit Schauen und Glauben durchhelfen müssen. Aber wie abstrakt und dürftig ist hier das Schauen — von dem Glauben gar nicht zu reden. Das Ganze der Erfahrung, das explicite in unseren endlichen Erfahrungen fehlt, muß dennoch implicite in ihnen allen gegenwärtig sein, obgleich niemand von uns jemals anzugeben imstande ist, auf welche Weise das sein kann — das bloße Wort „implicite" trägt hier auf seiner schwachen Spitze die ganze Pyramide des monistischen Systems. Joachims monistisches System der Wahrheit ruht auf einer noch schwächeren Spitze: „Ich habe niemals daran gezweifelt", sagt er, „daß es nur eine universale einzige und zeitlose Wahrheit gibt, deren einzigartiger Inhalt und deren Sinn eine Einheit, Ganzheit und Vollständigkeit bildet". Und er bekennt treuherzig den Fehlschlag rationalistischer Versuche, „diese unmittelbare Gewißheit" auf die Höhe des reflektierten Wissens zu heben. Kurz, es gibt für ihn keine Vermittlung zwischen der Wahrheit, die sich mit großen Buchstaben schreibt und den kleineren (lowercase) Wahrheiten — und Irrtümern — die das Leben bietet. Die psychologische Tatsache, daß er nie „gezweifelt" hat, genügt ihm.

Der ganze Pyramidenbau des Monismus, der auf so schwachen Stützpunkten ruht, scheint mir weit mehr ein Machtspruch, ein Erzeugnis des Willens zu sein, als ein Erzeugnis der Vernunft. Einheit ist etwas Gutes, daher sollen die Dinge zusammenhängen; sie sollen eins sein; es soll Kategorien geben, die aus ihnen eine Einheit machen, einerlei, was für Disjunktionen die Erfahrung uns auch zeigen mag. In Hegels eigenen Schriften spürt man überall besonders kräftig diesen diktatorischen Geist; er wirft alle

Widerstände nieder, die Sprache und Logik ihm entgegensetzen. „Hegels Irrtum“, wie Prof. Royce richtig bemerkt, „lag nicht darin, daß er Logik in die Leidenschaft brachte“, wie einige gegen ihn behaupten, „sondern daß er in der Logik der Leidenschaft die einzige Logik sah... Er regt immer an“, sagt Royce, „aber er bietet niemals etwas Endgültiges. Sein System ist als System zusammengebrochen, aber seine lebendige Auffassung unseres Lebens bleibt für immer bestehen[1].“

Diese lebendige Auffassung haben wir schon kennen gelernt. Sie besteht darin, daß die wirklichen Dinge in gewissem Sinne nicht nur ihre eigenen Selbste sind, sondern allgemein als ihre eigenen Anderen behandelt werden können, und daß die gewöhnliche Logik, weil sie solches leugnet, überwunden werden muß. Die gewöhnliche Logik leugnet dies nämlich, weil sie Begriffe an Stelle der wirklichen Dinge setzt; Begriffe aber s i n d nur ihre eigenen Selbste und nichts anderes. Was Royce das „System“ Hegels nennt, war Hegels Versuch, uns glauben zu machen, er arbeite mit Begriffen und aus ihrer Zermahlung entstehe eine höhere Art der Logik, während doch in Wirklichkeit Sinneserfahrungen, Hypothesen und Leidenschaft ihm alle seine Ergebnisse lieferten.

Was ich selbst mit der Behauptung meine, die Dinge seien ihre eigenen Andern, werden wir in einer späteren Vorlesung sehen. Jetzt ist es Zeit, unsern Blick auf Fechner zu richten, dessen Anschaulichkeit und Dichte einen erfrischenden Gegensatz bildet zu der dünnen, abstrakten, ärmlichen und verschlissenen Erscheinung, zu dem schulstubenhaften Eindruck, den die Spekulationen unserer meisten Transzendentalphilosophen machen.

Es liegt etwas wirklich Groteskes und Unheimliches in dem Kontrast zwischen den abstrakten Ansprüchen des

---

[26]) „The Spirit of Modern Philosophy“ p. 227.

Rationalismus und dem, was die rationalistischen Methoden im Gebiete des Konkreten leisten können. Wenn das „logische prius" unseres Geistes wirklich die Gegenwart des ganzen „konkreten Universalbegriffes" in sich schlösse, wenn das Ganze der Vernunft oder der Realität des Geistes oder der absoluten Idee, oder wie es auch immer genannt werden mag, in all unserem Denken vorhanden wäre, und wenn z. B. diese Vernunft mittels der dialektischen Methode arbeitete, erscheint es da nicht seltsam, daß in dem gewaltigsten Beispiel des Rationalisierungsprozesses, den die Menschheit gekannt hat, nämlich in der „Wissenschaft", die dialektische Methode nicht ein einziges Mal benutzt worden ist? Mir fällt kein einziges Beispiel ein, wo in der Wissenschaft die dialektische Methode angewandt worden wäre. Alle Ergebnisse der Wissenschaft verdanken wir den Hypothesen und den aus ihnen entwickelten Deduktionen, die wir an den Sinnesbeobachtungen kontrollieren, und schließlich den Analogien mit unseren übrigen Erkenntnissen.

Fechner benutzte nur diese Methode der Analogien, um seine methaphysischen Behauptungen über die Wirklichkeit zu verteidigen; zuvor jedoch aber erlauben Sie mir einige Tatsachen über sein Leben zu berichten.

Geboren 1801 als Sohn eines armen Landgeistlichen in Sachsen, lebte er in Leipzig von 1817 bis zu seinem Todesjahr 1887, also 70 Jahre, ein typisch deutscher Gelehrter vom alten Schlage. Seine Mittel waren immer gering, verschwenderisch konnte er nur mit seinen Gedanken sein; sie waren aber auch voll üppiger Pracht. Er machte sein medizinisches Examen an der Universität Leipzig im Alter von 21 Jahren, entschied sich aber, statt Arzt zu werden, für die physikalischen Wissenschaften. Es vergingen aber noch zehn Jahre, bevor er Professor der Physik wurde, obgleich er schon bald nach seinem Doktorexamen zur Dozentur zugelassen worden war. Inzwischen hatte er mit seinen Einkünften auszukommen, und das brachte er dadurch zuwege, daß er eine umfangreiche literarische Tätigkeit entfaltete. Er übersetzte z. B. die vier Bände von Biot's Abhandlungen über die Physik und die sechs Bände von Thénards Werken über die Chemie, deren spätere erweiterte Ausgaben er auch besorgte. Er gab Repertorien der Chemie und Physik heraus, ein pharmazeutisches Journal und eine Enzyklopädie in acht Bänden, von der er über ein Drittel selbst schrieb. Er veröffentlichte physikalische Abhandlungen und eigene experimentelle Untersuchungen, besonders solche über Elektrizität. Elektrische Messungen sind, wie Sie wissen, die Grundlage der Elektrizitätslehre, und Fechners Messungen im Galvanismus, die er mit den einfachsten, selbst hergerichteten Apparaten ausführte, sind klassisch bis auf den heutigen Tag. Gleichzeitig veröffentlichte er unter dem Namen Dr. Mises eine Anzahl halb philosophischer, halb humoristischer Schriften, die mehrere Auflagen erlebt haben, außerdem noch Gedichte, Abhandlungen über Kunst und andere Gelegenheitsartikel.

Aber Überarbeitung, Armut und ein Augenleiden, das durch Beobachtungen an Nachbildern in der Retina (auch eine klassische Forschungsarbeit) hervorgerufen ward, erzeugten bei dem damals 38jährigen Fechner einen entsetzlichen Anfall nervösen Zusammenbruchs mit schmerzlicher Hyperästhesie aller Funktionen. Er litt hieran drei Jahre, während welcher Zeit er vom aktiven Leben völlig abgeschnitten war. Die heutige Medizin hätte Fechners Krankheit ziemlich schnell als chronische Neurose bezeichnet; aber die Krankheit war von solcher Heftigkeit, daß sie zu seiner Zeit als eine in ihrer Bösartigkeit unbegreifliche Heimsuchung betrachtet wurde. Und als Fechner plötzlich wieder gesund zu werden begann, behandelte sowohl er als auch die andern die Genesung als eine Art göttlichen Wunders. Diese Krankheit, die Fechner der inneren Verzweiflung gegenüberstellte, verursachte eine große Krisis in seinem Leben. Hätte ich mich nicht an den Glauben geklammert, schreibt er, „daß das Ausharren im Glauben auf die eine oder andere Weise seinen Lohn mit sich bringen würde, so hätte ich jene Zeit nicht überdauert." Seine religiösen und kosmologischen Glaubensüberzeugungen retteten ihn. Von nun an beseelte ihn das eine große Ziel, diese Glaubensüberzeugungen auszuarbeiten und der Welt mitzuteilen. Er tat es im größten Maßstab, aber bevor er starb, schuf er noch viele andere Werke: Ein Buch über Atomtheorie, das gleichfalls als klassisch zu gelten hat; vier Bände mathematischen und experimentellen Inhalts über das, was er Psychophysik nannte, — viele sind der Ansicht, daß Fechner in dem ersten dieser Bücher tatsächlich die wissenschaftliche Psychologie begründet hat; ein Band über organische Evolution und zwei Bände über experimentelle Ästhetik. Nach Anschauung einiger kompetenter Beurteiler hat Fechner mit diesen Werken wiederum die Grundlagen einer neuen Wissenschaft geschaffen. Von den mehr religiösen und philosophischen Werken werde ich sogleich eine nähere Darstellung geben. —

Als er starb, trauerte ganz Leipzig, denn er war das Muster des idealen deutschen Gelehrten, ebenso kühn und ursprünglich in seinem Denken, wie einfach und schlicht in seinem Leben, ein bescheidener, freundlicher (genial) arbeitsamer Diener der Wahrheit und der Wissenschaft, und dazu noch eine literarische Persönlichkeit mit einem bewunderungswürdigen Stil von urwüchsiger Kraft. Der materialistischen Generation, die in den fünfziger und sechziger Jahren des vorigen Jahrhunderts seine Spekulationen als phantastisch bezeichnet hat, folgte eine andere mit größerer Freiheit der Phantasie und ein Preyer, Wundt, Paulsen und Laßwitz konnten jetzt von Fechner als von ihrem Meister sprechen.

Sein Geist war in der Tat einer jener vielfach organisierten Kreuzwege der Wahrheit, auf denen sich nur von Zeit zu Zeit die Menschenkinder einfinden, und von denen aus sie alles weder zu weit noch zu nahe, sondern in der richtigen Perspektive sehen. In ihm entfaltete sich zu höchster Blüte geduldige Beobachtung, genauestes mathematisches Denken, scharfsinnigstes Unterscheidungsvermögen und humanstes Empfinden, ohne daß scheinbar eines das andere beeinträchtigte. Er war in der Tat ein Philosoph, im „großen“ Sinne des Worts, obgleich er sich viel weniger als die meisten Philosophen um die Abstraktionen der „dünnen“ Betrachtungsweise kümmerte. Für ihn lebte das Abstrakte nur im Konkreten. Das verborgene Motiv seines ganzen Schaffens war, die von ihm als „Tagesansicht“ bezeichnete Anschauung zu immer größerer Evidenz zu bringen. Diese Tagesansicht behauptet, das ganze Universum ist in seinen ungeheuren Weiten, mit allem, was es ein- und ausschließt, überall lebendig und beseelt. Fünfzig Jahre hat es gedauert, bis sein Hauptwerk „Zend-Avesta“, eine zweite Auflage erlebte (1901). „Eine Schwalbe“, so schreibt er munter, „macht keinen Sommer. Aber die erste Schwalbe käme nicht, wenn nicht der Sommer käme; und für mich bedeutet Sommer, daß meine Tagesansicht einst zur Herrschaft gelangen wird!“

Die Erbsünde unseres populären wie auch unseres wissenschaftlichen Denkens besteht nach Fechner in der eingewurzelten Gewohnheit, das Geistige nicht als die Regel, sondern als die Ausnahme in der Natur anzusehen. Anstatt zu glauben, unser Leben nähre sich an den Brüsten des größeren Lebens, unsere Individualität werde erhalten von einer größeren Individualität, die notwendigerweise mehr Bewußtsein und mehr Unabhängigkeit hat als alles, was sie hervorbringt, behandeln wir gewöhnlich das, was außerhalb unseres Lebens liegt, nur als Schlacke und Asche des Lebens. Wenn wir aber an einen göttlichen Geist glauben, so denken wir ihn auf der einen Seite als körperlos und auf der anderen Seite denken wir die Natur als seelenlos. Was für einen Trost oder Frieden, fragt Fechner, kann eine solche Lehre bringen? Bei ihrem Atem welken die Blumen, die Sterne verwandeln sich in Steinmassen; unser eigener Körper wird unwürdig unseres Geistes und sinkt zu einer bloßen Behausung fleischlicher Sinne herab. Das Buch der Natur wird zu einem Bande über Mechanik, in dem alles, was Leben hat, als eine Art Anomalie behandelt wird; eine große Kluft gähnt zwischen allem, was höher ist als wir selbst — Gott wird zu einem dünnen Spinngewebe von Abstraktionen.

Fechners großes Mittel, die Tagesansicht zu verlebendigen, ist die Analogie. In all den vielen Seiten, die er geschrieben, findet sich kein einziges rationalistisches Argument — nur solche bringt er vor, die die Menschen fortwährend im praktischen Leben gebrauchen. Zum Beispiel: Wie mein Haus jemand gebaut hat, so hat auch jemand die Welt gebaut. Da die Welt größer ist als mein Haus, so muß, wer die Welt gebaut, auch größer sein als der, welcher mein Haus gebaut hat. Mein Körper bewegt sich durch den Einfluß meines Gefühls, meines Willens; Sonne, Mond und Sterne, die größer sind als mein Körper, werden durch den Einfluß eines irgendwie mächtigeren Willens und Gefühls bewegt. Ich lebe jetzt und verändere mich von einem Tag zum andern; ich werde weiter leben und mich noch mehr verändern usw.

Bain definiert das Genie als die Fähigkeit, Analogien zu sehen. Die Anzahl der Analogien, die Fechner zu bemerken vermochte, war verschwenderisch groß; er betonte aber auch ebensosehr die Unterschiede der Dinge. Weil das analogiemäßige Denken gewöhnlich die Unterschiede weniger beachtet, begeht es so viele Trugschlüsse. Die meisten von uns z. B. argumentieren ganz richtig, der Geist Gottes müsse einen Körper haben, weil auch alle Geister, die wir kennen, einen Körper besitzen. Man nimmt dabei aber an, daß der Körper gleichfalls ein tierischer Körper sein müsse und gibt infolgedessen ein durchaus menschliches Bild von Gott. Aber alles, was die Analogie verlangt, ist ein Körper überhaupt —

die besonderen Wesenseigentümlichkeiten unseres Körpers sind Anpassungen an eine Umgebung, die so verschieden von der Gottes ist, daß, wenn Gott überhaupt einen physischen Körper hat, er seiner Struktur nach aufs äußerste verschieden von dem unsrigen sein muß. Überall in seinen Schriften läßt Fechner Analogie und Unterschied nebeneinander einhergehen, und infolge seiner außerordentlichen Fähigkeit, beide zu beachten, verwandelt er das, was sonst als Einwände gegen seine Schlüsse zu gelten hätte, zu Tatsachen, die sie stützen.

Die Geister höherer Ordnung gehen zusammen mit den Körpern höherer Ordnung. Die ganze Erde, auf der wir leben, muß nach Fechner ihr eigenes kollektives Bewußtsein haben. Das gleiche gilt von jeder Sonne, jedem Mond und jedem Planeten; ferner muß das ganze Sonnensystem sein eigenes weiteres Bewußtsein haben, in dem das Bewußtsein unserer Erde eine ganz bestimmte Rolle spielt. Gleichermaßen hat auch das ganze Sternensystem als solches sein Bewußtsein, und wenn dieses Sternensystem nicht die Summe alles dessen ist, was materiell existiert, so ist das ganze System zusammen mit allem, was noch existieren mag, der Körper des absoluten Allbewußtseins des Universums, dem die Menschen den Namen Gott geben.

So ist Fechner, rein spekulativ genommen, ein Monist in seiner Theologie. Aber in seinem Universum ist Raum für jeden Grad geistigen Daseins zwischen den Menschen und dem letzten, alles umfassenden Gott. Wenn er Betrachtungen über den positiven Inhalt dieser übermenschlichen Wesensreihen anstellt, so geht er mit seiner Phantasie kaum über die einfachen Geister der planetarischen Ordnung hinaus. Leidenschaftlich glaubt er an die Erdseele; er behandelt die Erde als unseren besonderen menschlichen Schutzengel; wir können zur Erde beten, wie die Menschen zu ihren Heiligen beten. Ich glaube aber, daß in seinem System, wie in so vielen andern der historisch überlieferten Theologie, der höchste Gott nur die äußerste Grenze der über den Menschen hinausragenden Welten bedeutet. Dieser Gott bleibt in seiner Majestät dürftig und abstrakt; die Menschen ziehen es vor, ihre persönlichen Angelegenheiten mit den näheren und leichter zugänglichen Boten und Mittlern zu erledigen, die in der göttlichen Ordnung vorgesehen sind.

Ich werde später zu fragen haben, ob die abstrakt monistische Wendung, die Fechners Spekulationen nahmen, logisch notwendig war. Ich glaube, sie war es nicht. Inzwischen aber erlauben Sie mir, Sie ein wenig mehr in die Einzelheiten seiner Gedanken einzuführen. Man tut ihm unvermeidlich großes Unrecht, wenn man seine Anschauungen in verkürzter Zusammenfassung wiedergibt. Denn obgleich der Typus des von ihm verwendeten Denkens beinahe kindlich in seiner Einfachheit ist, und seine nackten Schlußfolgerungen auf einer Seite niedergeschrieben werden können, so beruht doch die Gewalt dieses Mannes auf etwas viel tieferem. Sie beruht auf dem Reichtum seiner auf das Konkrete gerichteten Einbildungskraft, auf der Fülle der Probleme, die er nacheinander in seine Betrachtung hineinzieht, auf der zusammenfassenden Wirkung seines großen Wissens, seiner Gründlichkeit, auf dem Scharfsinn, den er bei der Darstellung von Einzelheiten entwickelt, auf seinem bewundernswerten und anheimelnden Stil, auf der Aufrichtigkeit, die uns aus jeder Seite seiner Schriften entgegenleuchtet, und schließlich auf dem Eindruck, den ein Mann macht, der nicht aus zweiter Hand lebt, sondern der schaut und spricht wie einer, der Autorität hat, und nicht wie einer aus der Menge der zünftigen philosophischen Schriftsteller.

Die für den Zweck dieser Vorlesungen wichtigste Behauptung Fechners lautet, rein abstrakt formuliert: Die Konstitution der Welt ist überall die gleiche. Bei uns selbst ist das visuelle Bewußtsein verknüpft mit unseren Augen, das taktile mit unserer Haut. Aber obgleich das Auge nichts von den Empfindungen der Haut weiß und die Haut nichts von denen des Auges, so kommen sie doch zusammen und bilden eine Art von Beziehung und Verbindung in dem umfassenderen Bewußtsein, das jeder von uns als sein Selbst bezeichnet. Wir müssen daher, sagt Fechner, in ganz ähnlicher Weise annehmen, daß mein Bewußtsein, das ich von mir selbst habe, und Ihr Bewußtsein, das Sie von sich selbst haben, ob sie gleich beide in ihrer Unmittelbarkeit getrennt voneinander sind und nichts voneinander wissen, dennoch zusammen erkannt und zusammen verwendet werden in einem höheren Bewußtsein, etwa in dem der menschlichen Rasse, in das sie als Wesensbestandteile eintreten. In ähnlicher Weise bilden das Bewußtsein der Menschheit und das des Tierreiches die Bedingungen eines Bewußtseins von noch weiterem Umfang. Dieses verbindet sich in der Erdseele mit dem Bewußtsein des Pflanzenreiches, das wiederum seine Erfahrungen dem ganzen Sonnensystem mitteilt, und so weiter von Synthese zu Synthese, immer höher und höher hinausgreifend, bis ein letztes absolutes und universales Bewußtsein erreicht ist.

Hier haben wir eine lange Reihe von Analogien vor uns, die ihren Ausgangspunkt in Tatsachen der Selbstbeobachtung haben.

Die Annahme eines Erdbewußtseins begegnet einem starken instinktiven Vorurteil, das Fechner geschickt zu überwinden versucht. Der Geist des Menschen, so denken wir, ist das höchste Bewußtsein auf Erden, da die Erde selbst nach allen Richtungen hin geringer ist als der Mensch. Wie sollte also ihr Bewußtsein, wenn sie ein solches besitzt, dem seinen überlegen sein? Was aber sind die Merkmale der Überlegenheit, die wir hier wohl ins Auge zu fassen hätten? Bei genauerer Betrachtung findet Fechner, daß die Erde sowohl jedes einzelne Merkmal, wie auch alle zusammen, in vollkommenerer Weise besitzt als wir. Er untersucht im einzelnen die Punkte, in denen wir uns von der Erde unterscheiden, und zeigt, daß sie alle für den höheren Wert der

Erde sprechen. Nur einige wenige Punkte will ich hier berühren.

Der eine von ihnen ist natürlich die Unabhängigkeit von anderen Wesen der Außenwelt. Außerhalb der Erde sind nur die andern Himmelskörper. Alle andern Dinge, von denen unser Leben äußerlich abhängt, — Luft, Wasser, Pflanze, Fleischnahrung, Mitmenschen usw., — sind als Wesensbestandteile von ihr umschlossen. Sie ist sich selbst genug in Millionen Hinsichten, in denen wir es nicht sind. Wir hängen beinahe in allem von ihr ab, sie von uns nur in einem kleinen Teil ihrer Geschichte. Sie schwingt uns in ihrem Kreise vom Winter zum Sommer und führt uns vom Tage in die Nacht und aus der Nacht in den Tag.

Mannigfaltigkeit in der Einheit ist wieder ein anderes Zeichen der Überlegenheit. Die Mannigfaltigkeit der ganzen Erde überschreitet weit die irgend eines Organismus, denn sie faßt alle unsere Organismen in sich neben einer unendlichen Anzahl von Dingen, die unsere Organismen nicht in sich aufzunehmen vermögen. Und dennoch, wie einfach und massiv sind die Phasen ihres eigenen Lebens! Wie das ganze Verhalten eines Tieres gesetzt und ruhig ist, verglichen mit der lebhaften Bewegung seiner Blutkörperchen, so ist die Erde ein gesetztes und ruhiges Wesen im Vergleich mit den Lebewesen, die sie enthält.

Von innen gestalten, statt von außen gebildet werden, gilt auch in den Augen der Menschen als etwas Höheres. Ein Ei ist ein Wesen höherer Ordnung als ein Stück Ton, aus dem ein Bildhauer einen Vogel knetet. Nun wohl, die Geschichte der Erde entwickelt sich von innen. Sie gleicht der eines wunderbaren Eies, das die Wärme der Sonne, gleich der einer Bruthenne, zum Ablauf der wechselnden Kreise seiner Evolution gebracht hat.

Individualität des Typus und Unterschied des eigenen Typus von dem der andern ist ein weiteres Zeichen höherer Rangstufe. Die Erde ist verschieden von jedem andern

Planeten, und als besondere Klasse sind die planetarischen Wesen außerordentlich verschieden von den übrigen Himmelskörpern.

Vor Zeiten wurde die Erde ein Tier genannt; aber ein Planet gehört einer höheren Wesensklasse an als irgend ein Mensch oder Tier; er ist nicht nur quantitativ größer wie ein plumperer und größerer Wal oder Elefant, sondern ein Wesen, dessen ungeheure Größe eine völlig verschiedene Art der Lebensführung verlangt. Unsere tierische Organisation ist eine Folge der niedrigen Lebensstufe, auf der wir stehen. Unser Bedürfnis, uns hin und her zu bewegen, unsere Glieder zu strecken und unsern Körper zu beugen, zeigt nur unsern Mangel. Was sind unsere Beine anders als Krücken, vermittels deren wir mit rastlosen Anstrengungen nach den Dingen jagen, die wir nicht in uns selbst haben? Aber die Erde ist kein solcher Krüppel; warum sollte sie, die schon in sich selbst all die Dinge besitzt, nach denen wir so mühevoll jagen, Glieder haben, ähnlich den unsrigen? Soll sie das nachahmen, was nur einen kleinen Teil ihrer selbst bildet? Wozu bedürfte sie der Arme, da sie doch nichts hat, danach sie zu langen hätte? Wozu eines Genickes, da sie doch keinen Kopf zu tragen hat, wozu der Augen oder Nase, wenn sie ihren Weg durch den Raum ohne beide findet und die Millionen von Augen aller ihrer Geschöpfe hat, die mit ihnen die Bewegungen auf ihrer Oberfläche leiten, und alle ihre Nasen, um den Duft der Blumen, die da wachsen, zu riechen. Denn, wie wir selbst ein Teil der Erde sind, so sind auch unsere Organe die ihrigen. Sie ist sozusagen über ihre ganze Oberfläche Auge und Ohr, — alles, was wir einzeln sehen und hören, sieht und hört sie gleichzeitig. Sie bringt lebende Wesen zahlloser Art auf ihrer Oberfläche hervor und nimmt deren vielfältige Bewußtseinsbeziehungen in ihr höheres allgemeines Bewußtseinsleben auf.

Die meisten von uns, die die Theorie betrachten, daß die

ganze Erdmasse, wie unsere Körper, beseelt ist, machen den Fehler, die Analogie zu wörtlich zu nehmen und auf die Unterschiede nicht zu achten. Wenn die Erde ein fühlendes Wesen ist, sagen wir: wo sind ihr Gehirn und ihre Nerven? Was entspricht ihrem Herzen und ihren Lungen? Mit anderen Worten, wir erwarten, daß die Funktionen, die sie schon durch uns vollführt, außerhalb von uns und genau in derselben Weise vollführt werden mußten. Aber wir erkennen ohne weiteres, wie die Erde einige dieser Funktionen in einer Weise ausübt, die der unsrigen unähnlich ist. Man spricht vom Blutkreislauf: weshalb sollte sie eines Herzens bedürfen, da die Sonne alle Regenschauer, die auf sie fallen, und alle ihre Quellen, Bäche und Flüsse, die sie bewässern, in beständigem Kreislauf erhält? Wozu bedarf sie der Lungen in ihrem Innern, da ihre ganze sensitive Oberfläche in lebendigem Austausch mit der sie umhüllenden Atmosphäre ist?

Das Organ, das uns bei der Analogie am meisten stört, ist das Gehirn. Alles Bewußtsein, das wir unmittelbar kennen, scheint an ein Gehirn geknüpft zu sein. — Kann es ein Bewußtsein geben, fragen wir, wo kein Gehirn vorhanden ist? Aber unser Gehirn, das ursprünglich dazu diente, unsere Muskelreaktionen mit den äußeren Objekten, von denen wir abhängen, in zweckentsprechende Beziehung zu setzen, übt eine Funktion aus, die die Erde in völlig anderer Weise ausübt. Sie besitzt selbst keine eigentlichen Muskeln oder Glieder, und die einzigen Objekte, die sich außerhalb ihrer selbst befinden, sind die andern Sterne. Auf diese reagiert ihre ganze Masse mit den feinsten Veränderungen ihrer Bewegung und durch noch feinere Vibrationen ihrer inneren Substanz.

Ihr Ozean reflektiert die Lichter des Himmels wie in einem mächtigen Spiegel, ihre Atmosphäre bricht sie wie eine ungeheure Linse, die Wolken und Schneefelder verschmelzen sie zu weiß, die Wälder und Blumen zerstreuen sie in bunte Farben. Polarisation, Interferenz, Absorption erwecken in der Materie Sensibilitäten, zu deren Wahrnehmung unsere Sinne zu grob sind.

Für diese ihre kosmischen Beziehungen bedarf sie deshalb ebensowenig eines besondern Gehirns als sie der Augen und Ohren bedarf. Unsere Gehirne verbinden in der Tat zahllose Funktionen zur Einheit und stellen Beziehungen zwischen ihnen her. Unsere Ohren wissen nichts vom Ton, unsere Augen nichts vom Licht, aber da wir ein Gehirn haben, können wir Ton und Licht zusammen empfinden und sie miteinander vergleichen. Der Grund, weshalb wir das können, liegt in den Nervenfasern, die in dem Gehirn das optische Zentrum mit dem akustischen verknüpfen; aber wie gerade diese Nervenfasern nicht nur die Empfindungen, sondern auch die Zentren zusammenbringen, vermögen wir nicht zu erkennen. Aber wenn die Nervenfasern alles sind, was notwendig ist, um das Kunststück zustande zu bringen, besitzt nicht die Erde Pfade, durch die Sie und ich physisch zusammenhängen, Pfade, die für unsere beiden Geister mehr tun können, als was die Gehirnfasern für die Töne und Gesichte in einem einzigen Geist tun? Muß jedes höhere Vereinigungsmittel zwischen Dingen genau eine Gehirnfaser sein und unter diesem Namen gehen? Kann der Erdgeist nicht in anderer Weise die gemeinsamen Inhalte unserer Geister kennen?

Indem Fechners Phantasie ebenso die Ähnlichkeiten wie die Unterschiede hervorhebt, versucht er unsere Anschauung vom Leben der Erde konkreter zu gestalten. Er schwelgt in dem Gedanken ihrer Vollkommenheit. Um die kostbare Last durch die Stunden und Jahreszeiten zu tragen, könnte ihre Form gar nicht vollkommener sein, als sie ist — da sie gewissermaßen Pferd, Wagen und Räder, alles in einem ist. Man stelle sich ihre Schönheit vor — ein leuchtender Ball —, die eine Hälfte himmelblau und sonnenbestrahlt, die andere in Sternennacht getaucht, die Himmel widerspiegelnd in allen ihren Wassern, Myriaden von Lichtern und Schatten in den Falten ihrer Berge und in den Windungen ihrer Täler. Sie würde ein Schauspiel vom Glanze des Regenbogens sein, könnte man sie nur so von weitem sehen, wie wir Teile von ihr von den Berggipfeln sehen. Jede Eigenart der Landschaft, die wir angeben können, würde dann auf ihr gleichzeitig sichtbar sein, alles, was zart oder anmutig, ruhig oder wild, romantisch oder öde, freundlich, üppig oder frisch ist. Diese Landschaft ist ihr Antlitz — sie ist auch bevölkert, da in ihr der Menschen Augen gleich Diamanten zwischen den Tautropfen erscheinen würden. Grün würde ihre herrschende Farbe sein, aber die blaue Atmosphäre und die Wolken würden sie umhüllen, wie eine Braut sich in ihren Schleier hüllt, — ein Schleier, deren dunstig durchsichtige Falten die Erde niemals müde wird, durch ihre Diener, die Winde, sich immer von neuem umzulegen.

Jedes ihrer Elemente hat seine eigenen lebendigen Bürger. Kann der himmlische Ätherozean, dessen Wellen Licht sind, und in dem die Erde selbst dahintreibt, nicht auch die seinigen haben, die um so höher in der Rangordnung der Wesen stehen, als das Element höher ist, in dem sie leben: Wesen, die ohne Flossen schwimmen, ohne Flügel fliegen, die sich als ungeheure Massen ruhig bewegen, als wenn sie getrieben würden von einer halbgeistigen Kraft durch das halbgeistige Meer, das sie bewohnen, Wesen, die sich miteinander freuen an dem Austausch von Lichteinflüssen, die den leichtesten Schwankungen ihrer gegenseitigen Anziehung nachgeben, und die jedes für sich einen unerschöpflichen Reichtum innerer Kräfte in sich bergen?

Die Menschen haben immer von Engeln gefabelt, die, im Lichte wohnend, weder irdischer Nahrung noch irdischen Trankes bedürfen, Boten zwischen uns und Gott. Hier haben wir nun wirklich Wesen, die im Lichte wohnen und sich durch den Himmel bewegen, weder der Speise noch des Trankes bedürfen, Mittler zwischen uns und Gott, seinen

Geboten gehorchend. Wenn daher die Himmel wirklich die Heimat der Engel sind, so müssen die Himmelskörper diese Engel sein, denn andere Wesen gibt es dort nicht. Ja, die Erde ist unser großer gemeinsamer Schutzengel, der über das Ganze unserer Interessen wacht. In einer fesselnden Stelle seines Buches „Über die Seelenfrage“ schildert Fechner einen jener Augenblicke, wo diese Wahrheit ihm schauend aufging. „Ich ging an einem Frühlingsmorgen draußen; die Saaten grünten, die Vögel sangen, der Tau blitzte, der Rauch stieg, hier und da ein Mensch; ein verklärendes Licht lag auf allem; es war nur ein kleines Stücklein Erde; es war nur ein kleiner Moment ihres Daseins; und doch, wie ich das mit immer mehr sich weitendem Blick auffaßte, schien es mir nicht nur so schön, sondern so wahr und klar, daß es ein Engel ist, der so reich, frisch und blühend und dabei so fest und in sich einig in den Himmel geht, sein lebendiges Antlitz ganz dem Himmel zuwendend und mich selbst mit in diesem Himmel tragend, daß ich mich fragte, wie sich die Ansichten der Menschen je so verpuppen konnten, in der Erde nur einen trocknen Klumpen, und die Engel darüber oder daneben in den Leeren des Himmels zu suchen, um sie nirgends zu finden. Doch diese Anschauung heißt Phantasterei. Die Erde ist ein Globus, und was sie sonst noch ist, ist in den Naturalienkabinetten zu finden[1].“

Ohne Offenbarung verwildert das Volk*). Wenige Philosophen von Fach haben irgend eine Offenbarung. Fechner hatte Offenbarung, und das ist der Grund, weshalb man ihn immer und immer wieder lesen kann, und jedesmal einen ganz neuen Eindruck von der Wirklichkeit mit heimbringen kann.

Sein frühestes Buch, das er „Nanna“ nannte, enthielt eine Offenbarung über das innere Leben der Pflanzen. In jeder Entwicklung der Tiere ist das Nervensystem die zen-

[27] „Über die Seelenfrage“, p. 170/171.

*) Sprüche Salomos, Kap. 29, 13. Anmerkung des Übersetzers

trale Tatsache. Die Pflanzen entwickeln sich in zentrifugaler Weise, indem sie ihre Organe nach außen ausbreiten. Aus diesem Grunde, meinen die Menschen, die Pflanzen könnten kein Bewußtsein haben: sie entbehren der Einheit, die das Zentralnervensystem gibt. Aber das Bewußtsein der Pflanze kann von anderem Typus sein, indem es mit anderen Strukturen verknüpft ist. Violinen und Pianos geben Töne, weil sie Saiten haben. Folgt daraus, daß nur das, was Saiten hat, tönen kann? Wie steht es denn mit den Flöten und Orgelpfeifen? Natürlich sind auch ihre Töne von anderer Qualität und so kann das Bewußtsein der Pflanze auch von einer Art sein, die ausschließlich mit der ihr eigentümlichen Organisation verknüpft ist. Ernährung, Atmung, Fortpflanzung finden in ihr ohne Nerven statt. Bei uns sind diese Funktionen nur in ungewöhnlichen Fällen bewußt, normalerweise ist ihr Bewußtsein von demjenigen verdunkelt, das mit dem Gehirn verknüpft ist. Eine solche Verdunkelung findet aber bei der Pflanze nicht statt; daher mag ihr niedrigeres Bewußtsein um so lebhafter sein. Ist es denkbar, daß sie, die nichts anderes zu tun haben, als mit ihren Blättern Licht und Wasser zu trinken, ihre Zellen wachsen zu lassen, mit ihren Wurzeln die Feuchtigkeit des Bodens aufzusaugen, nicht bewußterweise leiden sollten, wenn Wasser, Licht und Luft ihnen plötzlich entzogen würden? Oder daß sie, wenn Blühen und Befruchten, die Höhepunkte ihres Lebens, stattfinden, nicht ihr Leben stärker empfänden und etwas ähnliches empfinden sollten, was wir als Freude an uns selbst bezeichnen? Genießt die Wasserlilie, die sich in dem dreifachen Bade von Wasser, Licht und Luft schaukelt, nicht ihre Schönheit? Wenn sich die Pflanze in unserem Zimmer dem Lichte zuwendet, ihre Blüten im Dunkeln schließt, an Größe zunimmt, Gestalt oder Blüte verändert, wenn wir sie bewässern oder stützen, wer hat da ein Recht zu sagen, daß sie nichts fühlt, oder daß sie eine völlig passive Rolle spielt? Gewiß, Pflanzen können nichts vorhersehen, weder die

Sense des Mähers, noch die Hand, die sich ausstreckt, ihre Blüten zu pflücken. Sie können weder weglaufen noch aufschreien. Das beweist aber nur, wie verschieden ihre Art, das Leben zu empfinden, von dem der Tiere sein muß, die ihr Leben vermittels der Augen, Ohren und Bewegungsorgane betätigen; es beweist aber nicht, daß sie überhaupt keine Möglichkeit haben, das Leben zu empfinden. Wie selten und wie verstreut würde empfindendes Leben auf unserem Erdball sein, wenn das Lebensgefühl der Pflanzen aus dem Dasein gelöscht würde! Einsam bewegte sich das Bewußtsein in der Gestalt irgend eines Stückes Rotwild oder sonst eines Vierfüßlers durch die Wälder oder es flöge um die Blumen in der Gestalt irgend eines Insektes. Aber können wir wirklich annehmen, daß die Natur, durch die Gottes Atem weht, solch öde Wildnis ist?

Ich habe nun wohl genug gesagt, um diejenigen unter Ihnen, die nie etwas von den metaphysischen Schriften Fechners gelesen haben, mit ihren allgemeineren Wesenszügen bekannt zu machen und ich hoffe, einige von Ihnen werden jetzt darnach verlangen, sie selbst zu lesen. Der besondere Gedanke Fechners, mit dem ich es in diesen Vorlesungen hauptsächlich zu tun habe, ist sein Glaube, daß die weiteren Formen des Bewußtseins zum Teil in den engeren Formen ihre konstitutiven Elemente haben. Nicht, daß sie die bloße Summe der engeren Formen sind. So wie unser Geist mehr ist als die bloße Summe unserer Gesichtsempfindungen plus unserer Gehörsempfindungen plus unserer Schmerzen ist, sondern in dem Zusammenfügen dieser Einzelheiten zwischen ihnen Beziehungen findet und sie zu Schemata, Formen und Objekten zusammenwebt, von denen kein einzelner Sinn in seinem gesonderten Zustande etwas weiß, so stellt auch die Erdseele Beziehungen zwischen den Inhalten meines Geistes und denen des Ihren her, die keiner unserer individuellen Geister kennt. Die Erdseele hat Schemata, Formen und Objekte, die ihrem weiteren

Bewußtseinsfelde entsprechen, und für deren Erfassung unsere Bewußtseinsfelder zu eng sind. Von uns selbst aus sind wir einfach ohne Beziehung zu einander, für sie sind wir beide in einem Bewußtseinsfelde und gleichzeitig voneinander verschieden, was eine positive Beziehung bildet; was wir, ohne es zu wissen, sind — sie weiß es. Wir sind abgeschlossen gegen ihre Welt, aber ihre Welt ist nicht abgeschlossen gegen uns. Es ist, als ob das ganze Universum des inneren Lebens eine Struktur hätte, ähnlich der der Herzklappe, wodurch es den Erkenntnisinhalten möglich ist, nur in einer Richtung weiter zu gelangen, so daß das weitere Bewußtsein immer das engere beobachten kann, dieses aber niemals das weitere.

Fechners große Analogie ist hier die Beziehung der Sinne zu unsern individuellen Geistern. Wenn unsere Augen offen sind, so treten ihre Empfindungen in unser allgemeines geistiges Leben über, das unausgesetzt wächst durch Hinzufügung dessen, was sie sehen. Schließt man jedoch die Augen, und die Gesichtseindrücke strömen nicht mehr zu, so bleiben nur die Gedanken und das Gedächtnis an die vergangenen Gesichtseindrücke, — vielfältig verknüpft natürlich mit dem ungeheuren Vorrat anderer Gedanken und Erinnerungen und mit den Eindrücken, die von den noch nicht geschlossenen Sinnesorganen kommen. Unsere Gesichtsempfindungen selbst wissen nichts von diesem ungeheuren Leben, in das sie hineingleiten. Fechner denkt, wie jeder unbefangene Mensch, daß sie ohne weiteres in dieses hinübergenommen werden und gerade so, wie sie sind, einen Teil desselben bilden. Sie bleiben nicht draußen, um innen durch ihre Kopien vorgestellt zu werden. Nur die Erinnerung an sie und ihre Begriffe sind Kopien; die Sinneswahrnehmungen selbst werden aufgenommen oder ausgeschlossen so, wie sie sind, je nachdem die Augen offen oder geschlossen sind.

Fechner betrachtet die persönlichen Existenzen auf unserem Planeten gleichsam als ebenso viele Sinnesorgane der Erdseele. Wir fügen zu ihrem Wahrnehmungsleben so lange etwas hinzu, als unser Leben dauert. Sie nimmt unsere Wahrnehmungen gerade so, wie sie kommen, in ihre weitere Bewußtseinssphäre auf und kombiniert sie dort mit anderen Sinnesdaten. Wenn einer von uns stirbt, so ist es, als wenn ein Auge der Welt geschlossen würde, denn alle Wahrnehmungsbeiträge von dieser Seite hören auf. Aber die Erinnerungen und begrifflichen Beziehungen, die sich um die Wahrnehmungen dieser Person gesponnen haben, bleiben in dem weiteren Leben der Erde genau so gesondert wie bisher, bilden neue Beziehungen, wachsen und entwickeln sich durch alle Zukunft weiter in derselben Weise, in der unsere gesonderten Gegenstände des Denkens, wenn sie einmal im Gedächtnis angesammelt sind, neue Beziehungen bilden und sich unser ganzes endliches Leben hindurch weiter entwickeln. Das ist Fechners Theorie der Unsterblichkeit, die er zuerst in dem kleinen „Büchlein vom Leben nach dem Tode“ 1836 veröffentlichte, und in wesentlich verbesserter Gestalt in dem letzten Bande seines „Zend-Avesta“ wieder herausgab.

Wir entsteigen der Erde, wie die Wellen dem Ozean entsteigen. Wir entwachsen ihrem Boden, wie Blätter dem Baume entwachsen. Die Wellen fangen für sich die Sonnenstrahlen auf, die Blätter regen sich, wenn auch die Äste sich nicht bewegen. Sie erleben ihre eigenen Schicksale gerade so, wie in unserem eigenen Bewußtsein die tieferen Hintergründe entschwinden, wenn irgend etwas stark in den Vordergrund sich drängt. Aber dennoch wirkt das Erlebnis auf den Hintergrund zurück, wie die kleineren Wellen auf die großen oder wie die Bewegungen der Blätter auf den Splint innerhalb des Zweiges. Das Ganze des Meeres und das Ganze des Baumes sind wie Register, in die alles eingetragen wird, was sich ereignet hat; Meer und Baum verändern sich durch das, was sich in der Welle oder in dem Blatt zugetragen hat. Ein Pfropfreis kann den Steckling bis auf die Wurzeln verändern. In gleicher Weise überleben uns unsere eigenen Wahrnehmungen, indem sie in das Gedächtnis der ganzen Erdseele übergehen: sie leben daselbst das unsterbliche Leben der Ideen und werden Teile des großen Systems. Sie sind zwar völlig voneinander getrennt, gerade so, wie wir es selbst während unseres Lebens sind, existieren aber nicht länger isoliert für sich, sondern gemeinsam mit anderen, wie ebensoviele Teilsysteme; als solche gehen sie neue Verbindungen ein und werden durch die Sinneserfahrungen der jeweils lebenden Menschen affiziert, ebenso, wie sie ihrerseits diese affizieren, obgleich die Lebenden ihnen so selten eine Wirksamkeit zuschreiben.

Wenn Sie denken, daß nach dem Tode des Körpers dieses Hinübergehen der Erlebnisse in ein gemeinsames Leben höherer Ordnung eine Auflösung und ein Verlust unserer bewußten selbständigen Persönlichkeit bedeutet, so legt Ihnen Fechner die Frage vor, ob eine unserer Gesichtsempfindungen in irgendeinem Sinne weniger für sich selbst oder weniger gesondert existiert, wenn sie in die Beziehungen unseres höheren Bewußtseins eintritt und hier von den übrigen Inhalten geschieden und besonders benannt wird.

Hier aber muß ich mit meinen Darlegungen Halt machen und Sie auf Fechners Schrift selbst verweisen. Ich denke, Sie werden zugeben, daß er dem Universum ein volleres Leben gibt, als es die anderen Philosophen tun, die zwar zu gleichen Ergebnissen gelangen, aber, da sie rationalistischen Methoden folgen, doch nicht über die dürftigsten Umrisse hinausgelangen. Sowohl Fechner wie Professor Royce z. B. glauben letzten Endes an einen allumfassenden Geist. Beide glauben, daß wir gerade so, wie wir uns hier befinden, Wesensbestandteile jenes Geistes sind. Er hat keinen andern Inhalt als uns und alle anderen uns ähnlichen wie unähnlichen Wesen, und die Beziehungen, die er zwischen uns findet. Die Gesamtheit unserer Selbste ist der Substanz nach identisch mit seinem Allbewußtsein, obgleich sein Allbewußtsein vollkommen, unser individuelles Bewußtsein es aber nicht ist. Wir müssen deshalb zugeben, daß die kollektive Form neue Eigenschaften wie auch unvorhersehbare Beziehungen aufweist. Hierdurch steht sie höher als die individuelle Form. Aber nachdem wir dieses Ergebnis erreicht haben, läßt uns Royce alles Nähere aus unseren eigenen Mitteln aufbringen, obgleich seine Art, den Gegenstand nach der moralischen Seite zu behandeln, mir unendlich viel reicher und dichter (thicker) erscheint als die irgendeines andern zeitgenössischen idealistischen Philosophen. Im Gegensatz hierzu versucht Fechner von den höheren Eigenschaften, die mit der mehr kollektiven Form des Bewußtseins gegeben sind, so viele Einzelheiten wie nur möglich, zu geben. Er gibt die Stadien und die verschiedenen Zwischenstufen der kollektiven Bewußtseinsformen an: Wie wir uns zu unsern Sinnen, so verhält sich die Erde zu uns, das Sonnensystem zur Erde usw. Wenn er auch, um einer unendlich langen Aufzählung zu entgehen, einen Gott setzt, in dem alles vollständig enthalten ist, wenn er auch diesen seinem Wesen nach ebenso im Unbestimmten läßt, wie es die Idealisten mit ihrem Absoluten tun, so zeigt er uns doch eine ganz bestimmte Eingangspforte zu ihm: die Erdseele. Durch sie müssen wir zu allererst Beziehungen anknüpfen zu all den umfassenderen, über den Menschen hinausgehenden Bezirken der Wirklichkeit, und mit ihr haben wir jedenfalls in mehr unmittelbarer Weise religiös zu verkehren.

Der gewöhnliche monistische Idealismus überspringt alle Zwischenstufen. Er erkennt nur die letzten Punkte der Reihe an, als ob gleich hinter der unmittelbar gegebenen rohen Oberfläche der phänomenalen Welt mit allen ihren Besonderheiten die Welt höchster Vollkommenheit anzutreffen wäre. Zuerst Sie und ich, gerade so wie wir in diesem Zimmer sind; und dann in dem Augenblick, in dem wir hinter die Oberfläche der phänomenalen Welt treten, das Absolute in seiner unaussprechlichen Herrlichkeit! Zeigt das nicht eine seltsam dürftige Phantasie? Ist dieses schöne Universum nicht nach einem viel reicheren Muster gebildet, hat es nicht Raum für eine lange Hierarchie von Wesen? Unendlich viel reicher an Begriffen und Elementen erscheint es jedenfalls in der materialistischen Wissenschaft mit ihren Molekülen, dem Äther, den Elektronen und was sonst noch alles. Der absolute Idealismus, der die Wirklichkeit in intellektuellen Formen denkt, weiß nichts mit Körpern irgendeines Grades anzufangen und kann von irgendeiner psychophysischen Analogie oder Korrespondenz keinen Gebrauch machen. Die Dürftigkeit des Weltbildes, die sich daraus ergibt, ist erstaunlich und überraschend, wenn man sie mit der Fülle und Vielgliedrigkeit eines Universums vergleicht, wie es Fechner schildert. Dürfte nicht die Zufriedenheit mit dem rationalistischen Absoluten als dem Alpha und Omega der Weisheit, und dürfte nicht die Art, wie es trotz aller seiner Abstraktheit als ein angemessenes Objekt religiöser Verehrung behandelt wird, für eine gewisse angeborene Armut geistigen Verlangens sprechen? Die Dinge offenbaren sich denen am ehesten, die am leidenschaftlichsten nach ihnen verlangen, denn unsere Not schärft unsern Geist; einem Geiste hingegen, der mit wenigem zufrieden ist, wird vieles im Universum immer verborgen bleiben.

Offen gesagt, einer meiner Gründe, so viel über Fechner zu berichten, ist der Wunsch, die Dürftigkeit unserer landläufigen Transzendentalphilosophie durch eine Art Kontrastwirkung offensichtlicher zu machen. Die scholastische Philosophie besaß noch Blut, ebenso Hegel; aber die englische und amerikanische Transzendentalphilosophie ist blutleer. Wenn Philosophie mehr eine Sache leidenschaftlichen Schauens als Sache der Logik ist, — und ich glaube, sie ist es, da die Logik nur nachträgliche Gründe für das Schauen zu finden hat, — muß dann nicht solche Blutleere entweder daher stammen, daß die Schüler nur eine mangelhafte Intuition besitzen, oder daher, daß die Leidenschaft ihres

Schauens sich zu der eines Fechner oder Hegel verhält, wie Mondlicht zu Sonnenlicht oder wie Wasser zu Wein?

Aber ich habe noch einen viel tieferen Grund, um Fechner zum Gegenstand meiner Darstellung zu machen. Seine Annahme, daß Bewußtseinsprozesse sich in freier Weise miteinander verbinden und sich ebenso trennen können, möchte ich nicht ungeprüft durchgehen lassen. Es ist dieselbe Annahme, mittels deren der absolute Idealismus die Beziehung unserer Geister zu dem ewigen Geist erklärt, dieselbe, mittels deren der Empirismus die Zusammensetzung des menschlichen Geistes aus untergeordneten geistigen Elementen ableitet. In der nächsten Vorlesung werde ich diese Annahme prüfen.

5. Vorlesung.

Die Verbindung der Bewußtseinszustände.

In meiner letzten Vorlesung entwarf ich eine allerdings recht dürftige Skizze von der Gedankenwelt eines Philosophen, dessen Phantasie sich gerade durch einen fast beispiellosen Reichtum an Einzelheiten auszeichnet. Ich muß den Manen Fechners Abbitte tun, weil ich ihn in einer Weise dargestellt habe, die der wesentlichsten Eigenschaft seines Genius so wenig gerecht wurde; aber die mir zugewiesene Zeit ist zu kurz, um mich noch weiter über Einzelheiten seines Werkes zu verbreiten. Daher gehe ich sogleich zu dem Programm über, auf das ich am Ende unserer letzten Stunde zu sprechen kam.

Ich möchte hier auf die Hypothese eingehen, der zufolge Bewußtseinszustände sich in freier Weise trennen und verbinden können, und, ohne ihre Identität aufzugeben, gleichzeitig Teile von weiteren, empirisch gegebenen Bewußtseinsfeldern bilden.

Gestatten Sie mir, Ihnen vorerst zu erläutern, was ich damit meine. Während Sie z. B. meiner Stimme lauschen, lassen Sie vielleicht irgend eine Ihrer Körperempfindungen unbeachtet, die in Ihrer Kleidung oder Körperhaltung ihre Ursache haben mag. Aber nichtsdestoweniger existiert doch diese Empfindung, denn Sie brauchen nur Ihre Aufmerksamkeit anders einzustellen, und diese ursprünglich unbeachtete Empfindung stellt sich augenblicklich mit der von meiner Stimme hervorgerufenen Empfindung in ein und demselben Bewußtseinsfelde ein. Es scheint, als wenn sie zuerst in einer gesonderten Form existierte und sich dann, ohne sich selbst zu ändern, mit den übrigen gleichzeitigen Empfindungen zur Einheit zusammenfügte. Nach dieser Analogie denkt sich der pantheistische Idealismus unsere Existenz im Absoluten. Das Absolute, glaubt er, schafft die Welt, indem es das Ganze auf einmal in einem unteilbaren ewigen Akte erkennt[1]). Sein, realiter sein, besteht darin, daß wir so sind, wie es uns denkt und kennt, nämlich zusammen mit allem übrigen und ausgestattet mit dem vollen Bewußtsein von allem andern. Indes sind wir aber nicht nur eine Realität als Gedanke des Absoluten sondern zugleich auch eine Erscheinung, denn unserem besonderen Selbst erscheinen wir ohne Zusammenhang mit den meisten anderen Dingen und sind unfähig, die tiefere Bedeutung unserer Sonderexistenz anzugeben. Die klassische Lehre des Pantheismus von den Upanishaden an bis zu Josiah Royce lautet: Die im Endlichen existierenden Geister sind eins mit dem Allwissenden, trotzdem ihnen das nicht zum Bewußtsein kommt. Selbst in den begrenztesten Augenblicken unserer Erfahrung ist, wie Dr. Mc. Taggart erklärte, die absolute Idee implicite enthalten. Nur durch die Beziehung zu dieser Idee haben, wie Royce behauptet, die einzelnen Augenblicke Existenz. Sie enthalten Wahrheit oder Irrtum nur infolge ihrer alles überschattenden Gegenwart. Sie sind organische Teile des weiteren Selbstes, das allein ewig existiert. Sie sind nur soweit real, als sie mit einbegriffen sind in seinem Sein.

So gibt es in Wirklichkeit nur dieses eine Selbst, in dessen Bewußtsein alle besonderen Selbste eingeschlossen sind: es ist der Logos, der Rätsellöser, das Allwissende. Und Royce vergleicht in geschickter Weise die Unwissenheit, die sich bei uns inmitten seines vollkommenen Wissens zeigt, mit der Unaufmerksamkeit, der unsere endlichen Geister hin-

[1]) Royce: „The Spirit of modern Philosophy", p. 379.

sichtlich solcher Einzelheiten unterworfen sind, wie die körperlichen Empfindungen, von denen ich eben gesprochen habe. Diese Empfindungen stehen zum Ganzen unseres individuellen Geistes in demselben Verhältnis, wie unser individueller Geist zum absoluten Geiste. Individualität bedeutet Unwissenheit und — ich zitiere immer noch Royce — Unwissenheit bedeutet Unaufmerksamkeit. Wir gehören der Endlichkeit an, weil unser Wille als solcher nur ein Fragment des absoluten Willens ist; weil Wille so viel wie Interesse und ein unvollkommener Wille unvollkommenes Interesse bedeutet; und weil mangelndes Interesse Unaufmerksamkeit bedeutet gegenüber vielem, das ein tieferes Interesse nicht unbeachtet lassen würde[2]).

Von allen Versuchen, welche die Anhänger Hegels unternommen haben, um unser Verhältnis zum absoluten Geist zu verdeutlichen, ist diese Darstellung von Royce am ernstesten zu nehmen, denn sie versucht, ihm einen Inhalt zu geben, der unserer Erfahrung angehört.

Nun, da ich Sie ersuchen muß, diese These genau zu prüfen, ergreift mich ein gewisses Bangen. Der Gegenstand hat etwas Spitzfindiges und Abstruses. Ein anderes ist es, mit der Feder in der Hand sich in dialektische Schwierigkeiten zu versenken oder in Büchern dunkle Stellen zu studieren, ein anderes, sie in einer volkstümlichen Vorlesung zu behandeln. Dennoch darf ich mich meiner Aufgabe hier nicht entziehen, denn ich glaube, dieses besondere Problem ist die Kardinalfrage der gegenwärtigen philosophischen Lage, und die Zeit dürfte gekommen sein, um einen ernsthaften Versuch zur Lösung dieser Frage zu unternehmen.

Vielleicht kann ich die Schwierigkeit des Gegenstandes etwas verringern, wenn ich den ersten Teil dessen, was ich zu sagen habe, in der Form eines unmittelbaren persönlichen Geständnisses gebe.

Im Jahre 1890 veröffentlichte ich ein Werk über Psycho-

[2]) „The World and the Individual", Vol. II, p. 58—62.

logie*), worin ich verpflichtet war, mich an der Diskussion über den Wert einer gewissen Erklärung unserer höheren geistigen Zustände zu beteiligen, die bei den biologisch gerichteten Psychologen in Gunst stand. Nach dieser Auffassung, die teils durch die Ideenassoziation, teils durch die Analogie mit chemischen Verbindungen angeregt wurde, sollen komplexe geistige Zustände die Resultate von einfacheren Zuständen sein. Die beiden Mills hatten von geistiger Chemie gesprochen; Wundt von einer psychischen Synthese, die Eigenschaften entwickeln kann, von denen in den Elementen noch nichts enthalten ist. Und Autoren, wie Spencer, Taine, Fiske, Barret und Clifford hatten eine Evolutionstheorie aufgestellt, in der von Seelen, Selbsten oder andern vereinheitlichenden Prinzipien nicht mehr die Rede war; letzte ursprüngliche Einheiten von Seelenstoff oder Seelenstaub sollten sich selbst summieren, und durch diesen Prozeß sich immer von neuem zusammenfügender einfacher Zustände sollen die höheren und verwickelteren Zustände unseres Geistes erzeugt werden. Wenn unter gewissen Bedingungen das elementare Gefühl A und das Gefühl B entstehen, so verbinden sie sich nach dieser Lehre zu einem Gefühl von A plus B und dieses wiederum verbindet sich mit einem ähnlich erzeugten Gefühl C plus D, bis schließlich das ganze Alphabet gleichzeitig in einem Bewußtseinsfelde erscheinen kann, ohne daß man außerhalb der mit diesen Buchstaben bezeichneten Gefühle noch die Existenz irgend eines übergreifenden Bewußtseinsprinzips oder mehrerer solcher Prinzipien anzunehmen hätte. Was jedes dieser Gefühle einzeln und für sich erkennt, das sollen alle von ihnen zusammen erkennen. Aber ihr distributives Wissen läßt nicht durch einen besonderen Akt ihr kollektives Wissen entstehen: es ist ihr kollektives Wissen. Die niedrigeren Formen des Bewußtseins „zusammengenommen“ sind die höheren. Für sich

*) Anm. des Übersetzers: „The Principles of Psychology“, 2 Bände. London, Macmillan & Co.

genommen kommt dem kollektiven Wissen keine Realität zu, es ist nichts anderes als die Summe der einzelnen Wissensinhalte. Das ist die klarste Art, die Lehre zu verstehen, und so habe ich sie in dem Kapitel meiner Psychologie verstanden.

Auf den ersten Blick scheint hier etwas Ähnliches vorzuliegen wie bei der Verbindung von H_2 und O zu Wasser, aber bei aufmerksamer Betrachtung versagt die Analogie. Wenn ein Chemiker uns sagt, daß zwei Atome Wasserstoff und ein Atom Sauerstoff sich von selbst zu der neuen Verbindung Wasser vereinen, so weiß er (wenn anders er an die mechanische Naturauffassung glaubt), daß dies nur die unvollständige Feststellung einer verwickelten Tatsache ist. Und zwar besagt diese Tatsache, daß H_2 und O, wenn sie statt einander fern zu bleiben, in engere Berührung kommen, etwa in die Stellung H-O-H, auf die sie umgebenden Körper in neuer Weise einwirken: Sie benetzen jetzt unsere Haut, sie lösen Zucker auf, löschen Feuer und dergleichen mehr, was sie bei ihren früheren Lagerungsverhältnissen nicht taten. „Wasser" ist unsere Benennung für das, was jetzt in dieser besonderen Weise Wirkungen ausübt. Aber wenn Haut, Zucker und Feuer nicht vorhanden wären, so gäbe es keinen Zeugen, der von Wasser sprechen könnte. Er würde auch ferner von H und O getrennt sprechen und nur bemerken, daß diese jetzt in der neuen Stellung H-O-H Wirkungen ausüben.

In den älteren Abhandlungen der Psychologie nahm die Seele und das Selbst die Stelle des Zuckers, des Feuers oder der Haut ein. Die niedrigen Gefühle übten Wirkungen auf die Seele aus, und die scheinbar zusammengesetzten Gefühle waren nur ihre Reaktion. Kitzeln Sie das Gesicht eines Mannes mit einer Feder, und er wird lachen: kitzeln Sie ihm in ähnlicher Weise sein intellektuelles Prinzip mittels einer Reizung der Retina und gleichzeitig mit einer Muskelempfindung, so wird es mit seiner Kategorie des „Raumes" reagieren, aber es wäre falsch, den Raum so zu behandeln, als ob er nichts weiter wäre als die Summe dieser einfachen Empfindungen. Er ist vielmehr eine neue und einzigartige psychische Schöpfung, welche die gemeinsame Wirkung der Empfindungen auf den Geist hervorzubringen imstande ist.

Bei der Erörterung der Seelenstaubtheorie fand ich mich gezwungen, auf dieser letzten Annahme zu bestehen. Die sogenannten geistigen Verbindungen sind einfache psychische Reaktionen höherer Art. Ihre Form selbst, behauptete ich, ist etwas Neues. Wir können nicht sagen, daß die Vorstellung des Alphabets als solches nichts mehr ist als die Summe der 26 Vorstellungen, von denen jede sich auf einen besonderen Buchstaben bezieht; denn in diesem Falle haben wir 26 gesonderte Vorstellungen der einzelnen Buchstaben, von denen keine etwas von der anderen weiß, während in dem Bewußtsein ihrer sogenannten Summe die einzelnen Vorstellungen voneinander wissen. Daher liegt in dem kollektiven Bewußtsein etwas Neues vor. Es kennt wohl nur dieselben Buchstaben, aber es kennt sie in dieser durchaus neuen Weise. Man geht daher sicherer, sagte ich, (denn ich vermied es ängstlich, ein Selbst oder eine Seele oder irgendein übergreifendes Prinzip zuzugeben) wenn man das Bewußtsein des Alphabets als eine neue siebenundzwanzigste Tatsache behandelt, als das Substitut, aber nicht als die Summe der 26 einfacheren Bewußtseinsinhalte, und wenn man behauptet, daß, wenn unter gewissen physiologischen Bedingungen diese allein hervorgebracht werden, unter anderen verwickelteren physiologischen Bedingungen das kollektive Bewußtsein des Alphabets als eine neue Tatsache hervorgebracht wird. Man rede daher nicht von höheren Bewußtseinszuständen, die aus einfacheren *bestehen*, oder die dasselbe *sind*, wie die Summe der einfacheren, man rede vielmehr von höheren Bewußtseinszuständen, die *die gleichen Dinge erkennen wie die einfachen*. Es sind verschiedene geistige Tatsachen, aber sie erfassen, jede in ihrer besonderen Weise, dieselben objektiven A, B, C und D.

Ich wurde daher notwendig zu dem Schluß gedrängt, daß die Theorie der psychischen Verbindung sich nicht mehr halten läßt, da sie sowohl logisch sinnlos als praktisch unnötig ist. Man mag sagen, was man will: zwölf Gedanken, von denen jeder aus einem einzigen Worte besteht, sind nicht dieselbe geistige Tatsache wie ein Gedanke des ganzen Satzes. Die höheren Vorstellungen, behaupte ich, sind psychische Einheiten, nicht Verbindungen, aber trotzdem können sie doch genau dieselben Objekte als kollektive Vielheit (collective multitude) zusammen erkennen, die unter andern Umständen gesondert erkannt werden durch ebenso viele einfache Vorstellungen.

Viele Jahre hielt ich streng an dieser Anschauung fest [3]), und die Gründe, die mich hierzu veranlaßten, schienen mir während aller dieser Jahre auch für die Anschauung zutreffend, daß der absolute Geist zu unsern Geistern in dem Verhältnis eines Ganzen zu seinen Teilen steht. Wenn aber diese Anschauung in der Psychologie unserer endlichen Erfahrung unhaltbar ist, dann sollte sie es auch in der Metaphysik sein. Die große Metapher der Transzendentalphilosophie ist stets ein grammatischer Satz gewesen. Äußerlich ist solch ein Satz natürlich zusammengesetzt aus Satzteilen, diese aus Worten, die Worte aus Silben und die Silben aus Buchstaben. Wir können jedes Wort einzeln erfassen und doch den Satz nicht verstehen; wenn aber plötzlich der Sinn des ganzen Satzes uns aufleuchtet, so ist der Sinn jedes einzelnen Wortes in die Bedeutung des Ganzen mit auf-

[3]) Ich halte sie noch aufrecht als die beste Beschreibung einer sehr großen Anzahl unserer höheren Bewußtseinsfelder. Sie enthalten erwiesenermaßen nicht die niedrigeren, die dieselben Objekte kennen. Von andern Bewußtseinsfeldern ist das aber nicht in dem gleichen Maße richtig, und so zog ich denn offen in der Psychological Review vom Jahre 1895, Vol. II, p. 105 (vgl. besonders pp. 119/120) im Prinzip meinen früheren Einwand zurück, daß man von höheren Bewußtseinsfeldern sprechen kann, die aus einfacheren „Teilen" gebildet sind, indem ich es in jedem besonderen Falle den Tatsachen überließ, die Frage zu entscheiden.

genommen und wird von ihm aus mitbegriffen. Genau so, verkünden unsere Transzendentalphilosophen, denkt der absolute Geist den ganzen Satz, während wir, je nach dem Range, den wir als Denker einnehmen, einen Satzteil, ein Wort, eine Silbe oder nur einen Buchstaben denken. Die meisten von uns sind, wie ich sagte, bloße Silben im Munde Allahs. Und ebenso wie Allah in der Ordnung des Seins zuerst kommt, so kommt zuerst der ganze Satz, der Logos, der den ewigen absoluten Gedanken bildet. Die Sprachforscher lehren uns, daß die Sprachentwicklung mit der Anstrengung begann, Sätze (statements) zu bilden. Die rohen Stimmäußerungen, die zu diesem Zwecke gemacht wurden, nahmen allmählich stereotype Formen an und wurden erst viel später in grammatische Teile zerlegt. Es ist nicht so, als ob die Menschen zuerst Buchstaben erfunden und Silben aus ihnen gebildet hätten, dann Worte aus den Silben, und Sätze aus den Worten — sie folgten vielmehr der umgekehrten Ordnung. So, versichern uns die Transzendentalphilosophen, ist der vollkommene absolute Gedanke die Vorbedingung unserer Gedanken, und wir endliche Kreaturen besitzen nur soweit Realität, als er in uns Fragmente seines eigenen Wortes anerkennt.

Die Metapher ist so schön und läßt sich außerdem so wörtlich auf eine solche Menge unserer kleineren Erfahrungs-Synthesen anwenden, daß, wenn wir zum ersten Male von ihr hören, die meisten von uns schon überzeugt sind, sie treffe für das Ganze unserer Erfahrung zu. Wir sehen, daß kein Regentropfen ohne einen ganzen Schauer entstehen kann, keine einzelne Feder, ohne daß gleichzeitig ein ganzer Vogel mit Genick und Kropf, Schnabel und Schwanz entsteht; deshalb zögern wir nicht, es als Gesetz aufzustellen, daß ein Teil von irgend etwas nur insoweit existieren kann, als das Ganze existiert. Da nun alles, was existiert, Teil des ganzen Universums ist, und da (wenn wir Idealisten sind) alles, ob Teil oder Ganzes, nur soweit existiert, als es von einem Bewußtsein wahrgenommen wird, so eilen wir zu dem Schlusse, daß das Absolute in seiner uneingeschränkten Form als wahrnehmendes Bewußtsein des Ganzen der eine und einzige Grund für das Dasein einer jeden besondern Tatsache ist, die Tatsache unserer eigenen Existenz eingeschlossen. Uns selbst fassen wir auf, als seien wir sozusagen nur einige Federn, die dazu beitragen, den ganzen Vogel, das Absolute zu bilden. Indem wir die Analogie von gewissen Teileinheiten, die uns in unserer Erfahrung vertraut sind, auf das Ganze der Teileinheiten ausdehnen, kommen wir leicht zum absoluten Idealismus.

Wenn wir uns aber von der Metapher, sei es der vom Satze, sei es der vom Regen oder der vom Vogel nicht verführen lassen, sondern sie sorgfältiger prüfen, insbesondere die von der Metapher angeregte Vorstellung, daß wir Teile des ewigen Bewußtseinsfeldes des Absoluten sind, so begegnen wir großen Schwierigkeiten.

Zunächst nenne ich die Schwierigkeit, die sich mir aus der Seelenstaubtheorie ergab. Wenn das Absolute uns schafft, indem es uns erkennt, wie können wir anders existieren als so, wie es uns erkennt? Aber es kennt jeden von uns im ungeteilten Ganzen. Wenn aber, nach der Behauptung des Idealismus, existieren nichts anderes bedeutet als erkannt sein, so existieren wir sicherlich in einer andern Weise, denn wir erkennen uns selbst als unwissend und als vereinzelt. Wir sind aber vom Absoluten nicht nur durch einen Mangel, sondern auch durch Übermaß von Eigenschaften verschieden. Unsere Unwissenheit führt z. B. zu Wißbegier und Zweifel, von denen das Absolute nicht gestört wird, denn es besitzt von Ewigkeit her die Lösung eines jeden Problems. Unsere Ohnmacht hat Schmerzen zur Folge, unsere Unvollkommenheit Sünde, — beides hält seine Vollkommenheit von ihm fern. Was ich von dem Unterschiede der Vorstellungsform des Alphabets und jenen Vorstellungen der einzelnen Buchstaben gesagt habe, gilt auch von der Erfahrung des Absoluten und der unsrigen. Was auch ihre Beziehungen zu einander sein mögen, sie scheinen nicht die der Identität zu sein.

Es ist unmöglich, die Besonderheiten unserer Erfahrung damit zu vereinen, daß wir nur vorgestellte Objekte des absoluten Geistes sind. Ein Gott, im Unterschied von dem Absoluten, schafft Dinge, indem er sie aus sich selbst herausstellt, als ebensoviele Substanzen, von denen jede, nach dem Ausdruck des Scholastikers, mit Perseïtät ausgestattet ist. Aber Gedankenobjekte sind nicht Dinge per se. Sie existieren nur für den Geist, der sie denkt, und nur so, wie er sie denkt. Wie ist es denn möglich, daß sie jeder für sich, auf eigene Faust, leben können und ganz anders sich selbst denken können, als er sie denkt? Es wäre das so, als wenn die Charaktere in einem Roman aus den Seiten herausträten und ihren eigenen Angelegenheiten nachgingen.

Eine dritte Schwierigkeit ist folgende: Die Metapher vom Vogel stammt aus der physischen Welt. Aber bei genauester Überlegung bemerken wir, daß es in der physischen Welt keine wirkliche Verbindung der Teile zu einem Ganzen gibt. Hier gibt es keine Totalitäten, hier haben nur Teile Realität. „Vogel" ist nur ein Name für die physische Tatsache einer gewissen Anordnung von Organen, ebenso wie der „große Bär" nur unsere Benennung für eine gewisse Anordnung von Sternen ist. Das „Ganze", sei es nun ein Vogel oder Sternbild ist nichts anderes als unsere Anschauung, nichts als die Wirkung einer Anzahl von Dingen auf unser Empfindungsvermögen*). Weder ein Organ noch ein Stern stellt ein Ganzes dar, auch gibt es keine Erfahrung von ihm außerhalb des Bewußtseins eines Zuschauers[4]).

In der physischen Welt als solcher gibt es deshalb nicht

*) Anm. des Übersetzers: Der Vergleich ist nur cum grano salis zu nehmen. Er ist biologisch insofern gerechtfertigt, als jeder Organismus aus unzähligen Zellen besteht, deren jede eine Sonderexistenz führt.

[4]) Ich sehe von dem Bewußtsein ab, das dem Ganzen selbst zukommt, wenn ein solches Bewußtsein überhaupt existiert.

die Form des „All“, es gibt in ihr nur die Form des Einzelnen — so wenigstens will es die „wissenschaftliche“ Betrachtungsweise.

In der geistigen Welt hingegen besteht die Tatsache, daß das Ganze als solches eine Vorstellung von sich hat. Die Bedeutung des ganzen Satzes ist ebensosehr eine wirkliche Erfahrung, wie es die Empfindung eines jeden Wortes ist; die Erfahrung, die das Absolute bestizt, existiert für es selbst ebensosehr, wie die Ihrige für Sie und die meinige für mich. Daher wird die Analogie, die sich auf die Beziehung Feder und Vogel stützt, nicht zutreffen, wenn man nicht das Absolute zu einer Art geistigen Prinzips macht, dessen Vorstellungsinhalt durch unsere verschiedenen Geister in ihm hervorgebracht ist, ähnlich wie die Vorstellung in diesen Geistern von den Federn, dem Schnabel usw. hervorgebracht worden ist. Das „Ganze“, das seine Erfahrung bildet, würde dann die zusammenfassende Rückwirkung seines Geistes auf unsere Erfahrung sein und nicht einfach die Summe dieser Erfahrungen selbst, die sich zu einer neuen Erfahrung zusammenfassen. Eine solche Auffassung würde mit dem Theismus vereinbar sein, denn der theistische Gott ist ein besonderes Wesen; sie würde aber nicht mit dem pantheistischen Idealismus vereinbar sein, der seinem Wesen nach darauf bestehen muß, daß wir im wörtlichen Sinne Teile Gottes sind und Gott nichts ist als wir selbst in unserer Totalität — wobei das Wort „wir selbst“ natürlich hier für alle endlichen Tatsachen des Universums steht.

Ich verwickle Sie hier in Fragen, die, wie ich fürchte, wenig geeignet sind, für einen kurzen Vortrag. Schwierigkeiten, wie die eben entwickelten, sind sozusagen mit einer Nadel auseinanderzuzupfen, und Vorlesungen sollten von den Problemen nur Ansichten aus der Vogelschau geben. Für mich hat die Sache nur so weit praktische Bedeutung, als ich gestehen muß, daß, wenn ich vor ein paar Jahren Vorlesungen über das Absolute zu halten gehabt hätte, ich unbedenklich diese Schwierigkeiten stark betont und in noch größerer Breite ausgeführt hätte, um zu beweisen, daß die Hypothese des Absoluten vom logischen Standpunkt aus nicht nur nicht zwingend, sondern auch in sich widerspruchsvoll ist; denn ihre Behauptung, daß die Teile und das Ganze nur zwei Namen für dieselbe Sache sind, hält einer kritischen Prüfung nicht stand. Wenn Sie sich an rein physikalische Begriffe, wie Sterne, halten, dann gibt es kein Ganzes. Wenn Sie aber das Ganze als etwas Geistiges ansehen, dann erscheint das sogenannte Ganze, statt dasselbe zu sein, wie die Summe seiner Teile, vielmehr als die zusammenfassende Reaktion eines unabhängigen höheren Bewußtseins, wie es der Gott des Theismus sein soll.

Solange ich mich in diesem Glauben befand, konnte ich den Begriff der psychischen Verbindung ebenso schwer für die höheren Gebiete der Erfahrung zugeben, wie ich ihn in jenem Kapitel über den Seelenstaub für die niederen Gebiete zugab. Daher sah ich mich gezwungen, das Absolute als etwas Unmögliches zu bezeichnen; und die ungehinderte Freiheit, mit der pantheistische oder monistische Idealisten die logischen Schranken überschritten, die Lotze und andere lange vor mir aufgerichtet hatten, — ich hatte in meinem Kapitel wenig mehr zu tun, als die Argumente dieser früheren Kritiker anzuführen — überraschten mich ein wenig und riefen bei mir, ich gestehe es, Zorn und Neid hervor. Neid, sofern ich aus später darzulegenden Gründen in meinem innersten Herzen ebenso frei von allen Hemmungen zu sein wünschte; Zorn, sofern meine dem absoluten Idealismus anhängenden Freunde sich auf unerlaubte Weise gleichzeitig kalt und warm zu blasen anmaßten. Um ihr Absolutes zu begründen, benutzten sie einen intellektualistischen Typus der Logik, den sie jedoch mißachteten, wenn er sich gegen das Absolute richtete. Es schien mir nicht mehr wie recht und billig, daß die Anhänger des absoluten Idealismus wenigstens die Einwände erwähnen sollten, die mein Denken so völlig zum Stillstand gebracht hatten. Trotz meines „Willens zum Glauben“ hatte ich aus übergroßer logischer Gewissenhaftigkeit diesen Einwänden stattgegeben, während diejenigen, die vorgaben, den Willen zum Glauben zu verachten und der reinsten Vernunft zu folgen, sie einfach unbeachtet gelassen hatten. Diese Methode war wohl leicht, aber sie ist kaum ehrlich zu nennen. Fechner freilich war ehrlich, denn ihm waren diese Einwürfe nie gekommen; aber spätere Denker, wie Royce, die von ihnen wohl gehört hatten, waren stillschweigend an ihnen vorübergegangen. Ich hatte die Empfindung, als ob diese Philosophen gegenüber dem Monismus ihrem „Willen zum Glauben“ zu leicht eine Lizenz gegeben hätten. Mein eigenes Gewissen würde mir eine solche Lizenz nicht gestatten.

So weit das persönliche Bekenntnis, das Sie mir als Einführung in den Gegenstand gestattet haben. Nun wollen wir ihn mehr objektiv betrachten.

Die Hauptschwierigkeit, die ich im absoluten Idealismus gefunden habe, besteht in einer ganzen Anzahl von Widersprüchen, welche die idealistischen Monisten ganz unbeachtet zu lassen scheinen. Zunächst legen sie aller Existenz den Charakter einer geistigen Tätigkeit oder einer Wahrnehmung bei. Aber damit ist, wie ich finde, ihr gleichzeitiger Glaube unvereinbar, daß das Höhere und das Niedere im Universum wesensgleich seien. Und zwar ist diese Unvereinbarkeit eine Folge der allgemein angenommenen Lehre Berkeleys. Ob dessen Behauptung, esse = sentire, für die materielle Existenz nun zutrifft oder nicht, für die geistige Existenz trifft sie zweifellos zu, daß ihr e s s e in ihrem s e n t i r i oder e x p e r i r i besteht. Wenn ich Schmerz fühle, so fühle ich eben Schmerz, einerlei, wie das Gefühl in mir entstanden ist. Niemand behauptet, daß der Schmerz als solcher nur als Schmerz erscheint, daß er aber an sich etwas anderes ist, denn das S e i n einer geistigen Erfahrung ist nichts anderes als Erscheinen in einem Bewußtsein.

Die fraglichen Idealisten sollten sich daher für eine der zwei Möglichkeiten entscheiden, aber sie entscheiden sich für keine. Sie sollten entweder die Auffassung widerlegen, daß geistige Zustände, so wie sie erscheinen, auch tatsächlich sind; oder sie sollten diese Auffassung beibehalten, und dann sollten sie ein gesondertes Vereinigungsprinzip zulassen, das die Arbeit des All-Bewußtseins verrichtet, gerade so, wie nach der Popularphilosophie unsere individuellen Seelen oder Selbste das Einzelbewußtsein hervorbringen. Sonst gleicht das Universum einer Aktiengesellschaft, in der es nur Aktionäre gibt aber keinen Schatzmeister oder Direktor. Wenn unsere endlichen Geister eine Billion Tatsachen zusammen bildeten, dann würde der unendliche Geist, der unsere Billion Geister kennt, ein Universum bilden, das aus einer Billion und einer Tatsache bestände. Aber der transzendentale Idealismus ist den aktiven Prinzipien, genannt Seelen, ebenso abgeneigt wie die physiologische Psychologie; er glaubt, daß Kant den Seelenbegriff endgültig vernichtet hat. Und obgleich einige Anhänger von einem transzendentalen Ich der Apperzeption wie von einem verknüpfenden Prinzip sprechen — sie feiern es als das kostbarste Vermächtnis Kants an die Nachwelt — so sind doch die führenden Monisten viel mehr geneigt, dieses transzendentale Bewußtsein als ein All-Bewußtsein zu fassen und uns endliche Geister mehr als die Bestandteile seines Bewußtseinsfeldes denn als die Ursachen desselben. Wir sind die Buchstaben, er das Alphabet, wir die Gesichtszüge, er das Gesicht. Nicht so freilich, wie wenn Alphabet oder Gesicht als etwas Neues zu den Buchstaben oder Gesichtszügen hinzukäme, sondern mehr so, als ob Alphabet oder Gesicht nur andere Namen für die Buchstaben oder Gesichtszüge selbst wären. Gewiß ist die All-Form von der Einzel-Form verschieden, aber die M a t e r i e — der Inhalt — ist bei beiden dieselbe, nur daß die Existenz der Einzel-Form etwas durchaus Unerklärliches ist.

Dies aber widerspricht, wie Sie sehen, dem andern idealistischen Prinzip, nach dem eine geistige Tatsache genau das ist, als was sie erscheint. Wenn die Erscheinungsformen des All-Einen und des Einzelnen so verschieden sind, so können auch das All und die Einzelnen nicht identisch sein.

Wenn man nicht die Identitätslogik überhaupt beseitigen will, so gibt es nur einen Ausweg aus dieser Lage: Man müßte offen zugeben, daß die All-Form und die Einzel-Form zwei verschiedene Ordnungen des Bewußtseins seien; jedes Bewußtsein geringeren Umfanges würde nur seinen eigenen „Inhalt" kennen, während das Bewußtsein größeren Umfangs auch die Bewußtseinszentren geringeren Umfangs kennen würde, ihre ganzen, wie in einer Masse zusammengehäuften Inhalte, ihre Beziehungen zu einander und außerdem noch das, was jedes von ihnen nicht kennt.

Die beiden Typen des erkennenden Bewußtseins (types of witnessing) sind hier offensichtlich nicht identisch. Aus ihnen ergibt sich kein Monismus, sondern nur ein Pluralismus. In dem Kapitel meiner Psychologie, in dem ich diese Fragen behandelte, habe ich mich ganz offen einem solchen Pluralismus zugewandt. Ich behandelte jedes vollständige Bewußtseinsfeld als ein besonderes Wesen und behauptete, daß die höheren Bewußtseinsfelder bloß die Funktion der niedrigen übernehmen: sie wissen nur mehr über die gleichen Objekte.

Die Monisten selbst krümmen sich wie die Würmer am Angelhaken, um der pluralistischen oder wenigstens der dualistischen Ausdrucksweise zu entgehen — aber sie können ihr nicht entgehen. Sie sprechen von dem ewigen und dem zeitlichen „Gesichtspunkt", vom Universum in seinem unendlichen „Aspekt" oder in seiner endlichen „Kapazität"; sie sagen, daß es „qua absolut" das eine, „qua relativ" das andere ist; sie bringen seine „Wahrheit" zu seinen „Erscheinungen" in einen Gegensatz; sie unterscheiden eine Art, es in seinem Ganzen und eine Art, es in seinen Einzelheiten zu erfassen usw. Aber sie vergessen, daß nach den Prinzipien des Idealismus die Annahme solcher Unterschiede gleichbedeutend ist mit der Annahme verschiedener Wesen, oder daß die verschiedenen Gesichtspunkte, Aspekte, Erscheinungen, Auffassungsweisen und dergleichen auf jeden Fall bedeutungslose Phrasen sind, wenn wir nicht außerhalb des unveränderlichen Inhalts der Wirklichkeit eine Verschiedenartigkeit von Zuschauern annehmen, die diesen Inhalt verschieden erleben oder erfassen, wobei denn der absolute Geist der Zuschauer ist, der ihn am vollkommensten erfaßt.

Betrachten Sie einmal, wenn möglich, die Sache noch einen Augenblick. Fragen Sie sich, was mit der Behauptung ausgedrückt wird: Etwas erscheint verschieden von verschiedenen Gesichtspunkten aus. Ein Ding kann nur sich selbst erscheinen, wenn es außerhalb seiner keinen Zuschauer gibt, der es erkennen kann; die individuellen Formen des Bewußtseins werden sich selbst sub specie temporis erscheinen, das All oder das Ganze sich ebenfalls sub specie aeterni.

Verschiedene „Selbste" erheben sich so im Innern dessen, was der Anhänger des Absoluten mit Nachdruck als eine einzige Tatsache bezeichnet. Aber wie kann etwas, das tatsächlich (effectively) eins ist, in Wirklichkeit (actually) ein Vieles sein? Versetzen Sie die erkennenden Selbste irgendwohin, außerhalb oder innerhalb dessen, was erkannt wird, letzten Endes müssen diese Selbste nach den Prinzipien des Idealismus verschieden sein, da ja jedes eine verschiedene Wirklichkeit kennt. — Ich fürchte, ich drücke mich furchtbar unklar aus — einige von Ihnen stöhnen vermutlich bei diesem Disputieren. Seien Sie in Gottes Namen Pluralist oder Monist, werden Sie sagen, es ist uns einerlei, wenn Sie nur aufhören, zu argumentieren. Man wird an das Epigramm Chestertons erinnert: das einzige, was Menschen zum Wahnsinn bringen kann, ist die Logik. Aber ob ich nun irre oder nicht, Sie müssen selbst, wenn Sie Transzendentalphilosophen sind, an meinem Abmühen einigermaßen die Schwierigkeiten erkennen, mit denen der monistische Idealismus behaftet ist. Was verschlägt es, daß man die Teile und das Ganze als die gleiche Erfahrungsmasse bezeichnet, wenn man in demselben Atem zugeben muß, daß das Ganze „als solches" eine Art von Erfahrung und jeder Teil „als solcher" eine andere Art bedeutet?

Soweit also habe ich nur Schwierigkeiten aufgezeigt, aber keine feste Lösung gegeben, denn ich habe mich bis jetzt nur kritisch zu der Frage verhalten. Sie werden sicherlich erleichtert aufatmen, wenn Sie hören, daß ich nun, wo wir die Schwierigkeiten hinter uns haben, mit der Untersuchung der Möglichkeiten beginnen werde, die uns weiter helfen sollen.

Um unsern Weg klar zu übersehen, bitte ich Sie, zunächst einen Punkt besonders zu beachten. Was mein logisches Gewissen so sehr bedrückt hat, ist weniger das Absolute als die ganze Gruppe von Annahmen, von denen das Absolute nur das hervorragendste Beispiel ist: daß nämlich kollektive Erfahrungen identisch sein sollen mit den sie zusammensetzenden Teilerfahrungen, trotzdem jene die Dinge vollständig anders erleben als diese. Wenn kollektive Erfahrung überhaupt möglich ist, dann natürlich kann, rein logisch genommen, das Absolute realiter existieren. In einer früheren Vorlesung habe ich mich von anderen Gesichtspunkten gegen das Absolute gewendet. In dieser Vorlesung wollte ich es nur als das Beispiel eines die Oxforder Geistesrichtung beherrschenden Problems behandeln, das mir so große logische Schwierigkeiten bereitet hat. Ich vermag logisch nicht einzusehen, wie eine Kollektiverfahrung irgendeines Grades als logisch identisch mit einer Anzahl distributiver Erfahrungen behandelt werden kann: bilden sie doch zwei verschiedene Begriffe. Das Absolute ist gerade zufällig diejenige kollektive Erfahrung, auf deren Identität mit der distributiven Erfahrung die Oxford-Idealisten bestanden haben. Deshalb hielt ich mich an dieses Beispiel. Aber Fechners Erdseele oder irgendein Bewußtsein, das in der Reihe der Wesen unterhalb oder oberhalb dieser Erdseele sich befindet, hätte meiner Absicht ebenso gut gedient; dieselben logischen Einwände gelten in derselben Weise gegenüber dieser Kollektiverfahrung wie gegenüber dem Absoluten.

Ich wende mich jetzt zu der direkteren Frage: Sollen wir behaupten, daß jede komplexe geistige Tatsache ein besonderes psychisches Gebilde darstellt, und zwar ein solches, das auf eine Reihe anderer psychischer Tatsachen, die irrtümlicherweise seine Teile genannt werden, folgt und ihre Funktionen übernimmt, ohne in wörtlichem Sinne aus ihnen zusammengesetzt zu sein? In dieser Richtung bewegen sich die Darlegungen meiner Psychologie. Für die Theologie hätte diese Lösung die Folge, daß wir das Absolute, wie es gewöhnlich gefaßt wird, aufzugeben, und an seine Stelle den Gott des Theismus zu setzen hätten. Wir hätten gleichfalls Fechners Erdseele abzulehnen, ebenso wie alle anderen Arten von weiteren Bewußtseinszusammenhängen, die irgendwie über das menschliche Bewußtsein hinausgingen, wenigstens so weit, als unsere einfacheren Seelen, in der Art, wie Fechner es glaubte, in ihrer Gesamtheit diese weiteren Bewußtseinszusammenhänge bildeten. Und wir hätten all das im Namen der unbestechlichen Logik der Selbstidentität zu leugnen, die da lehrt, man begeht das Verbrechen des Selbstwiderspruches, wenn man ein Ding und sein Anderes als gleich bezeichnet.

Aber wenn wir uns die sich hieraus ergebende philosophische Situation in ihrem ganzen Umfang vergegenwärtigen, so erscheint sie uns fast unerträglich. So treu man auch der logischen Art der Rationalität ist, so untreu ist man jeder andern. Man bringt Diskontinuitäten in das Universum. Können diese einander so genau sich ablösenden Bewußtseinsfelder, von denen jedes dieselben Dinge kennt, und zwar so, daß der Zusammenhang sich stetig erweitert von dem einfachsten Gefühl bis zum absoluten Wissen — ich frage, können denn diese Bewußtseinsfelder kein gemeinsames

Sein haben, da doch ihre Erkenntnisfunktion so offensichtlich gleichartig ist?

Ihre regelmäßige Aufeinanderfolge ist unter diesen Umständen ein unbegreifliches Wunder. Wenn man antwortet, daß ihr gemeinsames Obejkt von selbst genügt, den aufeinanderfolgenden Bewußtseinsfeldern Einheit zu geben, so stellt sich mit derselben unerbittlichen Logik die Frage ein: Wie kann ein und dasselbe Objekt so verschieden erscheinen? Seine verschiedenen Erscheinungsweisen zerbrechen seine Einheit und machen aus ihm eine Mehrheit. Und unsere Welt der Objekte fällt dann ebenso sehr in diskontinuierliche Stücke auseinander, wie es mit unserer Welt der Subjekte geschehen ist. Die hieraus sich ergebende Irrationalität ist wirklich unerträglich.

Ich sagte kurz zuvor, daß ich Fechner und die anderen Pantheisten beneidete, weil ich selbst nach derselben Freiheit verlangte, die ich sie so unbedenklich genießen sah, nach der Freiheit nämlich, Bewußtseinsfelder sich selbst zu höheren Einheiten verbinden zu lassen und so dem Universum eine größere Einheit zu geben — daß aber mein logisches Gewissen mich davon zurückhielt. Im Innersten jedoch wußte ich, daß meine Lage widersinnig und nur provisorisch sein konnte. Das Geheimnis eines zusammenhängenden Lebens, das das Universum so sicher kennt, und nach dem es jeden Augenblick handelt, kann nicht innerlichst widerspruchsvoll sein. Wenn das die Logik behauptet, um so schlimmer für die Logik. Die Wirklichkeit steht höher als die Logik; diese ist nur eine leblose unvollkommene Abstraktion. Deshalb muß die Logik der Wirklichkeit, aber nicht die Wirklichkeit der Logik weichen. Unsere Intelligenz kann sich nicht verpuppen. Sie muß mit dem Universum, dessen Produkt sie ist, in steter Fühlung bleiben. Fechner, Royce und Hegel scheinen auf dem richtigeren Wege zu sein. Fechner hat nie das Veto der Logik vernommen, Royce vernimmt es, ignoriert es aber klugerweise. Hegel vernimmt es nur, um es zurückzuweisen — und alle schreiten froh und unbehelligt von logischen Bedenken ihres Weges dahin. Sollen wir allein dem Veto gehorchen?

Ich rang jahrelang so ehrlich und geduldig wie ich konnte mit dem Problem, bedeckte hunderte von Seiten mit Notizen und Bemerkungen und erörterte die Schwierigkeit mit mir selbst. Wie können viele Bewußtseinsprozesse gleichzeitig ein einziges Bewußtsein sein? Wie kann eine und dieselbe identische Tatsache sich selbst so verschieden erleben? Der Kampf war vergeblich: ich befand mich in einer Sackgasse. Ich sah ein, daß ich entweder jene „Psychologie ohne Seele“ abschwören mußte, zu dem meine ganze psychologische und kantische Erziehung mich gebracht hatte — ich hätte, kurz gesagt, besondere geistige Agentien wieder einführen müssen, die die geistigen Zustände bald in Verbindung mit anderen, bald für sich allein erfassen, hätte also mit einem Worte zur Scholastik und zum gesunden Menschenverstand (common-sense) wieder zurückkehren müssen — oder ich hätte, wenn ich das nicht wollte, glatt bekennen müssen, daß die Lösung des Problems unmöglich ist; und dann hätte ich entweder meine intellektualistische Logik, die Logik der Identität aufzugeben und irgendeine höhere (oder niedrigere) Form der Rationalität anzunehmen oder endlich der Tatsache ins Gesicht zu sehen, daß das Leben logisch irrational ist.

Das ist offen und ehrlich das Trilemna, vor dem jeder von uns steht. Diejenigen von Ihnen, die zur Scholastik oder zum sogenannten gesunden Menschenverstand hinneigen, werden lächeln über das Stöhnen meines kreißenden Berges, der nur diese Maus zu gebären imstande ist. Nehmen Sie doch um des Himmels Willen, werden Sie sagen, die geistigen Agentien an und lassen Sie ab von Ihrer lächerlichen Pedanterie. Lassen Sie doch nur unsere „Seelen“ unsere Empfindungen zusammenfügen vermittels ihrer intellektuellen Fähigkeiten und lassen Sie doch Gott an die Stelle der pantheistischen Weltseele treten, und Sie bekommen die Räder wieder flott — Sie können sich wieder des Lebens und der Logik zusammen erfreuen.

Diese Lösung hat etwas Einleuchtendes, und ich weiß, viele von Ihnen werden sie ergreifen. Sie ist bequem, und alle unsere Sprachgewohnheiten unterstützen sie. Dennoch aber sind es nicht müssige und phantastische Gründe, warum für den Begriff der substantiellen Seele, den die große Masse der Menschen und die Popular-Philosophen ohne weiteres verwenden, so böse Tage gekommen sind, und er in den Augen kritischer Denker jedes Ansehen verloren hat. Er teilt das Schicksal anderer unvorstellbarer Substanzen und Prinzipien. Sie sind ohne Ausnahme alle so unfruchtbar, daß sie ehrlichen Forschern kaum anders denn als bloße Namen erscheinen, die eine Sache vortäuschen. Denn eben, wo Begriffe fehlen, da stellt ein Wort zur rechten Zeit sich ein. In das Wesen der Tatsache, daß hundert Empfindungen sich zur Einheit verbinden oder von dem Denken als solche erkannt werden, bekommt man ebensowenig einen tieferen Einblick dadurch, daß man eine Seele annimmt, die das Verbinden vollzieht, als man einen Menschen, der achtzig Jahre gelebt hat, dadurch besser kennt, daß man ihn einen Achtzigjährigen nennt oder als man das Vorhandensein unserer fünf Finger dadurch erklären kann, daß man uns Pentadaktylen nennt.

Der Begriff der Seele ist infolge des übermäßigen Gebrauches, den man von ihm machte, abgenutzt, die Stimmung für ihn ist vorbei: das ist die einfache Wahrheit. Die Philosophie sollte die Mannigfaltigkeit der Erfahrung mit weniger leeren Prinzipien zu vereinheitlichen versuchen. Gleich dem Worte „Ursache“ ist das Wort „Seele“ nur ein theoretischer Lückenbüßer — es bezeichnet eine Stelle, die später von einer wirklichen Erklärung auszufüllen ist.

Da dies unsere nachhumesche und nachkantische Geistesverfassung ist, so bitte ich Sie um die Erlaubnis, die Seele bei der gegenwärtigen Erörterung ganz aus dem Spiel lassen zu dürfen und nur das übrigbleibende Dilemma zu betrachten. Eines Tages mögen ja wohl die Seelen ihren Einzug wieder in die Philosophie halten, — ich bin durchaus bereit, diese Möglichkeit zuzugeben — denn sie bilden eine Kategorie des Denkens, die dem menschlichen Geiste zu natürlich ist, als daß sie ohne langen Widerstand aufgegeben würde. Wenn aber der Glaube an die Seele nach den vielen Leichenreden, die die Hume'sche und Kantische Kritik ihm gehalten haben, wieder lebendig wird, dann wird es sicherlich nur dann geschehen, wenn man in dem Begriff eine pragmatische Bedeutung gefunden haben wird, die bisher der Beobachtung entgangen ist. Wenn der, dem dies gelungen ist, sprechen wird, wie das wohl eines Tages geschehen mag, dann wird es Zeit sein, den Seelenbegriff wieder ernsthafter zu prüfen*).

Wir wollen daher die Seele aus dem Spiel lassen und nur das übrigbleibende Dilemma berücksichtigen. Können wir auf der einen Seite die Logik der Identität aufgeben? — Können wir auf der anderen Seite glauben, daß die menschliche Erfahrung bis auf den Grund irrational ist? Keines von beiden ist leicht, dennoch scheint es uns, daß wir das eine oder das andere tun müssen.

Wenige Philosophen waren so offen, frei die Notwendigkeit zuzugeben, daß man zwischen den Alternativen dieses Dilemma zu wählen habe. Die Wirklichkeit muß rational sein, haben sie gesagt, und da die gewöhnliche intellektualistische Logik der einzige gebräuchliche Prüfstein der Rationalität ist, so muß Realität und Logik „irgendwie" zusammenstimmen. Hegel war der erste nicht-mystische Schriftsteller, der dem Dilemma offen ins Gesicht gesehen und die gewöhnliche Logik verworfen hat. Er hat eine Art Pseudorationalität für das Universum gerettet, indem er die höhere Logik des „dialektischen Prozesses" erfand. Bradley hält an der in-

*) Anm. des Übersetzers: Das ist in der Zwischenzeit schon geschehen, und zwar in dem Werke von Mc. Dougall: Body and Mind London 1912.

tellektualistischen Logik fest, auf Grund deren er das menschliche Universum einer tief gewurzelten Irrationalität beschuldigt. Aber, sagt er, was sein muß und sein kann, ist auch wirklich. Es muß und kann von dieser Irrationalität eine Abhilfe geben: und das Absolute muß schon Abhilfe geschaffen haben auf seine eigene geheimnisvolle Weise, die für uns unmöglich zu erraten ist. Da wir uns natürlich von dieser Irrationalität nicht befreien können, so ist Bradley's Lehre nicht gerade sehr beglückend. Royce und Taylor nehmen ähnliche Lösungen an, nur betonen sie die Irrationalität unseres endlichen Universums weniger als Bradley. Royce insbesonders, der für einen Idealisten ungewöhnlich konkret denkt, versucht in einer, unser Gefühlsleben befriedigenderen Weise, die geheimnisvollen Erlösungsformen des Absoluten unserem Vorstellungsvermögen nahezubringen. Was sollen wir nun in dieser tragischen Lage tun? Ich für mein Teil habe mich schließlich gezwungen gesehen, die Logik aufzugeben, ehrlich, ohne Umschweife und unwiderruflich. Sie hat einen unvergänglichen Nutzen im menschlichen Leben; aber dieser Nutzen besteht nicht darin, uns mit der Natur und dem Wesen der Realität theoretisch bekannt zu machen — worin er besteht, kann ich Ihnen vielleicht später andeuten. Realität, Leben, Erfahrung, Konkretheit, Unmittelbarkeit — brauchen Sie, welches Wort Sie wollen — übersteigt unsere Logik, überflutet sie nach allen Seiten. Wenn man lobrednerische Worte anzuwenden liebt, wie die meisten Menschen, die damit der Verwirrung Vorschub leisten, so kann man sagen, daß die Realität einer höheren Logik gehorcht oder sich einer höheren Rationalität erfreut. Aber ich denke, daß selbst lobrednerische Worte mehr zum Unterscheiden als zum Verwirren von Bedeutungen gebraucht werden sollten. Daher ziehe ich es vor, die Realität geradeswegs, wenn nicht irrational, so doch nicht-rational in ihrer Wesensart zu nennen, wobei ich unter Realität hier die Realität verstehe, in der Dinge sich ereignen, d. h. alle in der Zeit gegebene Realität ohne Ausnahme. Ich selbst finde keinen genügenden Anhaltspunkt für die Annahme, daß es noch eine Realität höherer Ordnung gibt, als die distributive, aneinandergereihte und fließende Art von Realität, in der wir endliche Wesen uns befinden. Das ist die Art der Realität, die uns gegeben ist, und mit dieser Art ist die Logik inkommensurabel. Wenn es irgendeine höhere Art von Realität gibt, — beispielsweise das „Absolute" — so ist diese, nach dem Bekenntnis derjenigen, die an sie glauben, noch weniger der gewöhnlichen Logik zugänglich. Sie ist der Logik transzendent und ist daher noch weniger rational, im Sinne des Intellektualismus; daher kann sie uns auch nicht dazu helfen, daß die Logik uns als ein Mittel erhalten bleibt, das Dasein in adäquater Weise zu definieren und das zu bestimmen, was in ihm möglich ist.

Diese Behauptungen werden seltsam und dunkel klingen, ja, sie werden wohl aus Mangel eines näheren Kommentares ganz wild und kindisch erscheinen. Nur die Überzeugung, daß ich sie, wenn auch nicht für alle zufriedenstellend, so doch wenigstens verständlich darlegen kann, gibt mir die Kühnheit, sie so nackt als eine Art Programm zu verkünden. Nehmen Sie dieselben daher bitte als eine These, die später durch weitere Argumente verteidigt werden soll.

Ich sagte Ihnen, ich habe lange und ehrlich mit dem Dilemma gerungen. Ich habe nun zu bekennen (und das wird Ihr Interesse von neuem beleben), daß ich mich aus den Schwierigkeiten nicht herausgearbeitet hätte und so leichten Herzens die Logik zurückgesetzt oder sie aus den höheren Regionen der Philosophie verbannt hätte, um ihr ihren rechtmäßigen und ehrenvollen Platz in der Welt der einfachen menschlichen Praxis anzuweisen, wenn ich nicht durch Henri Bergson, einen vergleichsweise jungen und überaus originellen Denker, beeinflußt worden wäre. Die Lektüre seiner Werke hat mich kühn gemacht. Hätte ich Bergson nicht gelesen, ich hätte wahrscheinlich immer noch zahllose Blätter für mich vollgeschrieben, in der Hoffnung, Dinge logisch zusammenzubringen, die niemals zusammengebracht werden können. Ich hätte immer noch versucht, irgendeinen Ausweg zu finden, der es ermöglichte, das Verhalten der Wirklichkeit dergestalt aufzufassen, daß zwischen diesem und den anerkannten Gesetzen der Identitätslogik keine Kluft mehr bestehen würde. Jedenfalls ist es gewiß, daß ich ohne die Sicherheit, die mir die Anlehnung an Bergsons Autorität gab, niemals gewagt hätte, diese meine besonderen Anschauungen vor einer so hyperkritischen Zuhörerschaft zu entwickeln. Um meine eigenen Anschauungen verständlicher zu machen, muß ich daher einen vorläufigen Abriß der Berg-son'schen Philosophie geben. Aber hier, wie in dem Falle Fechners, muß ich mich auf diejenigen Züge beschränken, die für den gegenwärtigen Zweck wesentlich sind und mich nicht in abseits liegende Einzelheiten einlassen, so fesselnd sie auch an sich sein mögen. Für unsern gegenwärtigen Zweck besteht daher der wesentliche Beitrag, den Bergson für die Philosophie geliefert hat, in seiner Kritik des Intellektualismus. Nach meiner Meinung hat er den Intellektualismus endgültig und ohne Hoffnung auf Wiederherstellung vernichtet. Ich vermag nicht einzusehen, wie er in seiner alten platonisierenden Form wieder aufleben und den Ausspruch erheben kann, die Natur der Wirklichkeit zu bestimmen, und zwar in der zuverlässigsten, eindringendsten und erschöpfendsten Weise. Andere, wie z. B. Kant, haben die Ansprüche des Intellektualismus zurückgewiesen, die Realität *an sich* oder in ihrem absoluten Gehalt zu bestimmen; aber Kant überließ ihm noch, die Gesetze für alle menschliche Erfahrung festzulegen, Gesetze, gegen die es keine Berufung gibt. Bergson hingegen leugnet, daß die Methode des Intellektualismus irgendeine adäquate Erklärung dieser menschlichen Erfahrung und zwar gerade in ihrer Endlichkeit gibt. Die Art, wie Bergson bei der Behandlung dieser Fragen verfährt, muß ich in der nächsten Vorlesung in meiner unvollkommenen Weise darzulegen versuchen. Da ich aber schon so oft die Worte „Logik“, „Identitätslogik“, „intellektualistische Logik“, und „Intellektualismus“ gebraucht habe, und zwar so, als ob sie keiner besondern Erklärung bedürften, so wird es angebracht sein, an diesem Punkte in größerer Ausführlichkeit als bisher anzugeben, in welchem Sinne ich diese Begriffe nehme, wenn ich behaupte, daß Bergson ihren Anspruch entkräftet hat, darüber entscheiden zu können, was die Realität sein oder nicht sein kann. Ich werde daher während des Restes dieser Stunde in ausführlicher Form darzulegen versuchen, was ich unter Intellektualismus verstehe.

Einige der beteiligten Persönlichkeiten haben bei neuerlichen Kontroversen es übel aufgenommen, daß man sie als Intellektualisten klassifiziert hat. Ich gebrauche allerdings das Wort „Intellektualist“ in abschätzigem Sinne, würde es aber lebhaft bedauern, wenn sich jemand dadurch beleidigt fühlte. Der Intellektualismus hat seine Quelle in der Fähigkeit, die uns unsere hauptsächliche Überlegenheit über die Tiere gibt, nämlich in unserer Macht, die bloße Gefühlserfahrung in eine begriffliche Ordnung zu übersetzen. Eine unmittelbare Erfahrung, die noch unbenannt und unklassifiziert ist, ist ein bloßes Etwas, was wir erleiden, etwas das fragt: Was bin ich? Wenn wir es benennen oder klassifizieren, sagen wir zu allererst, was es ist, und alle diese „was“ sind abstrakte Namen oder Begriffe. Jeder Begriff bedeutet eine besondere Art von Ding, und da die Dinge ein für alle Male in Arten scheinen geschaffen worden zu sein, so können wir, wenn wir die verschiedenen Teile des Dinges klassifiziert haben, ein gegebenes Stück Erfahrung weit wirksamer handhaben als vorher. Nachdem das Ding einmal einer Klasse zugeordnet ist, kann es nach den Gesetzen seiner Klasse behandelt werden. Unzählig sind die Vorteile dieses Verfahrens. Sowohl theoretisch wie auch praktisch ist diese Macht, abstrakte Begriffe zu bilden, eines der erhabensten menschlichen Vorrechte. Wir kehren von diesen Abstraktionen in die Welt des Konkreten mit vermehrter Macht und umfassenderer Intuition zurück. Kein Wunder, daß Denker früherer Zeiten, die vergessen hatten, daß Begriffe nur künstliche, der Erfahrung entnommene Produkte sind, sie schließlich als einen höheren Typus des Seins behandelten, der glänzend, wandellos, wahr und göttlich ist, und seiner Natur nach durchaus der stürmischen, ruhelosen niedrigeren Welt unserer Sinne entgegengesetzt ist. Diese erscheint daher nur als eine Verstümmelung und Verfälschung des höheren in Begriffe erfaßbaren Seins.

Der Intellektualismus im verderbten Sinne des Wortes entstand, als Sokrates und Plato lehrten, daß das, was ein Ding wirklich ist, uns in seiner Definition vermittelt wird. Seit Sokrates ist uns immer wieder gelehrt worden, daß die Wirklichkeit aus Wesenheiten und nicht aus Erscheinungen besteht, und daß das Sein der Dinge erkannt wird, wann immer wir seine Definition kennen. So setzen wir zuerst das Ding einem Begriffe gleich, und dann den Begriff einer Definition, und dann erst, insoweit das Ding ist, was die Definition ausdrückt, sind wir sicher, sein wirkliches Sein, seine volle Wahrheit, zu erfassen.

Soweit ist die Sache unschädlich. Der Mißbrauch beginnt erst mit der Gewohnheit, die Begriffe in einem negativen wie in einem positiven Sinne zu verwenden, indem man sie nicht bloß benutzt, den Dingen Eigenschaften zuzuschreiben, sondern auch gerade die Eigenschaften zu leugnen, in denen die Dinge sich unsern Sinnen darstellen. Die Logik kann aus jeder Definition alle ihre möglichen Konsequenzen ziehen, und der unerbittlich folgerichtige Logiker ist oft versucht, wenn er eine gewisse Eigenschaft aus einer Definition nicht entwickeln kann, zu leugnen, daß das konkrete Objekt, auf das die Definition angewandt wird, jene Eigenschaft besitzt. Die Definition, so folgert man, aus der man die betreffende Eigenschaft nicht entwickeln kann, muß diese ausschließen oder negieren. Das ist die regelrechte Methode, nach der Hegel sein System herstellt.

Es ist die alte Geschichte: Eine nützliche Praxis wird zuerst eine Methode, dann eine Gewohnheit und schließlich eine Tyrannei, die das Ziel vernichtet, um derentwillen man die Methode anfangs gebraucht hat. Man hat die Begriffe zuerst verwendet, um durch sie die Dinge begreiflich zu machen, und nun hält man an ihnen fest, selbst wenn sie die Dinge unbegreiflich machen. So kommt es, daß, wenn man einmal die Dinge als „unabhängig" voneinander gefaßt hat, man dazu übergeht, die Möglichkeit irgendeiner Verbindung zwischen ihnen zu leugnen, weil der Begriff der Verbindung nicht in der Definition der Unabhängigkeit enthalten ist. Aus ähnlichem Grunde muß man irgendwelche Formen oder Arten der Einheit zwischen Dingen leugnen, die man anfänglich als eine Vielheit definiert hat.

Wir haben auf die Art des Denkens, die Hegel und Bradley verwenden, einen Blick geworfen, und Sie werden sich auch Sigwarts Epigramm erinnern, daß gemäß dieser Denkweise ein Reiter niemals in seinem Leben zu Fuß gehen kann, oder ein Photograph nichts anderes tun kann als photographieren.

Das klassische Beispiel für die äußerste Konsequenz dieser Richtung ist die Leugnung der Möglichkeit der Veränderung, infolgedessen gewisse Philosophen die Welt der Veränderung als unwirklich brandmarken. Die Definition von A ist unveränderlich, ebenso die von B. Die eine Definition kann sich nicht in die andere umwandeln, so daß die Auffassung, daß ein konkretes Ding A sich in ein anderes konkretes Ding B umwandeln sollte, als der Vernunft entgegengesetzt erwiesen wird. Bradley kann nicht einsehen, wie Zucker süß sein kann: mit der Aufstellung dieser Schwierigkeit übertrifft der Intellektualismus sich selbst und wird Wortklauberei. Zucker ist nun einmal Zucker, und süß ist süß; keines ist das andere; auch kann das Wort „ist" niemals dahin verstanden werden, daß es irgendein Subjekt mit seinem Prädikat in rationaler Weise verbindet. Die Dinge können nicht durch ein „zwischen“ verbunden werden, denn „zwischen“ ist ja schon ein drittes Ding und bedürfte selbst durch zwei noch weitere „zwischen“ mit dem ersten und zweiten Ding verknüpft zu werden usw. in infinitum. Die besondere intellektualistische Schwierigkeit, die mein eigenes Denken so lange Zeit wie in einem Schraubstock festhielt, bestand, wie wir in so ermüdender Länge gesehen haben, in der Unmöglichkeit, zu begreifen, wie Ihre Erfahrung und die meinige, die als solche definitionsgemäß nichts voneinander wissen, dennoch zugleich Glieder eines Weltbewußtseins sein können, von dem ausdrücklich behauptet wird, alle seine Teile wüßten voneinander. Die Definitionen widersprechen sich, daher können die so definierten Dinge in keiner Weise vereinigt werden. Sie sehen, wie unverständlich der Intellektualismus hier die Welt unserer hervorragendsten Philosophen macht. Sowohl in ihren wie auch in unseren Händen tut er nichts anderes, als die Natur irrational und unmöglich erscheinen zu lassen.

In meiner nächsten Vorlesung, in der ich Bergson als Hauptthema behandle, werde ich auf konkretere Einzelheiten eingehen, und werde, indem ich den Intellektualismus offen aufgebe, versuchen, wenn auch nicht die Welt, so doch wenigstens meine eigene allgemeine These weniger unverständlich zu machen.

6. Vorlesung.

Bergson und seine Kritik des Intellektualismus.

Meine letzte Vorlesung bereitete uns mancherlei Schwierigkeiten; die heutige, fürchte ich, wird das nicht minder tun. Wir werden am besten in die Materie hineinkommen, wenn wir gleich mit der Philosophie Bergsons beginnen; denn, wie ich Ihnen schon sagte, war es diese Philosophie, die mich persönlich dazu führte, die intellektualistische Methode und mit ihr die landläufige Meinung aufzugeben, daß die Logik der adäquate Maßstab sei für das, was sein kann und nicht sein kann.

Henri Bergson ist zu Paris im Jahre 1859 geboren; er ist also für einen Philosophen von seinem Einfluß noch verhältnismäßig jung. Seine Laufbahn ist die eines erfolgreichen französischen Professors, dem der Weg vorgezeichnet ist. Im Alter von zweiundzwanzig Jahren trat er in die Ecole normale supérieure ein, war die nächsten siebzehn Jahre an verschiedenen Lyzeen der Provinz und der Hauptstadt als Lehrer tätig, bis er in seinem vierzigsten Jahre an der genannten Ecole normale Professor wurde. Seit 1900 ist er Professor am Collège de France und Membre de L'Institut[1]).

Soweit äußere Umstände in Betracht kommen, enthält

[1]) Anm. des Übersetzers: Die von James hier mitgeteilten biographischen Daten sind nicht ganz zutreffend. Bergson trat mit achtzehn Jahren in die Ecole normale ein und wurde erst im Jahre 1901 Membre de l'Institut.

die Laufbahn Bergsons nichts, was auch nur im geringsten über den Durchschnitt hinausginge. Taine's berühmte Erklärungsprinzipien großer Männer, wie Rasse, Milieu, historischer Augenblick, geben weder einzeln jedes für sich, noch zusammen im Verein, eine Erklärung für die Art des Schauens, die Bergsons geistige Individualität kennzeichnet. Die Originalität eines Menschen ist von nichts anderem ableitbar, eher noch kann manches andere von ihr abgeleitet werden. Ich muß gestehen, Bergsons Originalität ist so ungewöhnlich, daß manche seiner Gedanken mich geradezu verblüffen. Ich zweifle, ob irgend jemand seine Werke von Anfang bis zu Ende versteht; und sicherlich würde Bergson der erste sein, zuzugestehen, daß Dinge, mit denen er selbst noch nicht völlig ins Reine gekommen ist, erwähnt werden mußten, und daß sie nur als Arbeitshypothese einen Platz in seiner Philosophie erhielten. Viele von uns sind so übermäßig originell, daß uns kein Mensch verstehen kann, — sonderbare Anschauungsweisen kommen oft genug vor. Aber selten verbindet sich eine bedeutende Eigenart des Schauens mit großer Klarheit und einer ungewöhnlichen Beherrschung aller klassischen Darstellungsmittel.

Bergsons Beherrschung des gelehrten Wissens der Gegenwart ist erstaunlich und seine Ausdrucksfähigkeit ist geradezu phänomenal. Deshalb hat er auch in Frankreich, wo l'art de bien dire so viel gilt und sicher auf Anerkennung rechnen darf, sofort einen so hervorragenden Platz in der öffentlichen Schätzung errungen. Professoren der alten Schule, denen seine Ideen nicht völlig Genüge tun, sprechen gleichviel mit Bewunderung von seinem großen Talente, während die Jungen sich um ihn als ihren Meister scharen.

Wenn irgend etwas uns befähigt, schwierigen Gedanken leicht zu folgen, so ist es ein Stil, wie der Bergsons, den ein amerikanischer Rezensent kürzlich als einen Stil bezeichnete, der ohne Umschweife auf das Ziel losgeht (a „straigthtforward" style): wobei er aber nicht bemerkt, daß ein derartiger Stil eine Geschmeidigkeit des Ausdruckes voraussetzt, die dem Gedanken ohne Falte und Runzel sich anzuschmiegen vermag wie Seidentrikot den Bewegungen des Körpers. Sein Stil ist ein Wunder, und er ein wirklicher Magier.

Wenn ich recht unterrichtet bin, kam Bergson von der Mathematik her zur Philosophie. Ich denke mir, die alten Antinomien des Unendlichen haben ihn aus dem „dogmatischen Schlummer geweckt".

Sie erinnern sich des berühmten Paradoxon des Zeno oder des Sophisma vom Achill und der Schildkröte, wie unsere Lehrbücher der Logik es noch immer nennen. Gib jenem Reptil einen noch so kleinen Vorsprung, und der schnellfüßige Achill kann es niemals einholen, noch viel weniger überholen. Denn, wenn Raum und Zeit unendlich teilbar sind (wie sie es nach der Aussage unseres Intellektes sein müssen), so ist die Schildkröte, bevor Achill ihren Ausgangspunkt erreicht hat, schon über diesen hinaus usw. in infinitum, da der Zwischenraum zwischen dem Verfolger und der Verfolgten zwar immer kleiner, aber niemals gleich Null sein wird. Die gewöhnliche Art, dies Sophisma aufzulösen, ist, auf die Zweideutigkeit des Ausdrucks „niemals einholen kann" hinzuweisen. Was das Wort „niemals" fälschlicherweise anzudeuten scheint, ist eine unendliche Zeitdauer; was es aber wirklich bedeutet, ist eine unendliche Zahl von Schritten, die nötig sind, um die Schildkröte einzuholen. Aber wenn diese Schritte unendlich klein sind, so wird doch eine endliche Zeit zu ihrer Ausführung genügen; und tatsächlich werden sie auch sehr schnell unendlich klein werden, wie groß auch der ursprüngliche Zwischenraum oder die verschiedenen Geschwindigkeiten sein mögen. Diese Proportionalität der Zeiteinheiten und Raumeinheiten befreit uns, so behauptet man, von dem Sophisma, das in dem Worte „niemals" liegt.

Aber diese Kritik verfehlt vollständig den Hauptpunkt

Zenos. Zeno hätte willig zugegeben, daß, wenn die Schildkröte überhaupt eingeholt werden kann, dies, sagen wir einmal, in zwanzig Sekunden geschehen könnte; aber er würde dennoch darauf bestanden haben, daß sie überhaupt nicht eingeholt werden kann. Lassen wir einmal, so würde er gesagt haben, Achill und die Schildkröte gänzlich aus dem Spiele; sie machen den Fall unnötig verwickelt. Nehmen wir irgend einen Prozeß der Veränderung, nehmen wir den Verlauf der zwanzig Sekunden selbst. Wenn die Zeit unendlich teilbar ist, und das muß sie nach intellektualistischen Prinzipien sein, so können diese Sekunden einfach nicht ablaufen, ihr Ende kann nicht erreicht werden, denn wieviel von ihnen schon abgelaufen sein mag: ehe der letzte noch so kleine Rest abgelaufen sein kann, muß erst die Hälfte dieses Restes ganz abgelaufen sein. Und diese immer wieder neu entstehende Notwendigkeit, daß die erste Hälfte zuerst abgelaufen sein muß, gibt der Zeit immer noch etwas zu tun, bevor das letzte geschehen kann, so daß der wirklich letzte Moment niemals eintreten kann. In nackten Zahlen ausdrückt ist es gleich der konvergenten Reihe $^1/_2 + ^1/_4 + ^1/_8$ — deren Grenzwert Eins ist. Aber dieser Grenzwert, sofern er eben ein Grenzwert ist, steht außerhalb der Reihe selbst, deren Wert ihn wohl näherungsweise, aber nie völlig erreicht. Wenn die Dinge in der Natur nur durch sukzessives Aneinanderreihen ihrer durch die Logik geforderten Bruchteile zustande kämen, so würden niemals ganze Dinge entstehen, denn die Summe der Brüche würde immer einen Rest lassen. Aber in Wirklichkeit bildet die Natur keine Eier, indem sie zuerst ein halbes schafft, dann ein viertel, dann ein achtel, und dann diese zusammenfügt. Sie bildet entweder ein ganzes Ei auf einmal oder überhaupt keines. Und so verfährt sie bei allen ihren Einheiten.

Zenos Paradoxon macht uns daher nur Schwierigkeiten in der Sphäre der Veränderung, dort nämlich, wo eine Phase des Geschehens erst eintreten kann, wenn die frühere vollendet ist. Und auch hier liegt nur dann eine Schwierigkeit vor, wenn die aufeinanderfolgenden Momente der Veränderung ins Unendliche teilbar sind. Wenn eine Flasche durch eine unendliche Anzahl aufeinanderfolgender Verminderungen geleert werden müßte, so wäre es mathematisch unmöglich, daß sie jemals völlig entleert werden könnte. In Wirklichkeit aber werden Flaschen und Kaffeekannen mittels einer endlichen Anzahl von Verminderungen ihres Inhalts geleert, von denen jede eine ganz bestimmte Größe hat: Entweder fließt ein ganzer Tropfen oder gar nichts aus der Öffnung. Wenn solchermaßen jede Veränderung tropfenweise vor sich ginge, wenn die wirkliche Zeit in Einheiten von ganz bestimmter Dauer ebenso wüchse wie unsere Wahrnehmungen von ihr stoßweise wachsen, so würden keine zenonischen Paradoxe und kantischen Antinomien uns mehr stören. Alle unsere Sinneserfahrungen, wie wir sie unmittelbar machen, verändern sich durch diskrete Pulse der Wahrnehmung, die wir als ein „Mehr" oder als ein „Weniger" bezeichnen, je nachdem sich bestimmte Zunahmen oder Abnahmen fühlbar machen. Die Diskretheit ist noch augenscheinlicher, wenn Altes, statt sich zu verändern, verschwindet, oder wenn ganz Neues erscheint. Fechners Begriff der „Schwelle", der eine so große Rolle in der Psychologie der Wahrnehmung gespielt hat, ist nur e i n e Art, die quantitative Diskretheit in der Veränderung aller unserer Sinneserfahrungen zum Ausdruck zu bringen. Sie kommen tropfenweise zu uns, ebenso wie die einzelnen Momente der Zeit selbst. Wenn wir diese Tropfen in Gedanken in noch kleinere Bestandteile auflösen, so liegt hier nur ein besonderer Fall jener großen Umwandlung der Wahrnehmungswelt in eine begriffliche Ordnung vor, von der schon in meiner letzten Vorlesung die Rede war. Diese Umwandlung geschieht ausschließlich im Interesse unseres rationell verfahrenden Intellektes. Die Zeiten, welche unmittelbar in den Erfahrungen lebender Wesen g e f ü h l t werden, haben ursprünglich keine gemeinsame Maßeinheit. Man lasse ein Stück Zucker, um ein Bergson'sches Beispiel zu gebrauchen, in einem Glas Wasser sich auflösen. Wir empfinden, während wir das Ende des Prozesses abwarten, eine gewisse Zeit verstreichen. Aber, wer weiß, wie kurz oder lang der Zucker den Prozeß empfinden würde? Alle empfundenen Zeiten existieren gleichzeitig und greifen ineinander über oder durchdringen sich gegenseitig, und zwar in ganz unbestimmter Weise. Aber der Kunstgriff, sie auf eine gemeinsame Skala zu bringen, hilft uns, ihre ursprüngliche Unbestimmtheit und Ungeordnetheit zu beseitigen; er hilft uns außerdem, an derselben Skala die Zerlegungen in weitere Einheiten aufzuzeichnen, in die die Wahrnehmung oder das begriffliche Denken die sich wandelnden Naturprozesse auflösen können. Wir ordnen auf diese Weise das, was in unseren ursprünglichen Empfindungen unbestimmt und rein subjektiver Natur war, und können sie allgemeinverständlich ausdrücken, das eine durch das andere.

Der Begriff einer objektiven und gleichmäßig fließenden Zeit, die in zählbare Augenblicke zerlegt ist, läßt sich jetzt als ein gemeinsamer Maßstab für alle Momente und Phasen anwenden, in die wir die Prozesse der Natur auflösen. Sie sind jetzt in ganz bestimmter Weise entweder gleichzeitig oder sie folgen aufeinander; wir können mit ihnen mathematisch umgehen und bekommen sie praktisch und theoretisch weit besser in die Hand, weil wir sie alle auf eine gemeinsame schematische oder begriffliche Zeitskala beziehen.

Als ein gutes Beispiel hierfür kann die Bewegung gelten. Ursprünglich ist sie eine verworrene Empfindung, deren eigenste Form am besten vielleicht im Phänomen des Schwindels zu erkennen ist. Im Schwindel fühlen wir, daß so etwas wie Bewegung wirklich existiert, und daß sie mehr oder weniger heftig oder schnell ist, mehr oder weniger in dieser oder jener Richtung vor sich geht, mehr oder weniger

Angst oder Übelkeit hervorruft. Aber ein Mensch, der an Schwindel leidet, kann allmählich lernen, seine wirkliche Lage und die der anderen Dinge mit der Bewegung, die er empfindet, zu koordinieren; schließlich gelingt es ihm, sie mit Hilfe der Intelligenz soweit in seine Gewalt zu bekommen, daß er gehen kann, ohne zu schwanken. Ähnlich organisiert der mathematische Geist in seiner Weise die Bewegung, indem er sie in eine logische Definition faßt; er begreift die Bewegung jetzt „als das Innehaben einer gewissen Reihe aufeinanderfolgender Raumpunkte während einer gewissen Reihe aufeinanderfolgender Zeitpunkte". Mit einer solchen Definition entgehen wir dem, was an Unruhe und rein Persönlichem in der Empfindung war. Aber entgehen wir damit nicht auch zugleich aller Sinneswirklichkeit? Was auch immer Bewegung sein mag, sie ist sicher nichts Statisches; aber die Definition, die wir gewonnen haben, ist eine des absolut Statischen. Sie gibt uns eine Anzahl von Einzelbeziehungen zwischen Raumpunkten und Zeitpunkten, Beziehungen, die ebenso unbeweglich sind, wie die Punkte selbst. Sie gibt nur Positionen. Diese sind zwar in infinitum bestimmbar, aber wie der Körper von einer Position zur andern gelangt, davon enthalten sie gar nichts. Natürlich gelangt der Körper dahin, indem er sich bewegt, aber die eingenommenen Positionen enthalten, wir mögen sie auch vervielfachen, so viel wir können, kein Element der Bewegung; daher denn Zeno, der sich in seiner Diskussion nur an die festen einzelnen Positionen hält, nicht anders sagen kann, als daß unser Intellekt die Bewegung als etwas Unwirkliches zurückweist. Der Intellektualismus tut hier das, was ich von ihm schon früher behauptet habe: statt die Erfahrung verständlicher zu machen, macht er sie weniger verständlich.

Wir brauchen natürlich ein Schema von fest miteinander verbundenen Begriffen, um mittels seiner unsere Erfahrungen festzuhalten und zu ordnen. Wenn wir einen Eindruck erhalten, der so stark ist, daß er sich von den andern genügend abhebt, so halten wir die Vorstellung von ihm zu künftigem Gebrauch fest, indem wir sie unserm Begriffssystem einfügen. Wir lernen das herausheben, was sich nicht von selbst deutlich abhebt. Auf diese Weise wird das System immer vollständiger; und sobald eine neue Wirklichkeit hinzukommt, wird sie nach diesem oder jenem schon festgelegten Element des Systems benannt und mit ihm begrifflich verknüpft. In der Unveränderlichkeit eines solchen abstrakten Systems besteht seine große praktische Bedeutung. Man kann auf die in ihm enthaltenen, sich gleichbleibenden Begriffe und Relationen immer wieder zurückgreifen und Bezug nehmen — ist doch die Veränderung selbst solch ein unveränderlicher Begriff. Aber alle diese abstrakten Begriffe gleichen nur gepflückten Blumen; sie sind nur künstlich festgehaltene Augenblicke der unaufhörlich weiterströmenden Zeit; sie gleichen Momentphotographien, die eine kinetoskopische Kamera von einem Leben aufnimmt, das in ununterbrochenem Wandel emporquillt. Aber so nützlich diese Begriffe sind, weil sie uns Proben aus dem Garten geben, von dem sie herstammen, oder weil wir uns mit ihnen in den Strom der zeitlichen Veränderung wieder hineinversetzen können, oder weil wir sie von neuem in unsere Drehlaterne einsetzen können — außer diesen praktischen Werten besitzen sie keinen.

Mit ihnen läßt sich weder das Sein noch das Werden irgend eines Phänomens erklären; nur den Weg, den dieses in der Welt der Erscheinungen zurücklegt, können wir mit ihrer Hilfe skizzieren; denn aus Diskontinuitäten läßt sich kein kontinuierliches Sein bilden, und Begriffe sind diskontinuierlich. Die einzelnen Momente, in die man eine Veränderung auflöst, sind Zustände; die Veränderung selbst vollzieht sich aber auf dem Weg, der zwischen ihnen liegt. Sie spielt sich in den Intervallen dieser Zustände ab, gehört also einer Sphäre an, die die Definition nicht erreichen kann, und die sich deshalb einer jeden begrifflichen Erkenntnis entzieht.

„Wenn der Mathematiker", schreibt Bergson, „den Zustand eines Systems am Ende einer Zeit t berechnet, so hindert ihn nichts daran, anzunehmen, daß inzwischen das Universum verschwindet, um plötzlich wieder im gegebenen Momente in der neuen Konfiguration seiner Elemente zu erscheinen. Nur der jeweilige Moment zählt — das, was zwischen den Intervallen und durch sie hindurchfließt, nämlich die wirkliche Zeit, spielt keine Rolle in seiner Berechnung ... kurz, die Welt, mit der der Mathematiker operiert, ist eine Welt, die jeden Augenblick verschwindet und von neuem entsteht, wie die Welt, an welche Descartes dachte, als er von einer fortgesetzten Schöpfung sprach." Um in adäquater Weise zu erkennen, was wirklich geschieht, müßten unsere Blicke, darauf besteht Bergson, in die Intervalle selbst eindringen können, während der Mathematiker nur Anfang und Ende beachtet. Er hält sich nur an ein paar Resultate, er skizziert eine Kurve, um sie dann mittels Interpolationen zu vervollständigen; er setzt an Stelle einer Wirklichkeit eine Zeichnung. Angesichts dieser unumstößlichen Tatsache nimmt sich die Art und Weise, wie sich die Philosophie bisher mit ihr auseinandergesetzt hat, seltsam aus. Die herrschende Tradition in der Philosophie ist immer der platonische und aristotelische Glaube gewesen, daß das Unveränderliche edler und würdiger sei als das Veränderliche. Die Realität muß eine sein und unveränderlich. Die Begriffe als feste und unveränderliche Größen passen am besten zu dieser fest bestimmten Natur der Wahrheit, so daß unsere Erkenntnis, wenn sie volle Wahrheit sein soll, mehr eine Erkenntnis mittels allgemeiner Begriffe als mittels besonderer Erfahrungen sein muß, denn diese sind bekanntlich veränderlich und Verfälschungen unterworfen. Das ist die überlieferte Lehre, die als Rationalismus in der Philosophie bekannt ist, und was ich als Intellektualismus bezeichnet habe, ist nur Rationalismus in seiner extremsten Anwendung.

Trotz Skeptiker und Empiristen, trotz Protagoras, Hume und James Mill, ist der Rationalismus niemals ernstlich in Frage gestellt worden, denn selbst seine schärfsten Kritiker hatten immer ein stilles Plätzchen in ihrem Herzen für ihn übrig und haben sich einigen seiner Forderungen gefügt. Sie haben es an Folgerichtigkeit fehlen lassen, sie haben von Fall zu Fall, ohne leitende Prinzipien, sich mit dem Gegner eingelassen: Bergson allein hat gründlich mit ihm aufgeräumt.

Um Ihnen zu zeigen, was ich damit meine, gestatten Sie mir, sein methodisches Verfahren mit dem einiger Transzendentalphilosophen zu vergleichen, die ich schon kürzlich erwähnte. Diese Epigonen Kants tun sich besonders etwas darauf zugute, „kritisch" zu sein, indem sie tatsächlich auf Kants „Kritik der reinen Vernunft" weiterbauen. Jene Kritik soll festgestellt haben, daß Begriffe nicht die Realität erfassen, sondern nur solche Erscheinungen, deren Stoff die Sinne ihnen zuführen. Zwar bannen sie diese Erscheinungen in unveränderliche intellektuelle Formeln, aber die Realität an sich, in der letzten Endes die Sinneserscheinungen ihren Grund haben müssen, bleibt unserem Intellekte auf immer unbegreiflich. Nehmen Sie z. B. die Bewegung. Unsere Sinne empfinden sie wie den Rhythmus von Pulsschlägen, wie das Auf und Ab von Wellen oder wie das Fallen von Tropfen; entweder kommt ein ganz bestimmtes Quantum von Bewegung oder gar keine zum Bewußtsein. Dieses Quantum ist das „Gegebene", das die Realität unserm Intellekt als Stoff zur Verarbeitung zuführt; aber unser Intellekt macht aus diesem Gegebenen ein „Aufgegebenes' — dieses Wortspiel ist eine der bemerkenswertesten kantischen Formeln — indem er darauf besteht, daß in jedem Puls der Bewegung eine unendliche Zahl aufeinanderfolgender kleinerer Pulse feststellbar sein müssen. Wenn wir Geduld haben, dann können wir wohl die Zahl dieser kleineren Pulse immer weiter feststellen oder die Rechnung ins Unendliche fortsetzen; aber anzunehmen, daß die Bewegung als ein Ganzes sich selbst aus der endlosen Reihe unendlicher kleiner einzelner Bewegungen gebildet habe, widerspricht, wie es Zeno klargelegt hat, der Definition einer unendlichen Zahl. So ist die Unendlichkeit, die unser Intellekt von dem Sinnesdatum fordert, mehr eine in der Zukunft liegende und potentielle als eine Unendlichkeit, die tatsächlich in der Vergangenheit durch die Struktur dieses Sinnesdatums gegeben ist. Nachdem es einmal fertig gegeben ist, muß es mittels unserer Begriffe in infinitum zerlegbar sein, aber aus welchen aufeinanderfolgenden Phasen sich seine Struktur gebildet hat, wissen wir nicht. Kurz, unser Intellekt erhellt in keiner Weise die Prozesse, durch die die Erfahrung zustande kommt.

Kants monistische Nachfolger haben im allgemeinen die Gegebenheiten der unmittelbaren Erfahrung, vom Standpunkt des Intellekts aus, in noch stärkerem Maße widersprechend gefunden als Kant selbst. Nicht nur das Verhältnis der verschiedenen empirischen Daten zu ihren „Bedingungen" schließt den Charakter der Unendlichkeit ein, sondern schon der bloße Begriff einer Beziehung empirischer Dinge zu einander schien ihnen, wenn der Intellektualismus sie packte, voller Paradoxien und Widersprüche. Wir fanden in einer früheren Vorlesung zahlreiche Beispiele dafür, die Hegel, Bradley, Royce u. a. entnommen waren. Wir sahen auch, wo diese Autoren die Lösung aus einer so unerträglichen Lage suchten. Kant hatte die Lösung in einer Realität gefunden, die vor und außerhalb unserer Erfahrung liegt und ihr zeitlich vorangeht, in dem „Ding an sich", das Ursache der Erfahrungen ist; seine monistischen Nachfolger sehen die Lösung in etwas, das am Ende aller Erfahrung liegt, nämlich in ihrer absoluten Vollendung, oder sie betrachten die Lösung als schon jetzt mit der Erfahrung gegeben, und zwar in deren idealem Sinne. Kurz, Kant und seine Nachfolger erblicken die Lösung unseres Problems in diametral entgegengesetzter Richtung. Lassen Sie sich nicht dadurch irreführen, daß Kant dem Theismus einen Platz in seinem System einräumt. Sein Gott ist der gewöhnliche dualistische Gott des Christentums, dem seine Philosophie einfach Tür und Tor öffnet; er hat durchaus nichts gemein mit dem „absoluten Geist", den seine Nachfolger eingeführt haben. Soweit dieser absolute Geist logisch aus Kant abgeleitet ist, stammt er nicht aus seinem Gottesbegriff, sondern aus völlig anders gearteten Elementen seiner Philosophie: einmal aus der Kantischen Idee, der zufolge man für jede Erfahrung ein Ganzes von Bedingungen nachweisen müsse, das aber selbst nicht wieder bedingt ist, und dann aus seiner andern Idee, nach der die allgemeinste aller Erfahrungsbedingungen eine transzendentale Einheit der Apperzeption sei. Die Nachfolger Kants machen aus dieser transzendentalen Bedingung der Erfahrung das, was man einen konkreten Allgemeinbegriff genannt hat, ein individualisiertes All-Bewußtsein oder Welt-Ich, das in seiner rationalen Konstitution jedes Einzelne sowie das Ganze der Erfahrungsbedingungen einschließen soll, und das deshalb für jedes Einzelne und für die Gesamtheit der bedingten Erfahrungen notwendig ist.

Eine solche kurze Wiedergabe von Anschauungen anderer, wie ich sie soeben versuchte, ist höchst unzulänglich und wird ihnen niemals ganz gerecht; aber in diesem Falle werden diejenigen, die mit der Literatur vertraut sind, sofort erkennen, was ich im Auge habe; den andern hingegen, falls solche sich hier befinden, wird die Bemerkung genügen, daß es sich bei dem, was ich so pedantisch darzulegen versuche, nur um die Feststellung folgender Tatsache handelt: Die nachkantischen monistischen Idealisten wandten sich angesichts der von ihnen angenommenen Widersprüche unserer Sinnenwelt einem ens rationis zu, in dem diese Widersprüche aufgehoben sind; Kant hingegen wandte sich zurück zu dem nicht-rationalen „Ding an sich", das er als Ursache der Sinnenwelt annahm. Pluralistische Empiristen andrerseits blieben bei der Sinnenwelt stehen, entweder in ganz naiver Weise, weil auch sie die intellektualistischen Widersprüche übersahen, oder weil sie, ohne die Widersprüche ignorieren zu können, glaubten, sie könnten sie durch einen besseren Gebrauch derselben intellektualistischen Logik beseitigen. Solches ist bei John Stuart Mill der Fall, wenn er den Trugschluß von Achilles und der Schildkröte widerlegen will.

Worauf es in diesem Zusammenhange ankommt, ist die intellektualistische Logik: beide Seiten behandeln sie als letzte Autorität, wenn auch jede sie willkürlich zu entgegengesetzten Zwecken verwendet. Die Anhänger des Absoluten vernichten mit ihrer Hilfe die Sinneswelt, die Empiristen das Absolute — denn das Absolute, behaupten sie, ist die Quintessenz aller logischen Widersprüche. Beide Seiten lassen es an Folgerichtigkeit fehlen. Die Hegelianer müssen eine höhere Logik anrufen, um die rein destruktiven Tendenzen ihrer ursprünglichen Logik unwirksam zu machen. Die Empiristen benutzen ihre Logik gegen das Absolute, aber wollen sie nicht gegen die endliche Erfahrung verwenden. Jede Partei gebraucht sie oder läßt sie fallen, je nachdem es zu ihrer Weltanschauung paßt. Aber keine bekämpft im Prinzip ihre allgemeine theoretische Autorität.

Nur Bergson bekämpft prinzipiell ihre theoretische Autorität. Er allein leugnet, daß die bloß begriffliche Logik aus sich heraus entscheiden kann, was in der Welt des Seins möglich oder unmöglich ist; doch er leugnet dies aus Gründen, die der Logik wohl die Herrschaft über das Ganze des Lebens nehmen, ihr aber zugleich eine weite und genau begrenzte Einflußsphäre zuweist, wo ihr Hoheitsrecht unbestreitbar ist. Ich kann Bergsons eigenen Text, so glücklich er auch ist, hier nicht wiedergegeben, er ist zu stark mit anderen Gedanken verwoben. Ich muß daher mit meinen eigenen geringen Worten darlegen, was ich mit obiger Behauptung meine.

Die Logik gibt in erster Reihe Beziehungen zwischen Begriffen als solchen und in zweiter Reihe Beziehungen zwischen Naturtatsachen, jedoch nur so weit, als diese Tatsachen schon mit Begriffen identifiziert und mittels ihrer definiert sind. Daher muß die Logik mit der begrifflichen Methode stehen und fallen. Allein die begriffliche Methode ist eine Umgestaltung, die wir mit der fließenden Kontinuität des Lebens wesentlich im Interesse der Praxis und nur nebenbei im Interesse der Theorie vornehmen. Wir leben vorwärts, wir verstehen rückwärts, hat ein dänischer Schriftsteller gesagt. Wenn man das Leben mittels Begriffe verstehen will, dann muß man seine Bewegung aufhalten; man muß es wie mit einer Schere in Stücke zerschneiden. Diese können wir dann in unserem logischen Herbarium aufbewahren, wo wir die getrockneten Exemplare vergleichen können, um zu sehen, welche von ihnen ihrem begrifflichen Umfang nach einander einschließen und welche einander ausschließen. Dieses Verfahren hat aber zur Voraussetzung, daß das Leben schon abgeschlossen ist, denn die Begriffe haben den retrospektiven Charakter einer Autopsie. Nichtsdestoweniger können wir aus ihnen Schlüsse ziehen, die uns für die zukünftige Erfahrung von Bedeutung sind. Wir können durch sie nicht erfahren, wie das lebendige Geschehen vor sich geht und sich erhält, aber unter der Voraussetzung, daß sein Verhalten sich nicht ändert, können wir berechnen, welche scheinbar festen Positionen es unter denselben gegebenen Bedingungen in der Folge inne haben wird. Wir können z. B. berechnen, an welchem Punkt Achill und an welchem die Schildkröte nach Ablauf der zwanzigsten Sekunde sein wird. Achill mag dann schon weit voraus sein, aber über die konkreten Einzelheiten, durch die er es nun wirklich zustande gebracht, dahin zu gelangen, vermag unsere Logik aus sich heraus nie etwas auszusagen;

haben wir ja feststellen müssen, daß sie zu Resultaten gelangt, die mit den Tatsachen der Natur in Widerspruch stehen. Die Berechnungen, welche die andern Wissenschaften vornehmen, unterscheiden sich in keiner Weise von denen der Mathematik. Die Begriffe, die sie benutzen, sind Punkte, durch welche, mittels Interpolation Kurven gezogen werden, auf denen sich folgerichtig weitere Punkte auffinden lassen. Die jüngsten Verfeinerungen der Logik lassen die Kurven ganz beiseite und halten sich ausschließlich an die Punkte und ihre entsprechenden Korrelationen in den verschiedenen Reihen. Die Urheber dieser neuesten Verbesserungen erklären uns ausdrücklich, daß sie aus der Sphäre des Denkens auch die letzten Spuren der Anschauung, d. h. der konkreten Wirklichkeit, auslöschen wollen. Das Denken soll nur mit nackten und abstrakten Gedankeneinheiten arbeiten, die den Punkten in der Mathematik entsprechen und soll die Möglichkeiten aufsuchen, durch welche diese Einheiten zu abstrakten Reihen zusammengefügt werden können.

Das klingt nun alles sehr esoterisch, aber es läuft schließlich auf folgenden Tatbestand hinaus, den wir alle anerkennen müssen: Mittels der Begriffe, die wir in der Vergangenheit dem Fluß der Sinneserfahrung entnommen haben, können wir künftig in diesen Fluß wieder hinabsteigen. Heben wir aus diesem wiederum Begriffe heraus, so gestatten uns solche vorauszusagen, was für Besonderheiten wir wahrscheinlich antreffen werden. In diesem Sinne vermitteln uns zwar die Begriffe ein Wissen und besitzen deshalb in mancher Hinsicht einen gewissen theoretischen Wert (zumal dann, wenn die vorausgesagte Besonderheit von keinem augenblicklichen praktischen Interesse ist). Aber wenn es sich um eine Einsicht in tieferem Sinne handelt, besitzen sie auch keinen theoretischen Wert, denn sie versagen vollkommen, wo es gilt, uns mit dem inneren Leben der fließenden Erfahrung zu verbinden, oder mit den Ursachen, die ihre Richtung bestimmen. Statt daß die Begriffe die innere Bedeutung der Wirklichkeit wiedergeben, verneinen sie eine solche überhaupt. Sie machen die Idee eines kausalen Einflusses zwischen endlichen Dingen unfaßbar. Gegenüber den Forderungen der begrifflichen Logik kann keine wirkliche Aktivität, ja überhaupt keine reale Verbindung irgendeiner Art aufrecht erhalten werden. Denn nach dem, was ich Intellektualismus nenne, bedeutet, von einander unterschieden sein so viel wie die Unmöglichkeit, mit einander verbunden sein. Das Werk, das Zeno begonnen, Hume, Kant, Herbart, Hegel und Bradley fortgesetzt haben, hört nicht eher auf, als bis die Sinneswelt völlig aufgelöst zu den Füßen der Vernunft liegt.

Von der absoluten Realität, welche die Vernunft an Stelle der Wahrnehmungswelt setzen will, werde ich gleich mehr zu sagen haben. Es wird Ihnen inzwischen klar geworden sein, was Bergson mit der Behauptung meint, die Funktion des Intellektes sei eher praktischer als theoretischer Natur. Die Wahrnehmungswelt ist zu konkret, als daß wir sie vollständig bewältigen könnten. Wie gering ist der Umfang dessen, was ein ausschließlich in der Wahrnehmungswelt lebendes Tier zu umspannen fähig ist. Um in der Wahrnehmungswelt von einem Punkte zum andern zu gelangen, haben wir uns mühselig durch den ganzen Zwischenraum durchzuschleppen und durchzuarbeiten. Nichts bleibt uns erspart; die Wahrnehmungswelt setzt uns Schwierigkeiten entgegen, die ebenso übel sind, wie es die Drahtzaunhindernisse bei Port Arthur waren; und inmitten der Arbeit werden wir alt und sterben. Aber vermöge unserer Fähigkeit, Begriffe zu bilden und zu fixieren, gelangen wir in einem Augenblick über den Zwischenraum hinweg, als ob wir über eine vierte Dimension Gewalt hätten. Wir kommen über die Zwischenräume hinweg, wie von den Flügeln einer göttlichen Macht getragen. Ohne uns in den übrigen Zusammenhang zu verwickeln, gelangen wir genau an den Punkt, den wir erreichen wollen. In Wahrheit aber spannen wir die Realität in unser begriffliches System ein, um besser mit ihr umgehen zu können. Diese Methode ist praktisch, weil alle Ziele, die wir erreichen wollen, einzelne Ziele von besonderem Charakter sind, selbst wenn sie Tatsachen der geistigen Ordnung sind.

Die Wissenschaften aber, in denen die begriffliche Methode hauptsächlich ihre Triumphe feiert, sind die von Raum und Zeit, diejenigen also, bei denen es sich um die Veränderung äußerer Dinge handelt. Wenn wir aber mittels der begrifflichen Methode die Tatsachen des Seelenlebens bearbeiten, so müssen wir diese erst umwandeln; an Stelle seelischer Prozesse müssen wir Gehirndiagramme oder andere physikalische Metaphern setzen, Ideen als Atome behandeln, Antriebe als mechanische Kräfte, unser bewußtes Selbst als Strom und dergleichen mehr. Das wäre ein paradoxes Resultat, bemerkt Bergson treffend, wenn unser intellektuelles Leben nicht praktischen Charakter hätte, sondern bestimmt wäre, die innere Natur der Dinge zu enthüllen. In diesem Falle müßte man annehmen, daß es sich im Gebiete seiner eigenen intellektuellen Realitäten am meisten zu Hause fühlen würde. Aber gerade dort ist es mit seiner Kraft am Ende. Die inneren Bewegungen unseres Geistes kennen wir nur aus der inneren Wahrnehmung. Wir fühlen sie in uns leben, wir können aber nicht genau ihre Elemente bestimmen, noch ihre zukünftige Gestaltung sicher voraussagen. Mit den Dingen hingegen, die der räumlichen Welt angehören, und die wir im wörtlichen Sinne h a n d h a b e n, mit diesen Dingen vermag der Intellekt am erfolgreichsten umzugehen. Bestärkt uns das nicht in der Ansicht, daß die ursprüngliche und noch heute wirksame Funktion unseres Intellektes darin besteht, uns in der praktischen Anpassung an unsere Ziele und Tätigkeiten zu leiten?

Man kann über diesen Punkt leicht in einen Wortstreit geraten[2], und meine eigene Erfahrung mit dem Pragmatis-

[2]) Anm. des Übersetzers: Vgl. hierzu Anhang A.

mus läßt mich vor den Fährlichkeiten zurückschrecken, die in dem Worte „praktisch“ liegen. Ehe ich mich darum mit Ihnen verfeinde, will ich mich lieber von Bergson trennen und unserem Intellekt eine ursprüngliche theoretische Funktion zuerkennen, vorausgesetzt jedoch, daß Sie Ihrerseits damit einverstanden sind, eine theoretische oder wissenschaftliche Erkenntnis zu unterscheiden von einer tieferen spekulativen Erkenntnis, wie sie von den meisten Philosophen angestrebt wird. Sie müßten mir auch ferner zugestehen, daß theoretische Erkenntnis, die nur eine Kenntnis bezüglich der Dinge ist, im Unterschiede von lebendiger und intuitiver Erkenntnis der Dinge selbst, nur die Oberfläche der Realität berührt. Die Oberfläche, die das in diesem Sinne genommene theoretische Wissen bedeckt, kann ungeheuer groß an Ausdehnung sein; dieses Wissen kann mit seinen begrifflichen Schöpfungen den ganzen Diameter von Zeit und Raum bedecken, aber es dringt nicht einen Millimeter in die Tiefe. Diese innere Dimension der Realität gehört den Aktivitäten an, die sie ohne Unterlaß in Bewegung halten. Aber der Intellekt, der aus dem Munde Humes, Kants u. a. spricht, sieht sich gezwungen, diese Aktivitäten zu leugnen und ihnen jede erkennbare Existenz abzusprechen. Was für den Gedanken existiert, sagt man uns, sind höchstens die Resultate, die wir fälschlicherweise solchen Aktivitäten zuschreiben, d. h. Phänomenen, die gemäß den Regeln der Verknüpfung sich längs der Oberfläche von Raum und Zeit abspielen, und diese Naturgesetze stellen nur Koexistenz und Sukzession fest. So hat das Denken es nur mit der Oberfläche zu tun. Für die Dichte der Realität hat es wohl einen Namen, aber es kann sie nicht ergründen. Seine Unzulänglichkeit ist dauernd und im Wesen der Sache begründet, nicht etwa nur temporär.

Um in die Dichte der Realität einzudringen, müssen wir sie entweder bei uns selbst als einem Teil dieser Realität unmittelbar erleben, oder wir müssen sie zu ergreifen versuchen vermöge einer intuitiven Einfühlung in das innere Leben eines anderen. Aber was wir auf diese Weise unmittelbar erfahren oder in seiner Konkretheit erfassen, ist seiner Dauer nach sehr begrenzt, während wir mit abstrakten Begriffen Ewigkeiten zu erfassen imstande sind. Könnten wir eine Million Jahre so konkret erleben, wie wir jetzt eine vorübergehende Minute erleben, so würden wir für unsere begriffliche Fähigkeit wenig Verwendung haben. Wir würden die ganze Periode in jedem Moment ihres Ablaufes voll erkennen, während wir sie uns jetzt mühsam mittels solcher Begriffe konstruieren müssen, die wir über den gegebenen Augenblick hinausprojizieren. Unmittelbare Erfassung und begriffliches Erkennen ergänzen so einander: jedes berichtigt so die Fehler des andern. Wenn uns am meisten an einer übersichtlichen Behandlung der Phänomene liegt, an einem Erschauen des Fernergelegenen und an einem Zusammenfassen weit zerstreuter gleicher Momente, dann müssen wir der begrifflichen Methode folgen. Wenn wir aber als Metaphysiker mehr wissen wollen über die innere Natur der Wirklichkeit oder über das, was sie im Innersten bewegt, dann müssen wir uns ganz wegwenden von unseren beflügelten Begriffen und uns in die Tiefe jener vorübergehenden intuitiven Momente versenken, über deren Oberfläche die Begriffe hinweghuschen, und auf der sie sich hie und da gelegentlich niederlassen und verweilen.

So kehrt Bergson die traditionelle platonische Lehre vollkommen um. Statt das intellektuelle Erkennen gegenüber dem intuitiven als das tiefere zu bezeichnen, bezeichnet er es als das oberflächlichere. Statt das einzig adäquate Erkennen zu sein, ist es in grober Weise inadäquat. Seine einzige Überlegenheit besteht in der praktischen Fähigkeit, durch die Erfahrung Richtwege zu bahnen und auf diese Weise Zeit zu ersparen. Das einzige, was das intellektuelle Erkennen nicht leisten kann, ist das innere Wesen der Dinge zu enthüllen — wem diese Bemerkung noch nicht klar ist, dem wird sie es in der Folge werden. Tauche also, sagt Bergson, in den Fluß der Sinneserfahrung zurück, wenn du wünschst, die Realität zu erkennen, in jenen Fluß, den der Platonismus in seinem seltsamen Glauben, daß nur das Unveränderliche wertvoll sei, immer verachtet hat. Wende dich der Empfindung zu, diesem an das Fleisch gebundene Etwas, das der Rationalismus immer verächtlich behandelt hat.

Dieses Verhalten gegenüber der Empfindung ist, wie Sie sehen, genau das Gegenteil von dem unserer idealistischen Zeitgenossen, die verlangen, man solle sich dem Absoluten zuwenden. Es tut unsern geistigen Gewohnheiten Gewalt an, denn es besteht gewissermaßen darin, sich den Dingen hinzugeben und ihrer Weise zu lauschen, statt nach der üblichen Art unseres Intellektes auf alles gleich mit lärmenden Worten zu reagieren.

Was sind denn nun die Besonderheiten der Sinneswahrnehmungen, welche die Übertragung in Begriffe verhängnisvoller Weise unberücksichtigt läßt?

Das Wesen des Lebens besteht darin, sich ununterbrochen zu verändern. Aber unsere Begriffe sind alle diskontinuierlich und unveränderlich, und die einzige Art, sie mit dem Leben in Übereinstimmung zu bringen, besteht in der willkürlichen Annahme fester unveränderlicher Positionen innerhalb des Lebensprozesses. Mit solchen festen Positionen können unsere Begriffe in Übereinstimmung gebracht werden. Aber diese Begriffe sind nicht Teile der Wirklichkeit, nicht Stellungen, die sie wirklich inne hat, es sind vielmehr Unterstellungen, Zeichen, die wir selbst machen, und man kann mit ihnen ebensowenig die Substanz der Wirklichkeit heraufholen, wie man Wasser heraufholen kann mit einem, wenn auch noch so feinmaschigen Netze. Wenn wir Begriffe bilden, so zerlegen und fixieren wir die sich wandelnde Erfahrung, indem wir alles andere beiseite lassen, was nicht in die Begriffe eingeht. Ein Begriff bedeutet: Das und nichts anderes. Als Begriff schließt die

Zeit den Raum aus, Bewegung die Ruhe, Annäherung die Berührung, Abwesenheit schließt die Gegenwart aus, Einheit die Vielheit, Unabhängigkeit die Abhängigkeit. Das Ihrige wird von dem meinigen ausgeschlossen, jene Verbindung von dieser und so in infinitum. In der konkreten Wirklichkeit hingegen, in dem unmittelbar wahrgenommenen Strom des Lebens, durchdringen die Erfahrungen einander derart, daß es nicht leicht ist, genau zu erkennen, was einander ausschließt und was nicht. Vergangenheit und Zukunft z. B., die begrifflich durch den Einschnitt getrennt sind, den wir Gegenwart nennen, und die definiert werden als sich gegenüberstehende Seiten dieses Einschnittes, sind bis zu einem gewissen, wenn auch noch so geringen Grade im ganzen unserer Erfahrung gleichzeitig vorhanden. Der gegenwärtige Augenblick, buchstäblich genommen, ist eine rein willkürliche Annahme, aber keine wirkliche Tatsächlichkeit: der einzige gegenwärtige Augenblick, der je konkret erlebt wurde, ist der „scheidende" Moment, in den das schwindende Nachleuchten der Vergangenheit mit der aufdämmernden Zukunft ihr Licht stets mischen. Sprich „jetzt", und schon w a r es dahin, während du es aussprichst.

Der Intellektualismus macht dadurch wirkliche Bewegung zu etwas Unbegreiflichem, weil er versucht, künstliche Ausschnitte an Stelle der natürlichen Einheiten erlebter Dauer zu setzen. Wenn man einmal die erste Hälfte des Zwischenraumes zwischen Achill und der Schildkröte abstrakt auffaßt, so ist die zweite Hälfte desselben ausgeschlossen und die mathematische Notwendigkeit, die erste Hälfte zu durchschreiten, bevor die letzte Hälfte durchschritten ist, bildet ein dauerndes Hindernis, daß die letzte Hälfte überhaupt je durchschritten wird. Inzwischen aber holt der lebende Achill nicht erst die Erlaubnis der Logik ein. Er ist ja nur ein für die Zwecke dieser Diskussion gebildeter abstrakter Name für eine Art des Impetus, gerade wie die Schildkröte ein solcher für eine andere Art von Impetus ist.

Die Schnelligkeit seiner Bewegungen ist eine unteilbare Einheit, ähnlich wie die Entspannung einer zusammengedrückten Feder. Wir definieren die Schnelligkeit begrifflich als $\frac{s}{t}$ aber die s und t sind nur künstliche Einschnitte, die nachträglich gemacht worden sind. Und sie sind um so künstlicher, wenn wir sie bei beiden Läufern als dieselben Strecken des „objektiven“ Raumes und der „objektiven“ Zeit behandeln; denn die von der Schildkröte und Achill wirklich erlebten Zeit- und Raumeinheiten werden ebenso voneinander verschieden sein, wie die verschiedenen Geschwindigkeiten ihrer Bewegungen. Der Anlauf des Achill ist eine einzige konkrete Tatsache, und dieser Anlauf schließt als unteilbares Ganze Zeit, Raum und die sieghafte Überlegenheit über die Bewegung des niederen Geschöpfes in sich. Achill bemerkt beim Lauf nichts von der homogenen Zeit und dem homogenen Raum des Mathematikers; auch kommt ihm nicht zum Bewußtsein, daß Zeit und Raum in unendlich viele Teile aufgelöst sind, die in bestimmter Ordnung aufeinander folgen. Ende und Anfang liegen für ihn innerhalb des *einen* Anlaufes, und, was er wirklich erlebt, besteht darin, daß er mitten in einer intensiven Anstrengung die Rivalin tatsächlich überholt.

Die begriffliche Zerlegung des Lebens ist uns so in Fleisch und Blut übergegangen, daß meine Ausführungen sicherlich bei Ihnen den Eindruck hervorrufen werden, als ob ich Sie aus dem Gebiete des klarsten Denkens in das trübster Verwirrung versetzte, und als ob wir in eine molluskenhafte Geistesverfassung zurücksinken müßten. Aber ich frage Sie: Ist die unbedingte Überlegenheit unseres höheren Denkens tatsächlich so überaus einleuchtend, wenn dieses Denken Aufgaben als unmöglich und unlösbar empfindet, die die Sinneserfahrung so leicht löst? Was Sie veranlaßt, das wirkliche Leben als etwas Verworrenes zu bezeichnen, ist der Umstand, daß es eine Anzahl verschiedenartiger, gleichsam ineinander überfließender Erscheinungen zeigt, die erst die begriffliche Verarbeitung auseinanderhält. Aber sind denn die verschiedenen Phänomene nicht wirklich in einander aufgelöst? Besitzt nicht jedes Stück Erfahrung seine Qualität, seine Dauer, seine Ausdehnung, seine Intensität, seine ihm eigene Tendenz, seine eigene Klarheit und noch viele andere Aspekte, von denen keines in der Vereinzelung für sich existieren kann, zu der unsere geschwätzige Logik sie verdammt? Sie existieren nur im Durcheinander; die Realität ist stets, nach dem Ausdruck Bergsons, eine Endosmose oder ein Zusammenfluß des Gleichen mit dem Andersgearteten: sie durchdringen einander und schieben sich, wie die Teile eines Teleskops, ineinander. Für die begriffliche Logik ist das Gleiche nichts als das Gleiche. Und zwei Objekte, die einem dritten gleich sind, sind auch untereinander gleich. In der konkreten Erfahrung verhält es sich aber nicht so. Zwei Punkte auf unserer Haut, von denen, jeder für sich genommen, wie ein dritter empfunden wird, werden, wenn sie gleichzeitig mit ihm berührt werden, als verschieden voneinander empfunden. Ebenso sind zwei Töne, von denen jeder einzelne nicht von einem dritten unterschieden werden kann, vollkommen voneinander verschieden. Der ganze Prozeß des Lebens kommt nur dadurch zustande, daß das Leben unsere logischen Axiome verletzt. Als Beispiel betrachte man einmal die Kontinuität des Lebens. Begriffe, wie A und C, erscheinen durch Zwischenglieder, wie B, verbunden zu sein. Der Intellektualismus bezeichnet dies als absurd, denn B — verbunden mit A — ist „als solches“ etwas Verschiedenes als „B verbunden mit C“. Aber das wirkliche Leben spottet des Einspruchs der Logik. Man stelle sich einen schweren Holzklotz vor, den nur zwei Männer tragen können. Zuerst tragen ihn A und B. Dann läßt A los und C tritt an seine Stelle. Dann läßt B los und D tritt an seine Stelle, so daß ihn jetzt C und D tragen usf. Währenddessen wird der Holzklotz niemals abgesetzt und behält seine Identität während des ganzen Transportes. So geht es mit allen unseren Erfahrungen. Ihre Veränderung bedeutet nicht völlige Vernichtung mit darauffolgender Schöpfung von etwas absolut Neuem. Während vielmehr ein Teil abstirbt und ein anderer Teil zuwächst, bleibt ein Kern von relativer Konstantheit bestehen. Was abstirbt, wird von diesem abgestoßen, was neu hinzuwächst, wird von ihm aufgenommen, bis schließlich etwas gänzlich Verschiedenes an seine Stelle getreten ist. In solchem Wandlungsprozesse sind wir trotz der intellektualistischen Logik mit ihrem „als solchem“ ebenso sicher, daß wir es tatsächlich mit demselben Kern zu tun haben, der bald Beziehung hat zu dem, was verschwindet, bald zu dem, was hinzukommt, wie wir sicher sind, daß derselbe Punkt auf dem Schnittpunkt verschiedener Linien liegen kann. Ein solches Universum ist zwar nicht durch und durch eine Einheit, aber es ist dennoch ein Kontinuum. Seine Glieder sind mit ihren nächsten Nachbarn nach vielen Richtungen verflochten, und zwischen ihnen gibt es nirgendswo scharfe Einschnitte.

Die intellektualistische Logik stößt mit der Sinneserfahrung da am stärksten zusammen, wo diese uns das Phänomen einer Einwirkung vermittelt. Wie wir in der zweiten Vorlesung sahen, leugnet der Intellektualismus, daß endliche Dinge aufeinander wirken können, denn alle Dinge, die einmal begrifflich gefaßt sind, bleiben in sich selbst eingeschlossen. Auf irgend etwas einwirken bedeutet, irgendwie in es eindringen; das aber würde bedeuten, aus sich selbst heraustreten und ein anderes werden, was in sich selbst widersprechend ist usw. Inzwischen *ist* aber tatsächlich jeder von uns er selbst und sein eigener anderer, indem das Leben ihn lehrt, dieses Verwandlungskunststück, das die Logik für unmöglich erklärt, zu vollbringen. Meine Gedanken beleben und bewegen diesen Körper, den Sie sehen und hören, und beeinflussen dadurch Ihre Gedanken. Irgendwie gelangt der Erregungsstrom von mir zu Ihnen, wie zahlreich auch die Zwischenleiter seien. In der Logik mögen begriffliche Unterschiede Isolatoren sein, soviel sie wollen, aber im Leben können begrifflich verschiedene Dinge in Verbindung treten und tun es auch jeden Augenblick.

Der Konflikt zwischen den beiden Arten des Erkennens tritt am deutlichsten hervor in der intellektualistischen Lehre, daß „ein und derselbe Gegenstand nicht in vielen Beziehungen existieren kann“. Dies folgt natürlich aus den Begriffen der beiden Beziehungen, denn jeder ist so von dem andern verschieden, daß „was in einer Beziehung“ ist, „als solches“ etwas völlig Verschiedenes bedeutet von dem, „was in der andern Beziehung ist“. Es liegt hier etwas Ähnliches vor wie die ironische Bemerkung Mills, daß wir uns nicht Newton gleichzeitig als Engländer und als Mathematiker vorstellen sollten, weil ein Engländer „als solcher“ nicht ein Mathematiker und ein Mathematiker „als solcher“ nicht ein Engländer ist[3]). Aber der wirkliche Newton war beides zugleich und durch das ganze endliche Universum beweist es jedes Ding, daß es vieles Verschiedenes gleichzeitig sein kann, ohne daß es dabei nötig hätte, sich in verschiedene Exemplare zu zerstückeln, die besondere, voneinander unabhängige Ausgaben seiner selbst darstellen.

Diese wenigen Andeutungen werden vielleicht genügen, Sie in die Anschauungsweise Bergsons zu versetzen. Die unmittelbare Erfahrung des Lebens löst die Probleme, die unsere mit Begriffen arbeitende Intelligenz zur Verzweiflung bringt. Wie kann das Vielfältige gleichzeitig eins sein? Wie kann etwas aus sich selbst herausgehen? Wie kann es sein eigenes Anderes sein? Wie können die Dinge gleichzeitig von einander getrennt und verbunden sein? Wie können sie auf einander einwirken? Wie können sie für die andern existieren und gleichzeitig für sich? Wie können sie gleichzeitig anwesend und abwesend sein? Der Intellekt stellt diese

[3]) Anm. des Übersetzers: Vergl. Herbart „Einleitung in die Philosophie“ § 118: „Die Mehrheit der Eigenschaften verträgt sich nicht mit der Einheit des Gegenstandes.“

Fragen, ähnlich, wie wir fragen möchten, wie es möglich ist, daß etwas gleichzeitig die Dinge trennen und verbinden kann, oder wie die Töne ähnlicher werden können, indem sie immer weiter voneinander entfernt sind. Wenn man den Raum schon aus der Erfahrung kennt, dann kann man die erste Frage beantworten, indem man auf einen kurzen oder langen Zwischenraum hinweist. Wenn man die Tonleiter kennt, kann man die zweite Frage beantworten, indem man eine Oktave anschlägt. In ähnlicher Weise antwortet Bergson auf die intellektualistischen Rätselfragen: er verweist uns auf die verschiedensten Sinneserfahrungen unserer endlichen Welt und sagt: Da, seht her, so geschieht es! In gleicher Weise werden alle anderen Probleme durch das Leben gelöst.

Wenn man die Wirklichkeit in Begriffe aufgelöst hat, kann man sie niemals in ihrer Ganzheit wieder herstellen. Wieviel begrifflich unterschiedene Einzelheiten man auch nehmen mag, man kann mit diesen niemals ein Stück konkreter Wirklichkeit aufbauen. Aber versetzen Sie sich mit einem Sprung oder d'emblée, wie Bergson sagt, in das Innere der lebenden, beweglichen, schaffenden Tiefe der Wirklichkeit, und alle Abstraktionen und Distinktionen sind in Ihre Hand gegeben: jetzt können Sie nach Herzenslust, wie der Intellektualist, alles in Begriffe auflösen. Versetzen Sie sich z. B. von innen in das Phänomen der Bewegung und es werden Ihnen Geschwindigkeit, Aufeinanderfolge der Stellungen und unzählig viel Anderes noch obendrein von selbst zufallen. Aber mit einer nur abstrakten Aufeinanderfolge von Formeln und festen Stellungen kann man niemals die Bewegung zusammenflicken. Sie fällt zwischen ihnen mitten durch und geht verloren.

So ergeht es allem Lebendigen, wie vielgestaltig es auch sein. Unser Intellekt behandelt es gleich einem Flickwerk, das man nachträglich wieder zusammensetzen kann; er verfährt mit ihm wie mit einer Leiche, an der man eine Sektion vornimmt. Bei dieser Arbeit kann der Intellekt in derjenigen

Ordnung vorgehen, die ihm für seine Zwecke am nützlichsten erscheint. Wir können jedes Ding als sich selbstwidersprechend erscheinen lassen, wann immer wir wollen. Aber nehmen Sie den Standort der Betrachtung von dem inneren Tun des Wesens aus, und alle diese einander widersprechenden Begriffe, die der rückwärts gewandten Betrachtungsart des Intellektes entstammen, fügen sich harmonisch zur Einheit zusammen. Versetzen Sie sich mit lebendiger Sympathie in den schöpferischen Mittelpunkt, in den Elan vital, wie Bergson ihn nennt, von dem aus sich ein menschlicher Charakter entfaltet, und mit einem Schlage werden Sie erkennen, wie dieser Charakter denjenigen, die ihn nur von außen betrachten, zu so verschiedener Beurteilung Veranlassung geben konnte. Unter dem Druck wechselnder Umstände bricht aus ihm sowohl Ehrlichkeit wie Unehrlichkeit hervor, Mut wie Feigheit, Dummheit wie Einsicht, und wenn Sie sich von innen in den Charakter versetzt haben, dann empfinden Sie genau, warum und wie solches geschieht, und Sie werden niemals versuchen, ihn als eine starre unveränderliche Größe mit irgendeiner dieser Abstraktionen gleichzusetzen. Nur der Intellektualist verfährt in dieser Weise — und Sie verstehen jetzt wohl auch, warum er für immer so verfahren muß.

Versetzen Sie sich in ähnlicher Weise in den Mittelpunkt der philosophischen Intuition eines Mannes, und Sie begreifen sofort all die verschiedenen Gedanken, die aus dieser Intuition fließen. Bleiben Sie aber draußen, wenden Sie Ihre post-mortem Methode an, versuchen Sie seine Philosophie aus einzelnen Sätzen aufzubauen, indem Sie erst den einen und dann den andern hernehmen, um sie hernach miteinander in Einklang zu bringen, dann natürlich wird Ihnen kein Erfolg beschieden sein. Sie kriechen über den Gedankenbau wie eine kurzsichtige Ameise über ein Haus hinwegkriecht und dabei in jeden mikroskopisch kleinen Riß oder in jede Spalte hineinfällt. So stoßen Sie nur auf

Unzuträglichkeiten und Unzulänglichkeiten und kommen nie zu der Vorstellung, daß überhaupt ein schöpferischer Mittelpunkt vorhanden ist.

Was jeweils wirklich existiert, sind nicht Dinge, die schon geworden sind, sondern Dinge, die noch im Werden (in the making) begriffen sind. Werden sie nicht mehr, so sind sie tot, und man kann sie dann, um sie wissenschaftlich zu definieren, auf unendlich viele Weisen begrifflich zerlegen. Aber versetzen Sie sich in das Werden auf Grund einer intuitiven Sympathie mit dem Ding, und Sie beherrschen sogleich die ganze Reihe möglicher begrifflicher Zerlegungen und werden nicht länger von der Frage gequält, welche von ihnen im absoluten Sinne wahrer ist. Die Realität sinkt zusammen, wenn sie in die begriffliche Analyse übergeführt wird, sie steigt wieder empor, wenn sie ihr eigenes ungeteiltes Leben lebt — sie knospet und sproßt, ändert sich und schafft Neues. Versetzen Sie sich irgend einen Augenblick in die Bewegung dieses Lebens und Sie wissen, was Bergson das Devenir réel nennt, durch welches das Ding sich entwickelt und wächst. Die Philosophie soll diese Art lebendigen Verständnisses der beweglichen Realität anstreben und nicht der Wissenschaft in dem vergeblichen Versuch folgen, ihre toten Resultate zusammenzuflicken. — —

Diese Ausführungen über Bergsons Philosophie mögen für den Zweck dieser Vorlesungen genügen. Ich will daher hier aufhören und mich um all die anderen wesentlichen Züge, so originell und interessant sie auch sind, nicht weiter kümmern. Sie können sagen, und zweifellos werden einige von Ihnen es jetzt tun, daß die Art, wie Bergson uns an die Empfindung verweist, nur ein Rückschritt ist, eine Rückkehr zu jenem unfertigen Empirismus, den ihre eigenen Idealisten seit Green schon zehnmal begraben haben. Ich gestehe, es ist in der Tat eine Rückkehr zum Empirismus, aber ich denke, eine Rückkehr zu einer solch vollendeten Gestalt des Empirismus beweist nur seine unsterbliche Wahrheit.

Was sich nicht begraben läßt, muß wohl echtes Leben in sich tragen. Im Anfang war die Tat. Als Erstes kommt immer die Tatsache; die begriffliche Verarbeitung ist immer ein zweites, immer ein inadäquates, das niemals ein volles Äquivalent der Tatsache sein kann. Wenn ich die jüngste Literatur der Transzendentalphilosophie lese — die Schriften meines Kollegen Royce nehme ich z. T. aus — so bemerke ich nichts weiter, als daß man „auf der Stelle tritt", daß man gleich einem müden Gaul vor der leeren Stallkrippe mit den Zähnen knirscht, mit den Füßen scharrt und das immer wieder von neuem wiederholt. Man wendet immer wieder dieselben paar schäbigen Kategorien hin und her, bringt die gleichen Einwendungen vor und preßt immer dieselben Antworten und Lösungen heraus, ohne daß je eine neue Tatsache oder ein neuer Horizont erscheint. Aber öffnen Sie die Schriften Bergsons und neue Horizonte leuchten Ihnen aus jeder Seite entgegen. Es ist wie der Atem des Morgens und der Sang der Vögel. Er spricht von der Realität selbst, statt immer nur zu wiederholen, was Professoren mit verstaubten Seelen über das geschrieben haben, was andere Professoren früher gedacht haben. Nichts ist in Bergsons Werken verschlissen oder abgetragen.

Daß er uns kein in sich abgeschlossenes System gibt, wird ihm natürlich in den Augen der Intellektualisten schaden. Er begnügt sich, tiefere Wirklichkeiten heraufzubeschwören und zu ihrer Betrachtung einzuladen. Aber zuerst hebt er das Veto des Intellektualismus auf, so daß wir jetzt dem Rhythmus der Wirklichkeit folgen können, und zwar mit einem so guten philosophischen Gewissen, wie nie zuvor. Wie einer seiner französischen Schüler es einmal treffend ausdrückt: „Bergson verlangt von uns zuerst eine Art innerer Katastrophe, und nicht jedermann ist einer solchen logischen Revolution fähig. Denjenigen aber, die einmal die nötige Geschmeidigkeit gehabt haben, diese psychologische Frontveränderung auszuführen, scheint es, als ob sie nicht mehr zu ihrer früheren Geisteshaltung zurückkehren können; sie sind Bergsonianer... ihnen wird der Hauptgedanke des Werkes sofort deutlich. Sie haben ihn verstanden, sowie man versteht, wenn man liebt; sie haben von Anbeginn an die ganze Melodie erfaßt und können hernach in Muße die Originalität, die Fruchtbarkeit, die geniale Phantasie bewundern, mit denen der Verfasser das ursprüngliche Thema entwickelt, in neue Tonarten überführt, und es in der Orchestration seines Stils unter tausend Formen immer wieder aufnimmt[4])."

Das ist alles, was ich, so kurz und dürftig es auch sein mag, bei dieser Gelegenheit über Bergson zu sagen habe; ich hoffe, es wird aber genügen, um einige von Ihnen zu veranlassen, Bergsons eigene Schriften zur Hand zu nehmen. Ich muß mich jetzt dem Punkte zuwenden, bei dem ich es für ratsam hielt, seine Ideen zu Hilfe zu nehmen. Sie erinnern sich aus der letzten Vorlesung meiner eigenen intellektualistischen Schwierigkeiten. Wie kann eine Anzahl gesonderter Bewußtseinsprozesse zugleich ein einziges kollektives Wesen sein? Wie, so fragte ich, kann ein und derselbe identische Erfahrungsinhalt, dessen Sein nach idealistischen Prinzipien im Erlebtwerden besteht, so verschieden erlebt werden, wenn dieser Erfahrungsinhalt selbst es ist, der als das einzige Subjekt des Erlebens zu gelten hat? Die übliche Art, diesen Schwierigkeiten durch Verwendung solcher Formeln, wie quatenus oder „als solche" zu entgehen, wird uns hier, wie ich schon sagte, nichts helfen, wenn wir uns auf den Standpunkt des radikalen Intellektualismus stellen, denn die Tatsache des Zusammenerscheinens ist als solche nicht dieselbe wie die Tatsache des Gesonderterscheinens, die Welt qua Vielheit ist nicht die Welt qua Einheit, wie der absolute Idealismus behauptet. Wenn wir an Humes Grundsatz festhalten, den der neuere Intellektualismus mit so viel Nutzen für sich verwendet, daß alle Dinge, die man

[4]) Gaston Fageot: Revue philosophique, Vol. 64, p. 85, Juli 1907.

unterscheidet, auch voneinander derart geschieden sind, als ob zwischen ihnen überhaupt keine Verbindung existiere, dann schien es keinen andern Weg aus der Schwierigkeit zu geben, als über die Erfahrung überhaupt hinauszuschreiten, um in der Verwendung verschiedener geistiger Agentien, wie Selbste oder Seelen, die geforderte Vielfältigkeit zu erhalten. Aber ich lehnte diese Befreiung durch scholastische Wesenheiten ebenso unwillig ab wie der pantheistische Idealismus.

Aber um Fechners Wort noch einmal anzuführen: Nichts Wirkliches kann unmöglich sein. Das Wirkliche kann nicht unmöglich sein, und was wirklich ist in jedem Augenblick unseres Lebens, daran möchte ich Sie nunmehr erinnern. Sie können die Vibration eines elektrischen Konduktors hören, den Ozon riechen, die Funken sehen, und die Erschütterung spüren, und zwar können Sie alle diese Empfindungen gleichzeitig miteinander in einem Bewußtseinsfelde haben. Aber Sie können auch jede dieser Empfindungen für sich wahrnehmen, indem Sie die übrigen ausschalten. Wenn Sie Ihre Augen schließen, Ihre Nase zuhalten und Ihre Hand entfernen, können Sie die Tonempfindung allein haben, aber sie scheint noch dieselbe Empfindung zu sein, die sie vorher war; und wenn Sie die andern Sinnesorgane wieder in Tätigkeit treten lassen, so wächst der Ton wieder mit dem Gefühl, dem Gesicht und dem Geruch zur Einheit zusammen. Will man diese Tatsachen erörtern[5]), so ist es das Natürlichste, zu sagen, daß gewisse Empfindungen bald für sich allein, bald mit andern Empfindungen zusammen in einem gemeinsamen Bewußtseinsfelde wahrgenommen werden. Änderungen der Aufmerksamkeit ergeben ähnliche Resultate. Wir lassen eine Empfindung zu oder schließen sie aus, indem

---

[5]) In meiner Psychologie habe ich selbst in anderer Weise, so einleuchtend wie ich konnte, davon gehandelt und für gewisse ausgewählte Fälle, wie ich glaube, durchaus zutreffend; aber für andere Fälle tritt die natürliche Anschauungsweise wieder in ihr Recht.

wir unsere Aufmerksamkeit ändern. Und in ähnlicher Weise geschieht es mit Einzelheiten des Gedächtnisses. (Bitte, erheben Sie nicht die Frage, wie diese Änderungen der Aufmerksamkeit zustande kommen. Die unmittelbare Bedingung ist in jedem einzelnen Falle wahrscheinlich zerebraler Natur, aber es wäre ohne Belang für unser gegenwärtiges Problem, dies hier näher zu untersuchen, denn wir haben hier nur die Ergebnisse im Auge, und ich wiederhole, daß die natürlichste Art, diese Dinge zu betrachten, gerade diejenige ist, die die intellektualistische Kritik widersinnig findet.)

Die Widersinnigkeit, deren man hier beschuldigt wird, besteht darin, daß ein und derselbe Erfahrungsinhalt so verschiedene Funktionen ausüben soll, bald mit etwas anderm und bald allein. Aber er scheint das tatsächlich nach unserer Erfahrung zu tun. Dasselbe Pult, das ich mit meiner Hand berühre, berühren auch Ihre Augen. Es funktioniert zugleich als ein physisches Objekt in der Außenwelt und als ein geistiges Objekt in unseren verschiedenen geistigen Welten. Dieser mein Körper, den mein Gedanke bewegt, ist der Körper, dessen Gesten Ihr visuelles Objekt bilden, und dem Sie meinen Namen geben.

Derselbe Balken, den John tragen half, ist der Balken, der jetzt von James getragen wird. Dasselbe Mädchen, das Sie lieben, ist gleichzeitig anderweitig engagiert. Der Platz, der sich gerade hinter mir befindet, liegt vor Ihnen. Blicken Sie, wohin Sie wollen, Sie werden nur Beispiele finden, wo das Gleiche inmitten des Verschiedenen vorhanden ist, und Beispiele von verschiedenen Beziehungen, die in demselben Ding sozusagen aufgelöst existieren. Sie werden zwar sagen: Qua dies ist eine Erfahrung, nicht dasselbe qua das; ganz gewiß! Aber die Quas geben nur begriffliche Abstraktionen; sie gleichen Momentaufnahmen, die wir von den Überbleibseln ehemaliger lebendiger Erfahrungen machen. In seiner sinnlichen Unmittelbarkeit ist in jedem Einzelnen alles zugleich enthalten, wie vielerlei es auch auf einmal sein mag. Es ist vor C und hinter A, von Ihnen fern und mir nahe, ohne diesen verbunden und mit jenem verknüpft, aktiv und passiv, physisch und geistig, ein Ganzes von Teilen und Teil eines höheren Ganzen; es ist alles gleichzeitig, ohne mit sich selbst in Widerspruch zu stehen und ohne sich verdoppeln zu müssen in eine sinnliche und eine begriffliche Tatsächlichkeit. So ist es, so lange wir den Gesichtspunkt der Unmittelbarkeit festhalten, den Gesichtspunkt, vermöge dessen wir der lebendigen Kontinuität unserer Empfindungen folgen, und dem alle lebendige Sprache entspricht. Nur, wenn Sie versuchen — um die Phraseologie Hegels weiter zu gebrauchen — das Unmittelbare vermittels des Begriffes zu erfassen (to mediate) oder den Begriff an Stelle des unmittelbar gegebenen Lebens zu setzen, dann feiert der Intellektualismus seinen Triumph, und dann wird der immanente Selbstwiderspruch dieser glatt verlaufenden endlichen Erfahrung erwiesen.

Man hat als ein Mittel, den Unzulänglichkeiten dieser Situation zu entgehen, ein ganz überflüssiges begriffliches Objekt, das sogenannte Absolute, erfunden, in das man genau dieselben unaufgelösten Widersprüche hineinpackt. Von dieser seltsamen Aushilfe werde ich in der nächsten Vorlesung etwas näher zu berichten haben. Das Absolute soll seine Taten dadurch vollführen, daß es sein eigenes Andere in sich aufnimmt. Aber das ist gerade das, was geschieht, wenn jedes individuelle Teilchen des Empfindungsstromes die ihm angrenzenden Teilchen in sich aufnimmt und mit ihnen zusammenfließt. Gerade das meinen wir mit der Kontinuität des Empfindungsverlaufes. Dort ist kein Element von irgendeinem andern derart abgeschnitten wie ein Begriff vom andern. Dort ist kein Teil so klein, daß er nicht einen Ort bildet, wo Verschiedenes zusammenfließt. Dort ist kein Teil dem benachbarten nicht wirklich nahe: was soviel bedeutet, wie, daß in wörtlichem Sinne nichts zwischen ihnen ist; was wiederum bedeutet, daß kein Teil genau so weit und nicht weiter geht, daß kein Teil den andern völlig ausschließt, sondern daß sie einander durchdringen und miteinander zusammenhängen. Wenn man einen herausreißt, reißt man mit seinen Wurzeln auch noch andere mit heraus. Was immer wirklich ist, ist teleskopartig in anderes Wirkliche hineingeschoben und von ihm durchdrungen; kurz, jedes kleinste Teilchen ist schon im vollsten Sinne des Wortes sein eigenes Andere.

Natürlich klingt das alles sich selbstwidersprechend; aber da die unmittelbaren Tatsachen überhaupt nicht klingen, sondern einfach da sind, bis wir sie in Begriffe umsetzen und sie mit Namen nennen, so entsteht der Widerspruch nur, wenn man anstelle der wirklichen Form, in der die Tatsachen uns gegeben sind, die begriffliche oder diskursive Form setzt. Aber wenn, wie Bergson zeigt, diese Form nur für praktische Zwecke nachträglich hinzugekommen ist, um uns in den Stand zu setzen, mit wenigen Schritten das Leben zu durcheilen, statt alle seine Einzelheiten mühsam zu durchwaten, und wenn diese diskursive Form nicht einmal den Anspruch erheben kann, uns etwas von dem zu enthüllen, was die innere Natur des Lebens ist oder sein sollte: nun, dann können wir ruhig unser Ohr den Anklagen verschließen, die die begriffliche Form gegen die unmittelbare Form der Tatsache erhebt. Der Entschluß, nicht mehr auf diese Anklagen zu hören, ist die innere Krise oder Katastrophe, von welcher der von mir oben zitierte Schüler Bergsons gesprochen hat. Wir sind so stark in der philosophischen Tradition befangen, die den Logos oder den diskursiven Gedanken im allgemeinen als den einzigen Weg zur Wahrheit ansieht, daß es uns schwer ankommt, einerseits auf das rohe, noch nicht in Begriffe aufgelöste Leben als auf eine Tatsächlichkeit zurückzukommen, die tiefere Wahrheit uns offenbart, und andererseits die Begriffe als nur praktische Dinge, wie Bergson sie nennt, aufzufassen. Es ist, als täten wir unsere stolze Geistesreife ab und würden wieder in den Augen der Vernunft törichte kleine Kinder. Aber, so schwer auch eine solche Umwälzung ist, ich glaube, es gibt keinen andern Weg, die Wirklichkeit zu erfassen und ich, ich wage zu hoffen, einige von Ihnen werden meine Meinung teilen, nachdem Sie meine nächste Vorlesung gehört haben werden.

7. Vorlesung.

Die Kontinuität der Erfahrung.

Ich fürchte, wenige von Ihnen werden imstande gewesen sein, dem Rufe Bergsons Folge zu leisten und sich der Unmittelbarkeit des Empfindungslebens zuzuwenden, um durch sie zur volleren Erkenntnis der Wirklichkeit zu gelangen. Wenige von Ihnen werden mit seinem Versuche sympathisieren, den Begriffen das göttliche Recht auf unumschränkte Herrschaft über unsern Geist zu schmälern. Es kommt dies zu sehr der Aufforderung gleich, niederwärts und nicht aufwärts zu schauen. Die Philosophie, werden Sie sagen, liegt nicht flach auf ihrem Bauch mitten in der Erfahrung, mitten in ihrem gröbsten Sand und Kies, wie es dieser Bergsonismus tut, der niemals aus überlegener Höhe seinen Blick auf irgend etwas werfen kann. Die Philosophie ist wesentlich ein Schauen der Dinge von oben. Sie fühlt nicht einfach die Einzelheiten der Dinge, sie erfaßt ihren intelligiblen Plan, sieht ihre Formen und Prinzipien, ihre Kategorien und Regeln, ihre Ordnung und Notwendigkeit. Sie macht den höheren Gesichtspunkt des Architekten sich zu eigen. Ist es denkbar, daß sie je diesen Gesichtspunkt aufgeben und sich einem trägen Leben unmittelbaren Fühlens hingeben werde? Ganz zu schweigen von Ihrer Verehrung für Aristoteles und Plato, die hier in Oxford zur Tradition gehört, dürfte der Sauerteig eines T. H. Green hier noch zu stark gären, als daß die Gegnerschaft gegen den Sensualismus so schnell aufgegeben würde. Mehr als irgend ein anderer erkannte Green, daß man die Beziehungen der Dinge kennen muß, wenn man etwas über die Dinge wissen will; nichts konnte ihn aber überzeugen, daß unser Empfindungsleben irgendwelche Beziehungselemente enthalten könnte. Darin folgte er der strengsten intellektualistischen Methode: Was nicht ausdrücklich in die Definition der Empfindung eingeschlossen ist, das schließt sie aus. Da nun die Empfindungen nicht als Beziehungen definiert werden, so kam Green zu dem Ergebnis, daß sie nur dann Beziehungen untereinander haben könnten, wenn von oben her ein absoluter, ewiger, selbstbewußter Geist die Beziehungen herstelle, ein Geist, der überall da gegenwärtig ist, wo Beziehungen bestehen, der selbst aber außerhalb jeder Beziehung bleibt. „Eine Beziehung", sagte er, „ist nicht etwas so Zufälliges, daß sie schon mit der Zufälligkeit des Gefühls gegeben wäre. Sie ist etwas Beständiges und ruht auf der Beständigkeit des verbindenden und vergleichenden Denkens"[1]). Mit andern Worten: Beziehungen sind Objekte rein begrifflicher Art, und die Empfindungen als solche können von sich aus keine Beziehungen untereinander herstellen. Die Empfindung an sich, schreibt Green, ist flüchtig, dem Augenblick angehörend, unbenennbar, da sie schon, während wir ihr einen Namen geben, eine andere geworden ist. Aus demselben Grunde ist sie auch unerkennbar: Sie ist geradezu die Negation der Erkennbarkeit. Gäbe es keine begrifflich fixierten Objekte, auf die wir unsere Empfindungen beziehen könnten, so gäbe es keine bestimmten Benennungen, sondern nur Geräusche, und ein folgerichtiger Sensualismus müßte sprachlos sein[2]).

Greens Intellektualismus war von einem solchen Ernste getragen, daß seine Wirkung nicht ausbleiben konnte. Aber die atomistisch gearteten und beziehungslosen Empfindungen, die er annahm, waren rein erdichtete Erzeugnisse seiner intellektualistischen Phantasie. Die Psychologie unserer eigenen

---

[1]) „Introduction to Hume", 1874, p. 151.

[2]) ibid. pp. 16, 21. 36. et passim.

Zeit weist sie durchaus zurück[3]). Es ist ergreifend, zu sehen, wie Green eifrig den armen alten Locke bearbeitet, einmal, weil er nicht eingesehen hat, daß seine Auffassung vom Wesen der Empfindung durchaus unbrauchbar war, und dann, weil er nicht seine Zuflucht zum Heilmittel des transzendentalen Idealismus genommen hat. Jeder, der das Empfindungsleben in concreto untersucht, muß erkennen, daß Beziehungen jeder Art: Zeit, Raum, Verschiedenheit, Gleichheit, Veränderung, Maß, Ursache, oder was sonst noch, genau so wesentliche Bestandteile des Flusses der Sinneserfahrungen sind, als sie Begriffe sind und, daß konjunktive wie disjunktive Beziehungen echte Bestandteile dieses Flusses sind[4]). Das ist es, was ich in einigen meiner jüngsten Schriften als Lehre des „radikalen Empirismus" bezeichnet habe im Unterschied von der Lehre der psychischen Atome, an die man bei dem Namen Empirismus so oft denkt. Intellektualistische Kritiker der Empfindung behaupten, Empfindungen seien nur unverbunden. Der radikale Empirismus hingegen behauptet, daß zwischen ihnen Konjunktionen ebenso unmittelbar gegeben sind als Disjunktionen, und daß Beziehungen, disjunktive sowohl wie konjunktive, in ihrer ursprünglichen sinnlichen Gegebenheit nach Greens eigenen Worten gerade so flüchtig und vergänglich und gerade so „partikulär" sind wie Empfindungen. Später werden Empfindungen und Beziehungen zu allgemeinen Ideen, zu Begriffen, die einen Namen empfangen[5]). Aber die ganze Dichte, Konkretheit

---

3) Vergl. u. a. das Kapitel über den „Stream of thought" in meinen Lehrbüchern der Psychologie; H. Cornelius, „Psychologie", 1897, Kap. I und III; G. H. Luquet, „Idées génerales de Psychologie", 1906, passim.

4) Vergl. zu all diesem meinen Artikel „A world of pure experience" in dem Journal of Philosophy, New York, Vol. I, pp. 533, 561 (1905).

5) Greens Versuch, die Empfindungen dadurch zu diskreditieren, daß er an ihre „Stummheit" erinnert, weil sie nicht mit einem Namen versehen auftreten, wie es die Begriffe tun, zeigt nur, wie der Intellektualismus von Wortklauberei beherrscht ist. Das Unbenannte erscheint bei Green als synonym mit dem Unwirklichen.

und Individualität der Erfahrung existieren nur in ihrer unmittelbaren Gegebenheit, in der sie noch nicht ihren vollen sprachlichen Ausdruck gefunden haben. Und auf diesen Reichtum der unmittelbar gegebenen Erfahrung, wie auf die prinzipielle Unfähigkeit unserer Begriffe, ihn jemals zu erfassen, lenkt Bergson nachdrücklichst unsere Aufmerksamkeit.

Und nun können wir endlich damit beginnen, einige der gesonderten Fäden unseres Argumentes zusammenzufassen, um ein wenig besser die allgemeine Art des Schlusses zu erkennen, dem wir zustreben. Ich bitte Sie, sich dessen zu erinnern, was ich in meiner vorletzten Vorlesung ausführte über die Schwierigkeit der Frage, wie verschiedene Bewußtseinszustände sich selbst zur Einheit zusammenfassen können. Sie werden sich erinnern, daß die Schwierigkeit dieselbe zu sein schien, gleichviel, ob wir sie in der Psychologie als die Synthese endlicher Geisteszustände aus einfacheren endlichen Zuständen oder in der Metaphysik als die Synthese des absoluten Geistes aus den endlichen Geistern vorfanden. Der Intellektualismus steht immer vor der gleichen Schwierigkeit: Ein Ding kann nicht identisch sein mit vielen, seien diese nun gleichzeitig oder nacheinander gegeben; denn die abstrakten Begriffe der Einheit und der Vielheit schließen notwendig einander aus. In dem besonderen Falle, bei dem wir so lange verweilt haben, ist das eine Wesen die All-Form der Erfahrung, die vielen Wesen sind die Einzelformen der Erfahrung in Ihnen und mir. Um diese beiden Formen als identisch zu bezeichnen, müssen wir sie so behandeln, als ob jede von ihnen gleichzeitig ihr eigenes Andere wäre, ein Denkakt, der nach den Prinzipien der gewöhnlichen Logik unvollziehbar ist.

Wie ich Ihnen in meiner letzten Vorlesung zu zeigen versuchte, ist für uns aber ein Ausweg offen: wir müssen prinzipiell hinter die begriffliche Tätigkeit überhaupt zurücktreten und den ursprünglichen Fluß des Empfindungslebens für die wahre Gestalt der Wirklichkeit ansehen. Nicht nur das Absolute ist sein eigenes Andere, sondern auch die kleinsten Teile der unmittelbaren Erfahrung sind ihre eigenen Anderen, wenn diese Hegel'sche Ausdrucksweise ein für allemal gestattet ist. Die konkreten Pulse der Erfahrung scheinen durch keine solche festen Grenzen eingeengt zu sein, wie es die Begriffe sind. Jene fließen stetig ineinander über und scheinen sich gegenseitig zu durchdringen. Was in ihnen Beziehung und was Gegenstand der Beziehung ist, läßt sich schwer unterscheiden. Es gibt kein Teilchen der Erfahrung, das innerlich als einfach empfunden wird, und keine zwei, die in ihrem Berührungspunkte nicht irgendwie zusammenfließen. Keine unmittelbar gegebene Sinnesempfindung ist so klein, daß sie nicht dieses Geheimnis offenbart, wenn man dabei überhaupt von einem Geheimnis sprechen kann. Das leiseste Gefühl, das wir noch haben können, besitzt eine frühere und eine spätere Phase und ist begleitet von dem Bewußtsein ununterbrochenen Fortschreitens. Shadworth Hodgson hat schon vor langer Zeit gezeigt, daß es, genau genommen, so etwas wie den gegenwärtigen Augenblick nicht gibt außer als ein unwirkliches Postulat des abstrakten Denkens[6]). Der „vorübergehende" Augenblick ist, wie ich Ihnen schon einmal sagte, die kleinste Tatsache, die uns zugänglich ist, und sie schließt innerhalb und außerhalb ihrer selbst die „Erscheinung des Unterschiedes" ein. Empfinden wir nicht in einem Bewußtseinsfelde Vergangenheit und Gegenwart zusammen, so empfinden wir sie überhaupt nicht. Wir haben die gleiche „Vielheit in der Einheit" in dem Stoff, der die verfließende Zeit ausfüllt. Unser Bewußtsein drängt stets über die es umgebenden Ränder hinaus: das ist die ewige Eigentümlichkeit seines Lebens. Wir erkennen dieses Leben als etwas, was immer aus seinem Gleichgewicht ist, etwas, was sich stets im Übergang befindet, etwas, was aus der Dunkelheit hervor-

[6]) „Philosophy of reflexion" I, 248 ff.

schießt und durch das Halbdunkel zur Helle dringt, in der sich das verwirklicht, was im Halbdunkel sich emporrang. Inmitten aller Kontinuität erscheint unsere Erfahrung als eine Veränderung. „Ja", sagen wir, bei voller Helle des Bewußtseins, „gerade dies habe ich gemeint." „Nein", fühlen wir, wenn das Bewußtsein sich noch im Halbdunkel befindet, „das ist noch nicht die volle Bedeutung, es muß noch mehr hinzukommen." Bei jedem Anwachsen der Empfindung, bei jeder Anstrengung, sich auf etwas zu besinnen, bei jedem Schritt, der uns zur Befriedigung eines Wunsches weiterführt, ist dieses Aufeinanderfolgen von einem Gefühle der Leere und der Fülle, die Beziehung zu einander haben und eines Wesens sind, das Charakteristische des Phänomens. Jedesmal, wenn ein Wunsch uns bewegt, der nicht gleich erfüllbar ist, dann empfinden wir den Gegenstand dieses Wunsches als Ideal gegenwärtig; oder mit einem Worte, das Gefühl des „Abwesenden" gibt dem im Bewußtsein Gegenwärtigen seine Bedeutung. Und in der Bewegung des Denkens haben wir das gleiche Phänomen. Wenn ich sage, Sokrates ist sterblich, so ist der Augenblick „Sokrates" unvollkommen: Er stürzt nach vorwärts weiter, um durch das Verbum ist, das reine Bewegung ist, in das Wort sterblich zu fallen. Für die Zunge ist es nichts weiter als ein nacktes Wort, aber für den Geist verbindet sich mit der Aussprache des Wortes sterblich das Gefühl der Befriedigung, sich des Gedankens „sterblicher Sokrates" glücklich entledigt und ihn verkündet zu haben[7]).

Hier also, innerhalb der kleinsten Schwingungen der Erfahrung, erkennen wir jene innere Mannigfaltigkeit, die nach der Meinung der Transzendentalphilosophen nur das

---

[7]) Der größte Teil dieses Abschnittes stammt aus einem Vortrage, den ich vor der American Psychological Association gehalten habe. Er ist abgedruckt in der Psychological Review, Vol. II, p. 105. Ich freue mich der Tatsache, daß ich schon im Jahre 1895 so weit in meiner gegenwärtigen Stellung zu Bergson vorgerückt war.

Absolute wirklich besitzen soll. Der Hauptpunkt der Sache ist stets der gleiche: Etwas geht immer unauflöslich mit etwas anderem. Man kann nicht das Gleiche von seinem „andern" trennen, außer wenn man das Wirkliche überhaupt aufgibt, und an seine Stelle ein Begriffssystem setzt. Was unmittelbar gegeben ist in dem einzelnen und besonderen Falle, ist immer etwas, das mit anderem zusammen einen gemeinsamen Fonds bildet, und zwar ohne daß es dadurch verdunkelt und der Erkenntnis unzugänglich würde.

Kein Stück der Wirklichkeit, und sei es noch so klein, wird für uns verdunkelt, wenn wir es vom Gesichtspunkt des benachbarten aus betrachten, vorausgesetzt, daß wir nur die Wirklichkeit in ihrer sinnlichen Unmittelbarkeit und in Schwingungen von genügender Kleinheit nehmen, — und nur so können wir sie erfassen, denn die Spannweite unseres Bewußtseins ist zu gering, um die weitere Gesamtheit der Dinge anders als nur abstrakt und nur dem Namen nach aufzufassen. Vielleicht ist nirgends mehr an Realität in einem Bewußtsein auf einmal zusammengefaßt als in der Erfahrung, die für mich in dem Vorlesen dieser Seite, oder für Sie in dem Anhören derselben besteht; aber in dem Vorüberziehen dieser einzelnen Erfahrungen bekommen wir eine Fülle des Inhalts, die durch Begriffe nicht erschöpfend beschrieben werden können. Sinneserfahrungen s i n d daher, sowohl innerlich wie äußerlich, ihre „eigenen andern". Innerlich sind sie eins mit ihren Teilen und äußerlich gehen sie ständig und ohne Bruch in die nächst benachbarten Erfahrungen über, so daß Ereignisse, die im Leben eines Menschen durch Jahre getrennt sind, miteinander einen ununterbrochenen Zusammenhang vermittels dazwischenliegender Ereignisse bilden. Gewiß, durch ihre N a m e n werden sie in gesonderte begriffliche Wesenheiten getrennt, aber in ihrer ursprünglichen Kontinuität gab es keine Einschnitte.

Wenn wir nun nach diesen Feststellungen zu unserer besonderen Schwierigkeit zurückkehren, so erkennen wir, wie prinzipiell unbegründet unser alter Einwand ist, daß aus rein logischen Gründen Bewußtseinszustände sich nicht selbst miteinander verbinden können. In seiner Unmittelbarkeit genommen, geht jeder Bewußtseinszustand, so klein er auch sein mag, über seine eigene Definition hinaus. Nur Begriffe sind mit sich selbst identisch; nur die Vernunft arbeitet mit eindeutigen Gleichungen (closed equations). Natur ist nur ein anderer Name für Selbstüberschreitung, d. h. jeder Punkt in ihr geht über sich selbst hinaus zu weiteren anderen Punkten. Die einzige Frage hinsichtlich eines jeden Punktes, den wir betrachten, lautet: „Wie weit haben wir in die Natur einzudringen, um jenen Punkt festzustellen, wo seine Ausstrahlungen nicht mehr zu spüren sind?“ In jedem Pulsschlag des inneren Lebens, wie es jedem von uns unmittelbar gegeben ist, befindet sich ein wenig Vergangenheit, ein wenig Zukunft, ein wenig von der Wahrnehmung unseres eigenen Körpers, und der der anderen, die gegenwärtig sind, ebenso wie von den hohen Gedanken, über die wir zu reden versuchen, von der Geographie der Erde und der Richtung, die die Geschichte nimmt, von Wahrheit und Irrtum, von Gut und Böse und wer weiß, von wieviel noch mehr. Wie sehr Sie auch alle diese Dinge jenseits Ihres wachen Bewußtseins in dumpfer Unbestimmtheit empfinden mögen, der Pulsschlag Ihres innern Lebens bildet mit ihnen eine Einheit, gehört zu ihnen und sie zu ihm. Sie können ihn ebensowenig mit dem einen wie mit dem andern gleichsetzen, denn in welcher von den vielen möglichen Richtungen Sie Ihr Innenleben weitergehen lassen das, wozu es sich schließlich entwickelt, wird stets auf das Ganze zurückschauen und sagen: „Dies war der ursprüngliche Keim, aus dem ich mich entwickelt habe.“

Die wirklichen Einheiten unseres unmittelbar empfundenen Lebens sind daher p r i n z i p i e l l verschieden von den Einheiten, an die sich die intellektualistische Logik hält, und mit denen sie ihre Berechnungen macht. Sie sind nicht von ihrem eigenen andern getrennt, und man muß schon Erlebnisse, die zeitlich weit auseinander liegen, nehmen, um irgendwie unter ihnen zwei zu finden, die nicht miteinander verschmolzen sind. Dann erscheinen sie in der Tat getrennt, wie ihre Begriffe getrennt sind; eine Kluft gähnt zwischen ihnen; aber die Kluft selbst ist nur eine rein intellektualistische Fiktion, die dadurch entstanden ist, daß man von der zusammenhängenden Masse von Erlebnissen abstrahiert, mit der die Zwischenzeit ausgefüllt war. Es ist ähnlich wie mit dem Balken, der zuerst von William und Henry, dann von William, Henry und John, dann von Henry und John, dann von John und Peter usw., getragen wird. Alle wirklichen Erlebniseinheiten greifen ineinander über. Eine Reihe von Punkten, die sich auf einem Blatt Papier in gleicher Entfernung befinden, mögen die Begriffe symbolisieren, mittels deren wir die Welt für den Intellekt begreifbar machen. Ein Lineal, das lang genug ist, um wenigstens drei Punkte zu bedecken, möge unsere Sinneserfahrung vertreten. Die angenommenen Veränderungen der Sinneserfahrungen können dann dadurch symbolisiert werden, daß das Lineal die Linie, auf denen die Punkte liegen, entlang geführt wird. Ein Begriff nach dem andern wird von dem Lineal bedeckt werden, einer nach dem andern wird von dem Lineal verlassen werden, aber immer werden wenigstens zwei von den Punkten bedeckt sein; in keinem Falle jedoch wird man weniger als drei Punkte nötig haben, damit zwischen ihnen und dem Lineal eine völlige Koinzidenz erreicht wird. Man verfälscht die Sinneserfahrung, wenn man sie mit Begriffen voll erfassen will, d. h. nach dem Gesetz, das die Punkte beherrscht und das Lineal selbst nicht beachtet.

Was hier für die aufeinanderfolgenden Bewußtseinszustände zutrifft, muß auch für diejenigen gelten, die gleichzeitig vorhanden sind. Auch sie greifen ineinander über. Mein gegenwärtiger Bewußtseinszustand ist ein helles von Fransen umgebenes Zentrum. Diese Franse geht allmählich, dunkler und dunkler werdend, ins Unterbewußtsein über. Ich gebrauchte hier drei verschiedene Begriffe, um diese Tatsache zu beschreiben. Aber ich könnte gerade so gut dreihundert gebrauchen, denn die Tatsache besteht aus lauter Abschattungen und weist keine festen Grenzen auf. Welcher Teil der Tatsache ist genau genommen in meinem Bewußtsein, welcher ist außerhalb desselben? Wenn ich dem, was sich draußen befindet, einen Namen gebe, so ist es schon drinnen. Während das Zentrum in der einen Weise arbeitet, arbeiten die Ränder in einer andern; aber sie überwältigen sogleich das Zentrum und setzen sich selbst an seine Stelle. Dieses Zentrum ist es auch, mit dem wir uns begrifflich identifizieren und an das wir jederzeit denken, wenn wir von unserm Selbst sprechen; aber unser volles Selbst ist das ganze Bewußtseinsfeld im Verein mit allen jenen nicht deutlich erkennbaren Ausstrahlungen des Unterbewußtseins, die wir nur fühlen, aber nicht begrifflich erfassen noch analysieren können. Die kollektive und die distributive Existenzform befinden sich hier nebeneinander, denn jeder Teil arbeitet für sich, indem er mit anderen Teilen seiner eigenen besonderen Sphäre innerhalb der weiteren Erfahrung zusammenhängt, Verbindungen eingeht und bestrebt ist, uns in diese Richtung zu ziehen, und dennoch wird das Ganze irgendwie als ein einheitlicher Pulsschlag unseres Innenlebens gefühlt — so fühlen wir wenigstens, wenn wir es auch nicht begrifflich erfassen können. Die Kraft des Intellektualismus ist daher, wie ich schon sagte, im Prinzip gebrochen; er kann sich nur äußerlich der Realität nähern, aber seine Logik ist unanwendbar auf unser inneres Leben, das seiner Verbote nicht achtet und seiner Unzulänglichkeit spottet. Jeder Teil unseres Selbst ist in jedem Augenblick Teil eines weiteren Selbst; die Erschütterungen dieses Teiles breiten sich in vielfältigen Richtungen aus, ähnlich denen der Windrose auf einem Kompaß, und was uns in ihm wirklich zum Bewußtsein kommt, bildet eine Einheit zusammen mit den Möglichkeiten, die noch außerhalb unseres Gesichtskreises liegen[8]). Und wie wir gleichzeitig bewußt sind unser selbst und eines weiteren psychischen Randgebietes, können wir nicht ebenso dem Randgebiete eines größeren, in tieferem Sinne realen und zentralen kosmischen Selbstes angehören, das sowohl seiner als auch unserer bewußt ist? Können nicht Sie und ich in einem höheren Bewußtsein zusammenfließen und dort als Einheit tätig sein, obgleich wir es jetzt nicht wissen?

Ich weiß, ich ermüde Sie und mich, indem ich vergeblich das durch Worte und Begriffe zu beschreiben versuche, was, wie ich gleichzeitig sage, Wort und Begriff übersteigt. Sobald man fortfährt zu reden, behauptet der Intellektualismus ungestört das Feld. Die Rückkehr zum Leben erfolgt nicht durch Reden. Sie ist eine Tat; und um Sie zum Leben zurückzuführen, muß ich ein Beispiel geben, das Sie nachahmen können, ich muß Sie taub machen für das Reden oder für die Bedeutung des Redens, indem ich Ihnen zeige, wie es Bergson tut, daß die Begriffe, mittels deren wir reden, für die Zwecke der Praxis, aber nicht für die der tieferen Einsicht geschaffen sind. Oder ich muß einfach hinweisen auf das Leben, hinweisen auf das bloße Das des Lebens und muß es Ihnen überlassen, das Was von sich aus vermittels Ihres eigenen innern Mitfühlens

[8]) Das Bewußtsein des gegenwärtigen Augenblicks, das zentrale Selbst, ist wahrscheinlich zu dieser bevorzugten Stellung bestimmt durch seine funktionale Verbindung mit den gegenwärtigen oder bevorstehenden Handlungen des Körpers. Es ist das gegenwärtige handelnde Selbst. Obgleich seine weiteren psychologischen Zusammenhänge für uns „unterbewußt“ sein können, so können sie doch, wenn sie als „kollektive Kapazität“ eine aktive Funktion ausüben, in einer weiteren Weise bewußt sein, bewußt, sozusagen, über unsern Kopf hinweg. Über die Beziehungen des Bewußtseins zur Handlung siehe Bergsons „Matière Mémoire“ passim, bes. Kap. I. Vgl. auch die Andeutungen in Münsterbergs „Grundzüge der Psychologie“ Kap. XV; ferner diejenigen in meinem Buche „Principles of Psychology“ Vol. II, pp. 581—592 und diejenigen in W. Mc.Dougalls „Physiological Psychology“ Kap. VII.

auszufüllen. Einige von Ihnen, das weiß ich, werden sich durchaus weigern, dies zu tun, werden sich weigern, in nicht begrifflichen Ausdrücken zu denken. Ich selbst weigerte mich viele Jahre hindurch heftig, selbst nachdem ich erkannte, daß der Intellektualismus mit seiner Leugnung der Vielheit in der Einheit falsch sein muß, denn dieselbe Wirklichkeit führt dieselben Funktionen gleichzeitig aus. Aber ich rechnete immer auf eine verbesserte intellektualistische Methode, um die Schwierigkeit zu umgehen. Und erst, nachdem ich Bergson gelesen hatte, sah ich ein, daß es ein Fehler wäre, weiter die intellektualistische Methode zu verwenden. Ich erkannte, daß die Philosophie schon seit den Tagen des Sokrates und des Plato auf falscher Spur gewesen ist, daß von seiten des Intellektes niemals eine Antwort auf die Schwierigkeiten des Intellektualismus kommen kann, und daß der einzige Ausweg aus diesen Schwierigkeiten nicht in der Entdeckung einer solchen Antwort bestehen kann, sondern nur darin, der Frage einfach das Ohr zu verschließen. Wenn die intellektualistische Begriffsphilosophie das Leben auffordert, sich in begrifflichen Ausdrücken zu rechtfertigen, so ist das gleich einer Aufforderung, die in einer fremden Sprache an jemanden ergeht, der in seine eigenen Angelegenheiten vertieft ist: sie ist ohne jede Bedeutung für ihn — er kann sie unbeachtet lassen. So ging ich denn durch die „innere Katastrophe“ hindurch, von der ich in der letzten Vorlesung sprach; ich hatte wirklich meinen Vorrat an Begriffen erschöpft, mein Intellektualismus hatte Bankerott gemacht, ich mußte von neuem beginnen. Keines meiner Worte wird Sie wohl bekehren können, denn Worte können nur Namen von Begriffen sein. Aber wenn irgend einer von Ihnen ehrlich und beharrlich von sich aus versuchen würde, die Wirklichkeit in Begriffe aufzulösen, so wird er sich in ähnlicher Weise wie ich zu einer Frontveränderung gezwungen sehen. Damit mag es genug sein: ich muß es dem Leben überlassen, Sie zu belehren.

Wir haben nun einen Punkt erreicht, von dem aus wir die Selbstzusammensetzung des Geistes innerhalb der kleineren und uns zugänglicheren Sphäre als eine sichere Tatsache betrachten können. Von demselben Gesichtspunkte aus muß die spekulative Annahme einer ähnlichen, wenn auch größeren Zusammenfügung von weiteren Bewußtseinszusammenhängen in entfernteren Sphären als eine rechtmäßige Hypothese betrachtet werden. Das Absolute ist kein so unmögliches Wesen, wofür ich es einstens hielt. Die Phänomene des geistigen Lebens gehen zugleich einzeln wie auch zusammen vor sich, und wir endlichen Geister könnten gleichzeitig miteinander in einem übermenschlichen Bewußtsein existieren. A priori zu leugnen, sind nur die übertriebenen Ansprüche einer zwingenden Notwendigkeit, die der Theorie des Absoluten zukommen soll. Als eine Hypothese, die auf Grund von Analogien und Induktionen eine gewisse Wahrscheinlichkeit besitzt, hat die Theorie des Absoluten ein Anrecht darauf, sorgfältig geprüft zu werden. Das will besagen, daß wir von jetzt an uns mehr in der Richtung Fechners und seiner Methoden bemühen werden, als in der eines Hegel, Royce oder Bradley. Fechner behandelt das übermenschliche Bewußtsein, an das er mit so warmem Herzen glaubt, nur als eine Hypothese, für die er uns dann mit allen Hilfsmitteln der Induktion und der Überredung zu gewinnen sucht.

Es ist wahr, Fechner ist in seinen Büchern ein Anhänger des Absoluten, zwar weniger aktiv als passiv, wenn ich so sagen darf. Er spricht nicht nur von der Erdseele und den Sternenseelen, sondern auch von einer alle Dinge im Kosmos ausnahmslos umfassenden Seele, und diese nennt er Gott, wie andere sie das Absolute nennen. Nichtsdestoweniger denkt er nur an die übermenschlichen Seelen der nächst höheren Ordnung. Er begnügt sich damit, ein für alle Male der erhabenen Allseele des Kosmos seine Ehrbezeugung gemacht zu haben, und überläßt sie dann ihrer einsamen Erhabenheit, ohne den Versuch zu machen, ihr Wesen näher zu bestimmen. Wie das Absolute ist die Allseele „außer Schußweite", sie ist kein Objekt, das irgendwie deutlicher erkannt werden kann. Psychologisch erscheint mir Fechners Gott eher ein träges Postulat zu sein als ein sorgfältig ausgearbeiteter Teil seines Systems. Wie wir unsere Empfindungen des Sehens und des Hörens umfassen, so die Erdseele uns, und die Sternenseele die Erdseele. So geht es weiter, ohne daß man weiß, wo man aufhören soll. Es kann mit dem Umfassen nicht immer weiter gehen; es muß einmal einen Abschluß geben, eine letzte Umfassung muß die Reihe beenden, und Gott ist der Name, den Fechner diesem letzten Allumfasser gibt. Wenn aber nichts diesem Allumfasser entgeht, so ist er für alles verantwortlich, einschließlich des Übels, und alle die Paradoxe und Schwierigkeiten, die ich am Schlusse der dritten Vorlesung mit dem Begriff des Absoluten verknüpft fand, kehren unvermindert wieder. Fechner versucht es ehrlich, mit dem Problem des Übels zu ringen, aber er löst es stets nach der Art Leibnizens: Er macht seinen Gott nicht absolut und stellt ihn unter Bedingungen einer „metaphysischen Notwendigkeit", die selbst seine Allmacht nicht verletzen kann. Sein Wille hat mit Bedingungen zu kämpfen, die nicht von ihm selbst seinem Willen auferlegt sind. Er duldet vorläufig, was er nicht geschaffen, und versucht dann, es mit endloser Geduld zu überwinden und es niederzuringen. Wo immer Fechner versucht, Gott klar vorzustellen, wird er zum gewöhnlichen Gott des Theismus und hört auf, der absolute Allumfasser des Ganzen zu sein [9]. In dieser Gestalt repräsentiert er nur das ideale Element in den Dingen und ist unser Mitkämpfer und Helfer gegen die bösen Teile des Universums.

Fechner war tatsächlich zu wenig Metaphysiker, um sich in diesen abstrakten Regionen um vollkommene formale Konsequenz zu kümmern. Er glaubte an Gott nach Art des

---

[9]) Vergl. „Zend-Avesta", 2. Aufl., vol. I, pp. 165ff., 181, 206, 244ff. etc. „Die Tagesansicht etc." Kap. V, § 6 und chap. XV.

Pluralismus, aber teils aus Konvention, teils aus einem Verhalten, das ich intellektuelle Trägheit nennen möchte — wenn man einen Fechner der Trägheit irgendwelcher Art zeihen darf — ließ er das gewöhnliche monistische Gerede unbeanstandet über sich ergehen. Ich schlage Ihnen deshalb vor, daß wir das Gottesproblem erörtern wollen, ohne uns von vornherein mit der monistischen Behauptung einzulassen. An erster Stelle kommt die Frage: Ist es wahrscheinlich, daß es überhaupt ein übermenschliches Bewußtsein gibt? Erst wenn das ausgemacht ist, kommt die weitere Frage, ob seine Form monistisch oder pluralistisch ist.

Bevor ich jedoch an eine der beiden Fragen herantrete, — und ich werde mit beiden, nach dem, was ich schon gesagt habe, nur sehr kurz zu tun haben — gestatten Sie mir unseren rückschauenden Überblick noch mit einer Bemerkung über die seltsame logische Situation der Anhänger des Absoluten abzuschließen. Wozu anders haben sie das Absolute herbeigerufen, als um ein Wesen zu haben, dessen besondere innere Form es befähigt, die Widersprüche zu überwinden, mit denen der Intellektualismus die Mannigfaltigkeit der endlichen Dinge behaftet findet? „Die Vielheit in der Einheit", die, wie wir gesehen haben, schon im kleinsten Teil der endlichen Erfahrung anzutreffen ist, betrachtet der Intellektualismus als verhängnisvoll für die Realität der endlichen Erfahrung. Was unterschieden werden kann, sagt er uns, ist geschieden; und was geschieden werden kann, hat keinerlei Beziehung, denn da eine Beziehung etwas „zwischen" den Dingen ist, würde sie nur eine zwiefache Trennung bringen. Hegel, Royce, Bradley und die Idealisten Oxfords im allgemeinen scheinen gleicher Meinung zu sein über diese logische Widersinnigkeit einer in der Einheit gegebenen Vielheit, und zwar überall da, wo sie sich empirisch vorfindet. Aber nun betrachte man einmal die merkwürdige Taktik der Anhänger des Absoluten! Ist die Widersinnigkeit beseitigt in dem absoluten Wesen, das sie zu ihrer Beseitigung herbeigerufen haben? Ganz im Gegenteil, denn dieses Wesen zeigt sie in einem unendlich größeren Maßstabe und prunkt damit sogar in seiner Definition. Die Tatsache, daß es keine Beziehungen hat zu irgend einer äußeren Umgebung, die Tatsache ferner, daß alle Beziehungen innerhalb seiner selbst sind, rettet es nicht vor dem Vorwurf der Absurdität; denn Bradleys schwerwiegendes Argument gegen das Endliche lautet, daß in jedem Stück endlicher Wirklichkeit (einem Stücke Zucker z. B.), das Vorhandensein einer Vielheit von Eigenschaften (weiße Farbe und Süßigkeit z. B.) in sich widersprechend ist. Daher scheint letzten Endes der Name des Absoluten für das beharrliche Verlangen der menschlichen Natur zu stehen, daß die Wirklichkeit nicht widersinnig genannt werden soll. Irgendwo muß die Wirklichkeit so beschaffen sein, daß man sie nicht des Widerspruchs in sich selbst anklagen kann. Alles, was wir aber inzwischen von dem Absoluten erkennen können, macht sich in der gleichen Weise, wie das Endliche, des Selbstwiderspruches schuldig. Diese Schuld bemerkt der Intellektualismus nur in der verkleinerten Form des endlichen Objektes; aber er ist zu kurzsichtig, um sie in dem gewaltigen Objekte, dem Absoluten, zu erkennen. Dennoch aber muß die Struktur des Absoluten, wenn sie überhaupt vorgestellt werden soll, nach Analogie irgendeines Stückes endlicher Erfahrung vorgestellt werden. Nehmen Sie von dieser ein wirkliches Stück, unterdrücken Sie in Gedanken seine ganze Umgebung, und dann vergrößern Sie es bis zur Ungeheuerlichkeit, und Sie erhalten genau die typische Struktur des Absoluten. Es ist augenscheinlich, daß alle Ihre Schwierigkeiten hier ungelöst verbleiben und Sie dieselben nicht los werden. Wenn die Erfahrung im Gebiet des Relativen in sich absurd war, so sind die Erfahrungen, welche das Absolute macht, es noch unendlich mehr. Kurz, der Intellektualismus seiht Mücken und schluckt Kamele. Aber diese Polemik gegen das Absolute ist mir ebenso widerwärtig wie Ihnen; ich will daher kein Wort mehr darüber sagen. Es ist eines jener Irrlichter, die den Morgen vortäuschen, und die so oft den klaren Fortschritt der Philosophie gehindert haben. Ich wende mich daher der allgemeineren positiven Frage zu, ob es wahrscheinlicher oder unwahrscheinlicher ist, daß übermenschliche Bewußtseinseinheiten existieren.

In einer früheren Vorlesung prüfte ich sowohl einige Gründe, die Fechner für ihre Annehmbarkeit angegeben hatte, als auch solche, die bestimmt waren, den offensichtlichsten Zweifeln entgegenzutreten. Die vielfachen Tatsachen der Spaltung der menschlichen Persönlichkeit, die das Genie gewisser ärztlicher Forscher, wie Janet, Freud, Sidis und andere entdeckt haben, waren zu Fechners Zeiten noch unbekannt; auch waren weder die Phänomene des automatischen Schreibens und Redens, noch die des Mediumismus und der Besessenheit im allgemeinen erkannt oder studiert, wie wir sie jetzt studieren[10]). Daher ist die Zahl der Analogien, die Fechner zur Verfügung stand, gering im Vergleich zu denjenigen, die wir besitzen. Mit dem Material, das er besaß, hat er jedoch sein bestes getan. Ich für meinen Teil finde in einigen dieser anormalen oder übernormalen Tatsachen die stärksten Hindeutungen zugunsten eines möglichen höheren Bewußtseins. Ich glaube kaum, daß wir je einige von diesen verstehen werden, wenn wir nicht Fechners Begriff eines kosmischen Reservoirs wörtlich nehmen, in dem die Gedächtnisse der Erdenbewohner sich sammeln und aufbe-

[10]) Anm. des Übersetzers: James denkt hier an die Arbeiten der Society for Psychical Research, einer englischen Gesellschaft, die sich die wissenschaftliche Erforschung und Aufhellung der sog. okkulten Phänomene zur Aufgabe gesetzt hat. James hat der Gesellschaft, deren Präsident für dieses Jahr Henri Bergson ist, seit 1886 angehört und in ihren Proceedings wertvolle Aufsätze veröffentlicht. Vgl. auch seinen Aufsatz: Final Impression of a Psychical Researcher (Memories and Studies 1911); ferner Psychical Research by Sir F. W. Barrett (Home University Library, London); E. v. Baltz: Über Besessenheit und verwandte Zustände, auf Grund eigener Beobachtungen, Wien 1907.

wahrt sind, und von dem her, wenn die Bewußtseinsschwelle sinkt oder das Ventil sich öffnet, Kenntnisse, die für gewöhnlich dem Menschen vorenthalten sind, in den Geist besonders gearteter Individuen hineinsickern. Aber diese Forschungsgebiete enthalten vielleicht zu viel Spukhaftes, um ein akademisches Auditorium zu interessieren. Der einzige Beweis, der nach meinem Gefühl sich hier ziemt zur Unterstützung der Fechner'schen Anschauung, muß von der gewöhnlichen religiösen Erfahrung hergenommen werden. Ich denke, man wird behaupten dürfen, daß es religiöse Erfahrungen spezifischer Natur gibt, die weder durch Analogie noch durch psychologisches Räsonnement von anderen Arten der Erfahrung abgeleitet werden können. Ich denke, daß die religiösen Erfahrungen mit vernünftiger Wahrscheinlichkeit darauf hindeuten, daß unser Bewußtsein mit einer weiteren geistigen Umgebung zusammenhängt, von der der Philister (die einzige Art Mensch, von der die sogenannte wissenschaftliche Psychologie Notiz nimmt) ausgeschlossen bleibt. Meine letzte Vorlesung werde ich mit einem kurzen Hinweis auf diese Erfahrungen beginnen.

8. Vorlesung.

Schlußbetrachtung.

Am Ende meiner letzten Vorlesung berief ich mich auf das Vorhandensein religiöser Erfahrungen von spezifischer Natur. Ich muß jetzt näher erklären, was ich darunter verstehe und damit sagen will. Die Tatsachen, an die ich denke, können kurz beschrieben werden als Erfahrungen eines auf Tod und Vernichtung unerwartet folgenden Lebens. Damit meine ich aber nicht die Unsterblichkeit oder den Tod des Körpers. Ich meine damit, daß in der Erfahrung des Einzelnen gewisse geistige Prozesse zu einem todesähnlichen Zusammenbruch der ganzen Persönlichkeit führen, Prozesse, die in Schwäche und Verfall ausmünden und, bei einigen Individuen wenigstens, in Verzweiflung endigen. Geradeso, wie die romantische Liebe eine vergleichsweise junge literarische Erscheinung ist, scheinen auch diese Erfahrungen eines neuen Lebens, das inmitten der höchsten Verzweiflung unerwartet durchbricht, bis zu Luthers Zeiten keine große Rolle in der offiziellen Theologie gespielt zu haben. Vielleicht kann man ihr Wesen am besten kennzeichnen, wenn man auf einen gewissen Kontrast zwischen unserm innern Leben und dem der alten Griechen und Römer hinweist.

Chesterton, glaube ich, sagt irgendwo einmal, daß die Griechen und Römer Leute waren, die in allem, was ihr sittliches Leben anging, sich sehr ernst und wichtig nahmen. Die Athener dachten, daß sogar die Götter die Geradheit eines Phocion und eines Aristides bewundern müßten; und diese Herren selbst waren scheinbar ganz derselben Meinung. Catos Wahrhaftigkeit war so unantastbar, daß der höchste Grad von Unglaubwürdigkeit, den ein Römer hinsichtlich irgendeiner Sache ausdrücken konnte, in den Worten bestand: „Ich würde es nicht glauben, selbst wenn Cato es mir erzählte.“ Gut war gut und böse war böse für diese Menschen. Bigotterie existierte kaum; sie erschien erst im Gefolge des kirchlichen Christentums; das naturalistische System war noch unerschüttert; seine Werte besaßen noch ihren vollen Gehalt und verdienten keine Ironie. Das Individuum war bei genügender Tüchtigkeit allen möglichen Anforderungen gewachsen, der heidnische Tugendstolz war niemals zusammengebrochen.

Luther war der erste Moralist, der die Kruste dieser ganzen naturalistischen Selbstgenügsamkeit wirksam durchbrach, wobei er annahm (und darin hatte er möglicherweise recht), daß dies schon Paulus getan hätte. Die religiöse Erfahrung des Luther'schen Typus führt zum Bankerott aller unserer naturalistischen Prinzipien und Maßstäbe: sie zeigt, man ist nur stark, wenn man schwach ist. Man kann nicht nur von Stolz oder Selbstgenügsamkeit leben. Es gibt ein Leben, in dessen Lichte alle natürlich begründeten und landläufigen sittlichen Bewertungen, Vortrefflichkeiten und der Selbstschutz unseres Charakters als etwas äußerst kindisches erscheinen. Ehrlich seinen eingebildeten Stolz aufgeben und auf die Hoffnung verzichten, aus eigener Kraft gut sein zu können, das ist die einzige Pforte zu den tieferen Bereichen des Kosmos.

Die tieferen Bereiche sind sowohl dem evangelischen Christentum als auch derjenigen Bewegung vertraut, die gegenwärtig als Religion der „Gemüts-Kur“ oder als die Religion des „Neuen Gedankens“ bekannt wird. Das fragliche Phänomen besteht darin, daß nach Augenblicken höchster Verzweiflung neue Ordnungen des Lebens sich uns innerlich offenbaren. Es gibt Hilfsquellen in uns[1]), um die

[1]) Anm. des Übersetzers: Vergl. den Vortrag von James „The Energies of Men“ in dem Sammelbande: Memories & Studies 1911. Longmans Green & Co.

sich der Naturalismus mit seinen sklavisch befolgten Moralschriften und seinem Legalismus niemals bekümmert, Möglichkeiten, die uns den Atem rauben, eine neue Art inneren Glückes und innerer Macht, die sich darauf gründet, daß wir unsern eigenen Willen aufgeben und etwas Höheres für uns wirken lassen. Diese neuen Lebensmächte scheinen eine Welt zu offenbaren, die weiter und umfassender ist, als die Physik und die gewöhnliche Philister-Ethik sich träumen lassen. Hier ist eine Welt, in der alles gut ist **trotz** gewisser Formen des Todes, ja, **infolge** gewisser Formen des Todes — infolge des Todes der Hoffnung und der Stärke, des Todes der Verantwortlichkeit, der Frucht und der kleinlichen Sorgen, des persönlichen Verdienstes und Wertes, kurz infolge des Todes von allem, auf das Heidentum, Naturalismus und Legalismus ihren Glauben und ihr Vertrauen gründeten. Die Vernunft, die unsere andern Erfahrungen, selbst unsere psychologischen, bearbeitet, hätte niemals auf diese spezifisch religiösen Erfahrungen vor ihrem wirklichen Auftreten schließen können. Sie konnte ihre Existenz nicht vermuten, denn sie bedeuten einen Bruch mit den „natürlichen“ Erfahrungen, auf die sie folgen und deren Werte sie umkehren. Aber in dem Maße, wie diese religiösen Erfahrungen sich nun wirklich einstellen, weitet sich die Schöpfung vor den Blicken derjenigen, die sie erleben. Sie deuten darauf hin, daß unsere natürliche Erfahrung, unsere streng moralistische und verstandesmäßige Erfahrung, nur ein Bruchstück der gesamten menschlichen Erfahrung ist. Sie geben der Natur weichere, unbestimmtere Umrisse und eröffnen dem Geiste die außerordentlichsten Möglichkeiten und Ausblicke.

Aus diesem Grunde scheint mir unser logisches Erkenntnisvermögen, das solche spezifisch religiösen Erfahrungen nicht beachtet, bei seiner Arbeit immer etwas sehr Wichtiges wegzulassen und niemals ein zutreffendes Schlußergebnis zu erreichen. Tod und Verfall, wird der Verstand immer sagen, *sind* einfach Tod und Verfall und können niemals dem Leben gleichgesetzt werden. Daher muß nach meiner Meinung die religiöse Erfahrung im besonderen Sinne des Wortes aufmerksam von jedem studiert und interpretiert werden, der danach trachtet, eine vollkommenere und deshalb befriedigendere Philosophie zu begründen.

Die Art des Glaubens, die dieser Typus der religiösen Erfahrung erzeugt, ist vollkommen in Einklang mit den Theorien Fechners. Ich führe hier die Worte an, die ich anderswo gebraucht habe: Der Gläubige findet, daß die milderen und edleren Seiten seines persönlichen Lebens im Zusammenhang stehen mit einem *weiteren* Leben derselben Art, das außerhalb seiner selbst im Universum wirksam ist, und mit dem er, nehmend und gebend, in Fühlung bleiben kann; ein Leben, in das er sich gewissermaßen hinüberretten kann, wenn sein ganzes niedrigeres Leben Schiffbruch gelitten hat. Mit einem Worte, der Gläubige steht, wenigstens nach Aussage seines eigenen Bewußtseins, im Zusammenhang mit einem höheren Selbst, aus dem ihm befreiende Kräfte zuströmen. Diejenigen, die solche Erfahrungen deutlich und oft genug gemacht haben, um in ihrem Lichte zu leben, bleiben völlig unberührt von jeder Kritik, woher sie auch kommen mag; sei es nun die Kritik der akademischen oder wissenschaftlichen Kreise, sei es die der Logik des sog. gesunden Menschenverstandes. Sie haben ihre Offenbarung gehabt, und sie *wissen* — das genügt ihnen — daß wir einer unsichtbaren Geisteswelt eingefügt sind, von der uns Hilfe kommt, indem unsere Seele in geheimnisvoller Weise eins ist mit einer weiteren Seele, deren Werkzeuge wir sind.

Man kann daher die Ansicht verfechten, daß Fechners Gedanken nicht ohne direkte empirische Verifikation sind.

Es gibt jedenfalls eine Seite des Lebens, die leicht erklärbar wäre, wenn jene Gedanken wahr wären, für die es aber andererseits keine einleuchtende Erklärung gibt, solange als wir entweder mit dem Naturalismus annehmen, daß es kein höheres Bewußtsein gibt als das menschliche oder mit dem dualistischen Theismus, daß es wohl einen höhern Geist im Kosmos gibt, daß dieser aber in keinem unmittelbaren Zusammenhang mit dem unsrigen steht. Es hat mich immer überrascht, daß die Philosophen des Absoluten so wenig Interesse für dieses Gebiet des Lebens gezeigt und die hierher gehörigen Phänomene so wenig geprüft haben, selbst wenn es offensichtlich war, daß besondere persönliche Erfahrungen diese Denker in ihrem Vertrauen zu der eigenen Intuition bestärkt haben müssen. Die Leidenschaft des reinen Logikers hat sie immer zu sehr beherrscht. Sie haben stets die dünnere Methode der dichteren vorgezogen, weil für sie die Abstraktionen der Dialektik mehr akademische Würde enthielten als die verworrenen und krankhaften Tatsachen persönlicher Lebensbeschreibung[2]).

Trotz der Verachtung des Rationalismus für das Besondere, das Persönliche und das Krankhafte, scheint doch die treibende Kraft aller Beweistümer, die wir besitzen, uns sehr stark zu dem Glauben an irgendeine Form übermenschlichen Lebens hinzudrängen, mit dem unser Bewußtsein, ohne daß wir selbst etwas davon wissen, in Zusammenhang ist. Wir mögen uns vielleicht in dem Universum in einer ähnlichen Lage befinden wie die Hunde und Katzen in unsern Bibliotheken, die unsere Bücher sehen und unsere Unterhaltung hören, ohne die geringste Ahnung davon zu haben, was das alles bedeutet. Die intellektualistischen Einwände hiergegen fallen weg, wenn die Autorität der intellektualistischen Logik kritisch untergraben ist, und es bleibt dann das Zeugnis der positiven Erfahrung bestehen. Die Tatsachen der normalen Psychologie und der Pathologie, ferner die Tatsachen der Gesellschaft für psychische For-

[2]) Anm. des Übersetzers: „Gar manches, das krankhaft ist vor dem Arzt, ist Gesundheit vor Gott.“ (Baron v. Berger, Lebenserinnerungen.)

schung [3]) und die der religiösen Erfahrung liefern uns Analogien, die zusammengenommen zweifellos eine überaus starke Wahrscheinlichkeit zugunsten einer Weltanschauung bilden, die der eines Fechner in fast allen Stücken gleicht.

Die Umrisse dieses übermenschlichen Bewußtseins, auf dessen Existenz so vieles hindeutet, müssen jedoch sehr unbestimmt bleiben; und nicht weniger problematisch muß die Zahl der unterschiedlichen und eigentätigen Selbste sein, die dieses übermenschliche Bewußtsein umfaßt und in sich trägt. Es kann in einer mehr polytheistischen oder in einer mehr monotheistischen Weise aufgefaßt werden. Fechner scheint mir mit seiner besonderen Erdseele, die als unser Schutzengel tätig ist, durchaus polytheistisch zu sein, aber da man an dem Worte Polytheismus gewöhnlich Anstoß nimmt, so ist es vielleicht besser, von ihm abzusehen. Nur eines ist sicher, und das ist unser Ergebnis der Kritik des Absoluten: Das einzige Mittel, die Paradoxe und Schwierigkeiten zu vermeiden, an denen ein streng monistisch aufgefaßtes Universum, wie an einer Art Selbstvergiftung, leidet, — solche Schwierigkeiten wie z. B. das Mysterium des „Falles", das Mysterium, daß die Wirklichkeit zu einer Welt der Erscheinung hinabgleitet, daß sich Wahrheit in Irrtum, Vollkommenheit in Unvollkommenheit verkehrt, kurz, das Mysterium des Bösen; ferner das Mysterium des allgemeinen Determinismus, des Block-Universums mit seiner wandellosen Ewigkeit und Geschichtslosigkeit usw., — das einzige Mittel, sage ich, alles dies zu vermeiden, besteht nur darin, offen und ehrlich pluralistisch zu sein, und anzunehmen, daß das übermenschliche Bewußtsein selbst, so weit und umfassend es auch sein mag, noch etwas Fremdes außer sich hat und folglich endlicher Natur ist. Der heutige Monismus weist mit Bedacht die Gemeinschaft mit dem spinozistischen Monismus zurück. In diesem, so erklärt er, ist die Vielheit der Wesen in dem Einen aufgelöst und in ihrer Besonder-

[3] Anm. des Übersetzers: Vgl. p. 193 Anm.

heit aufgehoben, während sie in der verbesserten idealistischen Form des Monismus erhalten bleibt als ewiges Objekt des Allbewußtseins. Das Absolute selbst hat, nach der Behauptung seiner Anhänger, als Objekt seines Denkens eine Pluralität von Wesen. Wenn aber selbst dem Absoluten sich eine pluralistische Vision aufdrängt, was sollte uns davon abhalten, auf eigene Rechnung pluralistisch zu sein? Weshalb sollten wir unsere Vielheit von dem All-Einen, das so viel Gift mit sich führt, umschließen lassen?

In der Tat scheint für Theologie und Philosophie die Linie des geringsten Widerstandes in der Annahme eines übermenschlichen Bewußtseins zu liegen, das nicht allumfassend ist, mit andern Worten, in der Annahme, daß es einen Gott gibt, daß er aber endlich ist, entweder nach der Seite seiner Macht oder seines Wissens oder gleichzeitig nach beiden Seiten. Das sind, wie ich Ihnen wohl kaum zu sagen brauche, die Vorstellungen, nach denen die große Masse der Menschen gewöhnlich ihre aktiven Beziehungen zu Gott unterhalten haben. Die monistischen Vollkommenheiten hingegen, die den Begriff Gottes in praktischer und sittlicher Hinsicht so paradox gestalten, sind kühlen Herzens ihm angehängt worden von professoralen Geistern, die, fern von aller religiösen Erfahrung, an die Stelle Gottes Begriffe gesetzt haben, die sie dann in ihrer Weise bearbeiten.

Weshalb könnte sich nicht „Erfahrung und Vernunft“ auf diesem gemeinsamen Boden treffen? Weshalb können sie hier keinen Kompromiß schließen? Könnte nicht die Gottlosigkeit, die zwar gewöhnlich, wenn auch nicht notwendig, mit der Philosophie der unmittelbaren Erfahrung verknüpft ist, einem Theismus weichen, der nunmehr aus der weiter gefaßten Erfahrung unmittelbar folgen würde? Und könnte nicht der Rationalismus etwas von seinen absolutistischen Ansprüchen aufgeben, wenn er zu seiner Befriedigung sieht, daß seine aprioristischen Beweise für das Dasein Gottes so wirksam durch empirische Beweise ersetzt werden? Wenn man neben Gott nur irgend etwas, sei es noch so unendlich klein, das nicht er selbst ist, bestehen läßt, dann könnten Empiristen und Rationalisten dauernden Frieden schließen. Beide könnten dann die Dünne der Abstraktionen hinter sich lassen und könnten, gleich den Männern der Wissenschaft, gemeinsam versuchen, unter Benutzung aller verfügbaren Analogien und Tatsachen, sich eine annähernde Vorstellung zu bilden von dem, was das göttliche Bewußtsein in seiner Konkretheit ist.

Ich möchte die jüngeren Vertreter des Oxforder Idealismus bitten, diese Möglichkeit ernsthaft in Erwägung zu ziehen. Wenige Menschen sind infolge ihrer intellektuellen Gaben besser befähigt, die Ernte einzuheimsen, die einem jeden sicher zu sein scheint, der wie Fechner und Bergson den Weg der dürftigen Abstraktionen verläßt und den der konkreten Tatsachen einschlägt.

Kompromiß und Vermittlung sind von der pluralistischen Philosophie untrennbar. Nur monistischer Dogmatismus kann von einer seiner Hypothesen sagen: Diese oder keine, man nehme sie oder lasse sie genau so, wie sie dasteht. Der Typus des Monismus, der in Oxford vorherrscht, hat diese schroffe und spröde Haltung bewahrt, teils wegen der sprichwörtlichen akademischen Vorliebe für dünne und elegante logische Erklärungen, teils wegen der irrtümlichen Auffassung, die einzige dauerhafte Grundlage für die Religion sei in der Richtung des monistischen Idealismus zu finden. Wenn es überhaupt etwas gibt, was die Philosophen Oxfords nicht wissen könnten, so könnte es fast scheinen, als wären sie in Unkenntnis geblieben über die große Bewegung unserer Generation, die von der Erfahrung aus der Weltanschauung eines pluralistischen Panpsychismus zustrebt. Sie droht die alten Methoden des Oxforder Idealismus völlig auszuschalten und sein religiöser Nebenbuhler zu werden, wenn die Oxforder Idealisten nicht gewillt sind, sich mit ihr zu verbünden. Obgleich sie mit der logischen Maschinerie und dem technischen Apparat des absoluten Idealismus eng verbunden zu sein scheinen, so kann ich doch nicht umhin, zu glauben, daß trotzdem ihre Treue gegen das religiöse Ideal in des Wortes allgemeinster Bedeutung nicht noch tiefer bei ihnen begründet sei. Besonders schwer fällt es mir, zu glauben, die mehr kirchlich gesinnten Anhänger des absoluten Idealismus würden auch noch fernerhin seiner besonderen methodologischen Technik so fest anhängen, wenn sie zu der Überzeugung gebracht würden, daß die Religion auf einem andern Wege sichergestellt werden könnte. Lassen Sie den Empirismus sich einmal mit der Religion verbinden, wie er bisher auf Grund eines seltsamen Mißverständnisses mit Irreligiösität verbunden war, und ich glaube, ein neues Zeitalter sowohl der Religion wie der Philosophie wird anheben. Unzweifelhaft sind es zum Teil religiöse Bedürfnisse, die ein neues allgemeines Interesse an der Philosophie geweckt haben; wir finden dieses Interesse als überraschendes Schauspiel heute in allen Ländern. In dem Maße, wie die Autorität der Tradition mehr und mehr zusammenbricht, wenden die Menschen natürlicherweise ein aufmerkendes Ohr der Autorität der Vernunft zu oder der Beweiskraft wirklich feststellbarer Tatsachen. Sie werden sicherlich nicht enttäuscht sein, wenn Sie Ihre Herzen den Lehren öffnen, die der konkretere und radikalere Empirismus zu geben hat. Ich glaube durchaus, daß ein solcher Empirismus viel natürlicher sich zum Verbündeten der Religion eignet, als es jemals die Dialektik war oder sein kann.

Gewiß, alle Arten des Aberglaubens und des wildwachsenden Überglaubens werden ohne Zweifel überhand nehmen, wenn der Begriff von höheren Bewußtseinsformen, die unser Bewußtsein umschließen, von Fechner'schen Erdseelen und dergleichen, Gegenstand der Mode und des orthodoxen Glaubens werden; mehr noch dürfte das der Fall sein, wenn die Wissenschaft jemals ihr offizielles Siegel unter jene Phänomene setzt, für deren wissenschaftliche Anerkennung Frederik Myers mit so großem Ernst eingetreten ist[4]), jene Phänomene der sogenannten psychischen Forschung (psychical research), von denen ich selbst fest glaube, daß die meisten in der Wirklichkeit wurzeln. Aber sollte man sich ernstlich durch eine solche furchtsame Erwägung davon abhalten lassen, denjenigen Weg einzuschlagen, der für die Religion offenbar am verheißungsvollsten ist? Wann ist uns denn jemals in dieser aus Gegensätzen gemischten Welt irgend etwas Gutes in reinster Form und Unberührtheit gegeben worden? Einer der Hauptmerkmale des Lebens ist seine Überfülle. Nur unter einer Bedingung können wir überhaupt irgend etwas haben: Wir müssen so viel auf einmal davon haben, daß wir glücklich sein können, wenn uns nicht Ekel davor erfaßt. Jedes Ding wird erstickt in der Spreu, die vom Schicksal ihm mitgegeben ist. Man kann nicht von irgendeiner Sache genug haben, ohne gleichzeitig zu viel von ihr zu haben. Dutzende von minderwertigen Büchern, Dutzende schlechter Bildsäulen, Dutzende von langweiligen Reden, von Männern und Frauen zehnter Ordnung, müssen wir mit in den Kauf nehmen, damit von jeder Art einige kostbare Exemplare vorhanden sein können. Der Goldstaub wird, in Quarzsand eingehüllt, zutage gefördert. Das gilt für die Religion wie für jeden anderen wertvollen Kulturbesitz. Das Edle muß erst von dem Unedlen gesondert werden, das Überlebende sich im Wettbewerb mit anderen durchsetzen; aber das Muttergestein und der Edelstein müssen zuerst ungesiebt ans Licht kommen. Ist er aber einmal vom Muttergestein befreit, dann kann der Edelstein gesondert geprüft werden, kann er einem allgemeinen Begriff eingeordnet, kann definiert und isoliert werden. Aber dieser Prozeß der Aussonderung kann nicht umgangen

---

[4] Anm. des Übersetzers: Myers' Hauptwerk führt den Titel: Human Personality and its survival of bodily death. 2 Bde. London 1903. Vgl. James' Aufsatz: Frederik Myers' Services to Psychology (Memories and Studies 1911).

werden — oder, wenn das geschieht, so bekommt man die dürftigen wertlosen Abstraktionen, die wir kennen gelernt haben; entweder den hohlen unwirklichen Gott der scholastischen Theologie oder das unbegreifliche pantheistische Ungeheuer statt der lebendigen göttlichen Realität, mit der, wie es scheint, der Empirismus Gefühl und Denken der Menschen zu verbinden trachtet.

An diesem Punkte unserer Darlegung bitte ich Sie nun, auf meine erste Vorlesung zurückzugehen und, wenn möglich, sich der von mir zitierten Bemerkung des Professor Jacks zu erinnern, daß der Philosoph dasselbe Universum, dem er selbst eingefügt ist, zu verstehen versucht. Das ist die Anschauung Hegels und Fechners, und so verknüpft sich unsere Schlußbetrachtung harmonisch mit der des Anfangs. Die Systeme der Philosophie sind wesentliche Teile des Universums, sie drücken etwas von dessen eigensten Gedanken aus. Ein Philosoph kann in der Tat eine höchst wichtige Reaktion des Universums auf sich selbst sein. Die Existenz der Philosophen und ihrer Theorien können einen Einfluß ausüben auf die Art, wie das Universum sich selbst erfaßt und gestaltet. Es kann mehr oder weniger Vertrauen zu sich haben, und je nachdem Vertrauen oder Mißtrauen verdienen.

Das ist die Philosophie des Humanismus im weitesten Sinne des Wortes. Unsere philosophischen Überzeugungen, mit ihren eigentümlichen Bewertungen, führen dem Strom der Wirklichkeit neue Kräfte zu und prägen ihm ihren Charakter auf. Sie bilden einen Teil dessen, was wir erfahren haben, einen Teil dessen, das uns geschaffen hat. Wie ein französischer Philosoph es einmal ausgedrückt hat: „Nous sommes du réel dans le réel.“ Unsere Gedanken bestimmen unsere Handlungen, und unsere Handlungen bestimmen wieder die bisherige Art der Welt.

So ist die Welt nicht länger etwas Wesensfremdes für uns, zumal, wenn wir sie mehr im pluralistischen als im monistischen Sinne nehmen. Wie immer man auch den Panpsychismus fassen mag, auf jeden Fall gehören wir nach ihm zum innern Wesen Gottes und sind keine Schöpfungen, die nur äußerliche Beziehungen zu ihm haben. Da aber nach dem Pluralismus Gott nicht das Absolute ist, sondern selbst nur einen Teil des Universums bildet, so kann seine Tätigkeit als nicht völlig unähnlich derjenigen der anderen kleineren Teile des Universums angenommen werden — folglich auch nicht unähnlich unserer eigenen menschlichen Tätigkeit. Da er von weiteren Zusammenhängen umgeben ist, in der Zeit existiert und gleich uns am Werke der Geschichte arbeitet, so steht er dem Menschlichen nicht fern, wie es bei dem geschichtslosen, vollkommenen und zeitlosen Absoluten der Fall ist.

Erinnern Sie sich, daß eine der Verlegenheiten, die uns das Absolute bereitete, in dessen Wesensfremdheit und — es gibt kein andere Wort dafür — Ungeheuerlichkeit bestand. Seine alles umfassende Form ließ seine Natur in allen wesentlichen Zügen uns fremd erscheinen. Und dabei verlangt dieser große Unterschied zwischen dem absoluten Idealismus und den Pluralismus keine Verschiedenheit in dem materiellen Inhalt des Universums, er folgt einzig und allein aus einer Verschiedenheit der Form. Aus der All-Form oder der monistischen Form ergibt sich die Wesensfremdheit, aus der Einzel-Form oder der pluralistischen Form die Wesenseinheit zwischen uns und dem Universum.

Einerlei, was der Inhalt des Universums sein mag, wenn Sie nur zugeben, daß er überall und immer in der Form einer Vielheit gegeben ist, daß n i c h t s Wirkliches existiert, ohne von etwas anderem umgeben zu sein. Wenn Sie das zugeben, dann haben Sie nicht, wie die Anhänger des Absoluten so einmütig behaupten, die Rationalität des Universums vernichtet, Sie lassen es vielmehr im Besitze des höchsten Maßes von Rationalität, das tatsächlich für unseren Geist erreichbar ist. Ihre intellektuellen, gefühlsmäßigen und aktiven Beziehungen zum Universum bleiben lebendig und stehen im Einklang mit den Hauptforderungen Ihrer eigenen Natur.

Es wäre schade, wenn das Wort „Rationalität" uns hier stören würde. Es ist eins von jenen Lobesworten, die beide Seiten für sich in Anspruch nehmen; denn niemand ist gewillt, seine Philosophie als ein System der Irrationalität zu empfehlen. Aber, wie die meisten Worte, welche die Menschen in lobendem Sinne gebrauchen, enthält auch das Wort „rational" zu viele Bedeutungen. Die objektivste Bedeutung ist die der älteren Logik — die Verbindung zwischen zwei Dingen ist rational, wenn man ein Ding aus dem anderen folgern kann, z. B. sterblich aus dem Wesen des Sokrates; und man kann das nur tun, wenn sie eine gemeinsame Eigenschaft haben. Aber diese Art der Rationalität ist gerade jene Art der Identitätslogik, die alle Schüler Hegels ungenügend finden. Sie ersetzen sie durch die höhere Rationalität der Negation und des Widerspruchs und wandeln den Begriff der Rationalität wieder ins Unbestimmte. Ferner gibt es die ästhetischen und teleologischen Arten der Rationalität; in diesem Sinne ist eine Sache rational, soweit sie schön oder gut ist, soweit sie sich auf die eine oder andere Weise einem Zwecke anpaßt, oder soweit sie einen Wunsch befriedigt. Dann wiederum ist nach Hegel alles, was „wirklich" ist, vernünftig. Ich selbst habe vor einiger Zeit gesagt, es scheint, daß „rational" heißt, was eine Handlung ermöglicht, die auszuführen uns Freude macht. So wäre es besser, das Wort „rational" überhaupt aufzugeben, als sich in einen bloßen Wortstreit darüber einzulassen, wer den größten Rechtsanspruch hat, das Wort zu gebrauchen.

Vielleicht drücken die Worte Wesensfremdheit und Wesensverwandtschaft, die ich in meiner ersten Vorlesung gebraucht habe, den Gegensatz, auf den ich bestehe, besser aus als die Worte „Rationalität" und „Irrationalität" — wir wollen daher an ihnen festhalten. Ich behaupte nun, daß der

Begriff des „Einen“ ein Gefühl der Wesensfremdheit erzeugt, und der des „Vielen“ ein Gefühl der Wesensverwandtschaft mit dem Universum, und zwar aus Gründen, die ich schon in allzu großer Breite dargelegt habe, und mit denen Sie, ob Sie nun überzeugt sind oder nicht, jetzt wohl bekannt sein dürften. Aber was ist im Grunde damit gemeint, wenn man das Universum eine Vielheit oder eine Einheit nennt? Im Sinne des Pragmatismus bedeutet der Pluralismus oder die Lehre, daß das Universum eine Vielheit darstellt, nur, daß die verschiedenen Teile der Wirklichkeit in äußerlichen Beziehungen zu einander stehen können. Wie weit und umfassend man auch ein Ding nehmen mag, immer gibt es nach pluralistischer Anschauung, noch außerhalb seiner irgend etwas Fremdes, das es umgibt. Die Dinge sind „mit“einander in vielen Weisen verknüpft, aber es gibt keines, das alles umschlösse oder alle anderen vollkommen beherrschte. Das Wort „und“ schleppt hinter jeden Satz her. Etwas bleibt immer draußen. „Immer noch nicht ganz“ hat man von den besten Versuchen gesagt, im Universum zu einer allumfassenden Einheit zu gelangen. Die pluralistische Welt gleicht so mehr einer förderativen Republik als einem Imperium oder einem Königreich. Wie vieles auch zur Einheit zusammengebracht werden kann, wieviel sich auch in einem Bewußtseinszentrum oder in einer Tat als Einheit äußern mag, etwas bleibt immer autonom, außerhalb der Einheit und nicht auf sie zurückführbar.

Der Monismus andererseits besteht darauf, daß, wenn man bis zur Realität als solcher durchdringt, bis zur Wirklichkeit der Wirklichkeiten, jedes jedem anderen gegenwärtig ist in einem einzigen ungeheuren Ganzen, das es vollständig umschließt. Nichts kann in irgendeinem Sinne, sei er seiner Tätigkeit, sei es seinem Wesen nach, von irgend etwas anderem ausgeschlossen sein; alle Dinge durchdringen einander in dem großen Zusammenfluß des Ganzen.

Nach pluralistischer Anschauung ist die Konstitution der

Wirklichkeit die gleiche, wie wir sie selbst im kleinsten Teile des endlichen Lebens erfahrungsmäßig verwirklicht finden. Sie läßt sich kurz dahin zusammenfassen: Nichts Wirkliches ist vollkommen einfach; jeder Teil der Erfahrung, so klein er auch sei, ist ein multum in parvo, das mit anderem in vielfacher Beziehung steht. Jede seiner Beziehungen bietet nur einen Anblick, ist eine Funktion oder drückt die Art aus, wie etwas anderes in sein Wesen eingreift oder wie es selbst in das andere übergreift. Schließlich ist ein Stück Wirklichkeit, das in eine dieser Beziehungen verflochten ist, nicht schon durch diesen Umstand in alle übrigen Beziehungen gleichzeitig verflochten. Die Beziehungen sind nicht alle solidarisch miteinander verknüpft. Ohne seine Identität zu verlieren, kann ein Ding ein anderes entweder bei sich aufnehmen oder fallen lassen, gleich dem von mir besprochenen Balken, der neue Träger aufnimmt und alte wegsenden kann, und deshalb mit wenigen Trägern überall hingelangen kann.

Für den Monismus hingegen zieht jedes Ding, einerlei ob wir es erkennen können oder nicht, das ganze Universum mit sich und läßt nichts fallen. Unser Balken setzt sich in Bewegung und kommt ans Ziel mit allen seinen Trägern, ohne daß er je abgesetzt worden wäre. Nach dem Monismus kann ein Ding, das ein einziges Mal seine Verbindung mit anderen verloren hat — wenn dies möglich wäre — niemals mit ihnen wieder verbunden werden. Der Unterschied zwischen den beiden Systemen ist also, vom pragmatischen Standpunkte aus, genau bestimmt. Er besteht eben darin, daß, wenn A einen Augenblick für B unsichtbar ist oder aufhört, mit B in Berührung zu sein oder sich überhaupt irgendwie außerhalb B befindet, er nach dem Monismus es immer bleiben muß; A und B können niemals mehr zusammenkommen; währenddem der Pluralismus die Möglichkeit zuläßt, daß sie bei einer anderen Gelegenheit wieder zusammenwirken oder irgendwie wieder verbunden werden können. Der Monismus hat keine Möglichkeit für so etwas wie „andere Gelegenheiten" in der Wirklichkeit — d. h. in der wahren absoluten Wirklichkeit.

Der Unterschied zwischen dem Monismus und dem Pluralismus, den ich zu beschreiben versuche, läuft, wie Sie sehen, auf nichts anderes hinaus als auf den Unterschied zwischen dem, was ich früher die Einzel-Form und die All-Form der Wirklichkeit genannt habe. Der Pluralismus gestattet den Dingen wirklich als einzelne und in der Einzel-Form zu existieren. Der Monismus hingegen glaubt, daß die All-Form oder die Form der kollektiven Einheit die einzige Form ist, die als rational zu gelten hat. Die All-Form gestattet nicht, daß Verbindungen fallen gelassen und wieder angeknüpft werden, denn in der Alleinheit sind die Teile als ewig und wesenhaft miteinander gesetzt. Existiert die Welt nach dem Schema der Einzel-Form hingegen, so kann ein Ding durch dazwischenliegende Dinge mit einem anderen verknüpft werden, mit dem es keine unmittelbare oder wesenhafte Verbindung hat. Daher ist es stets in vielen möglichen Verbindungen, die nicht notwendigerweise im gegebenen Augenblicke verwirklicht zu sein brauchen. Ihre Verwirklichung hängt davon ab, welchen von den möglichen Verbindungswegen das Ding tatsächlich einschlagen wird: das Wort „oder" bezeichnet ein echtes Stück Wirklichkeit. So kann ich, wie ich hier spreche, nach vorne sehen oder zur Rechten oder zur Linken und in jedem Falle ermöglicht es mir, den dazwischenliegenden Raum, Luft und Äther, die Gesichter eines anderen Teiles dieser Zuhörerschaft zu sehen. Daß ich hier bin, ist unabhängig von irgendeiner Anzahl dieser Gesichter.

Wenn die Einzel-Form ebenso die ewige Form der Wirklichkeit wäre, wie sie die Form ist, in der uns das zeitliche Geschehen erscheint, dann haben wir immer noch eine zusammenhängende Welt, und nicht einen bis auf den Grund gehenden Unzusammenhang, als welchen sie von so vielen

Anhängern des Absoluten hingestellt wird. Unser „Multiversum“ macht noch immer ein Universum aus: denn jeder Teil ist, wenn auch nicht in tatsächlicher oder unmittelbarer Verbindung, so doch in einer möglichen oder mittelbaren Verbindung mit jedem anderen noch so entfernten Teile verbunden, und zwar dank der Tatsache, daß jeder Teil mit seinem nächsten Nachbarn in unauflöslicher gegenseitiger Vermischung zusammenhängt. Es muß zugegeben werden, daß der Verbindungstypus hier verschieden ist von dem monistischen Verbindungstypus der Alleinheit. In dem pluralistischen Typus sind die Dinge nicht zu einer sich gegenseitig bedingenden Einheit zusammengefügt; sie sind nur aneinandergereiht und den Typus ihrer Verbindung kann man als Typus der Kontinuität, der Kontiguität oder der Verkettung bezeichnen. Wenn Sie griechische Worte vorziehen, so können Sie ihn den synechistischen Typus nennen. Auf alle Fälle sehen Sie, daß dieser Typus eine deutlich erfaßbare Alternative bildet zu dem ihm entgegengesetzten monistischen Verbindungstypus mit seiner radikalen Einheit aller Dinge.

Sie sehen auch, daß der synechistische Typus steht und fällt mit der von mir verteidigten Vorstellung, daß die kleinsten benachbarten Teile der Erfahrung sich zur Einheit zusammenfügen, und daß jeder vorübergehende Augenblick konkret erlebter Erfahrung mit dem unmittelbar darauffolgenden zusammenfließt. Die Anerkennung der Tatsache, daß die benachbarten Teile der unmittelbaren Erfahrung zusammenfließen, so daß alle die trennenden Einschnitte, die wir dort machen, künstliche Erzeugnisse der begriffsbildenden Fähigkeit unseres Geistes sind, unterscheidet den Empirismus, den ich „radikal“ nenne, von dem Popanz-Empirismus der gewöhnlichen rationalistischen Kritik, die ihn (mit Recht oder Unrecht) beschuldigt, die Erfahrung in atomistische Sensationen zu zersplittern. Diese sind dann natürlich nicht imstande, eine Einheit zu bilden, bis ein rein intellektuelles Prinzip sich von oben auf sie herabläßt und sie mittels seiner konjunktiven Kategorien zusammenfügt.

Hier haben Sie also nun, so klar wie ich es bei dieser Gelegenheit darlegen kann, die einfache Alternative und das volle Geheimnis des Unterschiedes zwischen Pluralismus und Monismus. Er läßt sich wie in einer Nußschale folgendermaßen zusammenfassen: Ist die „Vielheit in der Einheit" die unzweifelhaft die Welt, in der wir leben, charakterisiert, eine Eigenschaft, die nur dem absoluten Ganzen der Dinge zukommt, so daß man die Alleinheit in ihrem unteilbaren ungeheuren Umfang als das prius für die Existenz einer Vielheit postulieren muß? Mit anderen Worten: Müssen wir ausgehen von dem rationalistischen Block-Universum in seiner ungemilderten Ganzheit und Vollständigkeit? Oder können die endlichen Elemente unserer Erfahrung ihre eigenen ursprünglichen Formen der „Vielheit in der Einheit" haben und können sie dort, wo sie noch nicht unmittelbar eins sind, doch durch Zwischenglieder ineinander übergehen, indem jedes dieser Glieder eins mit seinem nächsten Nachbarn ist, ohne jedoch jemals die totale Einheit absolut vollständig zu erreichen?

Die Alternative ist genau bestimmt. Es scheint mir außerdem, daß die beiden Alternativen des Dilemmas vom pragmatischen Standpunkt verschiedene ethische Haltungen hervorrufen — wenigstens können sie es bei gewissen Individuen tun. Wenn Sie jedoch die pluralistische Alternative als durch und durch irrational sich selbst widersprechend und widersinnig betrachten, so kann ich nichts mehr zu seiner Verteidigung sagen. Nachdem ich in meinen früheren Vorlesungen getan habe, was ich konnte, um die intellektualistische reductio ad absurdum zu widerlegen, muß ich den Erfolg meiner Bemühungen Ihnen selbst überlassen. Was ich auch sagen mag, jeder von Ihnen wird sicherlich den Pluralismus annehmen oder ablehnen, je nachdem sein Sinn für Rationalität ihn bewegt und bestimmt. Das Einzige, worauf ich mit Nachdruck bestehe, ist die Tatsache, daß der Pluralismus eine dem Monismus völlig gleichwertige Hypothese ist. Dieses Universum *kann* letzten Endes ein Blockuniversum sein; aber auf der andern Seite *kann* es auch ein Universum sein, dessen Teile nebeneinander geordnet sind, und das nicht in sich abgerundet und geschlossen ist. Die Realität kann in distributiver Form existieren, geradeso, wie sie der Sinneserfahrung erscheint. Auf diese Möglichkeit lege ich Gewicht.

Solche Alternativen werden gewöhnlich entschieden durch die allgemeine Anschauung dessen, was man für wahrscheinlich hält. Sie illustrieren das, was ich früher als den „Willen zum Glauben" beschrieben habe. In einigen meiner Vorlesungen an der Harvard-Universität habe ich von einer „Glaubensleiter" gesprochen als von etwas, das vollständig verschieden von dem Sorites der logischen Elementarbücher ist, dennoch aber eine ähnliche Form zu haben scheint. Ich denke, Sie werden bei sich selbst nach meiner Beschreibung den geistigen Prozeß erkennen, dem ich diesen Namen gebe.

Eine Weltauffassung steigt irgendwie vor Ihnen auf. Sie fragen: Ist sie wahr oder nicht?

Sie *könnte* irgendwie wahr sein, sagen Sie, denn sie ist nicht in sich widersprechend.

Sie *kann* wahr sein, sogar hier und jetzt.

Sie *besitzt alle Erfordernisse*, um wahr zu sein, es wäre *gut, wenn sie wahr wäre, sie sollte* wahr sein, fühlen Sie sogleich.

Sie *muß* wahr sein, flüstert darauf in Ihnen eine überzeugende Stimme; und dann — als schließliches Ergebnis. —

Sie *soll für wahr gehalten werden*, entscheiden Sie; *sie* soll für *Sie* so sein, als wenn sie wahr wäre.

Und indem Sie nach dieser Überzeugung handeln, können Sie sie in gewissen besonderen Fällen schließlich auch wahr machen.

Nicht ein Schritt in diesem Prozeß ist logisch; dennoch ist das die Art, in der Monisten und Pluralisten in gleicher Weise ihre Intuitionen erwählen und festhalten. Das Leben ist höher als die Logik; es ist die praktische Vernunft, für die die theoretische Argumente findet, nachdem die erstere zu einem Schluß gelangt ist.

Geradeso halten in dieser Art einige von uns an dem unvollendeten, pluralistischen Universum fest, wie andere an dem zeitlosen, ewig vollkommenen Universum.

Inzwischen wird die Unvollkommenheit des pluralistischen Universums, die wir annehmen, und an der wir als an der wahrscheinlichsten Hypothese festhalten, von der pluralistischen Philosophie auch derart dargestellt, als wenn sie durch uns behoben werden würde, und als wenn seine getrennten Teile durch unser Verhalten partiell geeint werden könnten. „Wir bedienen uns dessen, was wir sind und haben, um zu erkennen; und dessen, was wir erkennen, um mehr zu sein und zu haben [5]).“

So arbeiten Philosophie und Realität, Theorie und Praxis in demselben Kreise ins Unendliche weiter.

Ich bin nun am Ende dieser Vorlesungen, und wenn Sie zurückblicken, so werden sie Ihnen zweifellos ziemlich weitschweifig und nicht gerade zwingend in den Schlußfolgerungen erscheinen. Ich habe nur die Hoffnung, daß sie sich vielleicht doch als anregend erwiesen haben.

Und wenn das auch nur in einem Punkte der Methode der Fall gewesen ist, so bin ich gerne bereit, alle andern Anregungen preiszugeben. Und das ist der Punkt, auf den es mir ankommt: Es ist hohe Zeit, daß die Grundlagen, von der die Erörterung über diese metaphysischen Fragen auszugehen haben, erweitert und verstärkt werden. Zu diesem Ende habe ich Fechner und Bergson in die Diskussion gebracht, deskriptive Psychologie und religiöse Erfahrung, und habe es sogar gewagt, Hin-

[5]) Blondel, „Annales de philosophie chrétienne“, Juni 1906, p. 241.

deutungen zu machen auf Tatsachen der Psychical Research und auf andere wilde Tiere der philosophischen Wüste. Vielleicht haben infolge der Tatsache, daß Plato und Aristoteles mit ihrem Intellektualismus hier die Grundlage des philosophischen Studiums bilden, die Oxforder Transzendentalphilosophen sich allzu ausschließlich auf dürftige logische Betrachtungen beschränkt, die für alle möglichen Welten passen würden, für Welten, deren empirische Konstitution vollständig von der unsrigen verschieden ist. Es ist, als ob die tatsächlichen Besonderheiten der wirklichen Welt für den Inhalt der Wahrheit ganz ohne Bedeutung wären. Aber sie können nicht ohne Bedeutung sein, und die Philosophie der Zukunft muß darin den Wissenschaften nacheifern, daß sie diese Besonderheiten mehr und mehr sorgfältig berücksichtigt und in Rechnung zieht. Ich bitte dringend einige der jüngeren Mitglieder dieser gelehrten Zuhörerschaft diesen Wink zu beherzigen. Wenn Sie das in wirkungsvoller Weise tun können, wenn Sie auf dem Wege, den Fechner und Bergson so verheißungsvoll eröffnet haben, weiter fortschreiten zu neuen konkreten Erfahrungen, wenn Sie philosophische Schlüsse irgendwelcher Art, seien sie in der monistischen oder pluralistischen Richtung, aus den Besonderheiten des Lebens ziehen, dann werde ich, wie ich es jetzt tue, mit dem freudigsten Herzen sagen:

„Läut aus, läut aus, mein gramvoll Lied,
Doch läutet ein den vollern Sang[6].“

---

[6]) Anm. des Übersetzers: Die Verse stammen aus Tennysons: In Memoriam (C VI); ihre Übersetzung verdanke ich Friedrich Gundolf.

Anhang A.

Ich füge hier ein paar Bemerkungen an, die bestimmt sind, die Kritiker Bergsons zu entwaffnen. Um sich gegen Mißverständnisse seiner Auffassungen zu schützen, sollte Bergson seine Behauptung, daß Begriffe keinen theoretischen, sondern nur einen praktischen Nutzen haben, weiter entwickeln und deutlicher erklären. In einer Hinsicht ist die These ganz unhaltbar, denn durch Begriffe vermehren wir sicherlich unsere Kenntnis über die Dinge, und das scheint ein Werk der Theorie zu sein, was auch immer für praktische Tätigkeiten in ihrem Gefolge entstehen mögen. Bergson scheint in der Tat mit seinen eigenen Worten leicht widerlegbar zu sein. Seine Philosophie will ja vor allem eine bessere Einsicht in die Wahrheit geben als die rationalistischen Philosopheme: Aber was ist sie selbst anders als ein begriffliches System? Argumentiert sein Verfasser nicht ausschließlich mit Begriffen, wenn er zu zeigen versucht, daß diese keine Einsicht geben können?

Auf diesen besonderen Einwand kann man jedenfalls leicht eine Antwort geben. Wenn Bergson seine eigenen Begriffe benutzt, um die theoretischen Ansprüche der Begriffe im allgemeinen zu entkräften, so widerspricht er nicht seiner eigenen Anschauung von ihrer praktischen Bedeutung, sondern er illustriert diese Bedeutung im Gegenteil nachdrücklichst, denn die Begriffe dienen in seinen Händen nur dazu, uns zu orientieren und uns zu zeigen, welchem Gebiete wir uns *praktisch zuzuwenden* haben, wenn wir jene vollständigere Einsicht in die Wirklichkeit haben wollen, die er den Begriffen abspricht. Er lenkt unsere Hoffnungen von ihnen hinweg zu dem verachteten Fluß der Sinnesempfindungen hin. Was er vermittels ihrer erreicht, ist deshalb nichts weiter als eine neue praktische Haltung. Gegen das Veto der intellektualistischen Philosophie stellt er nur unsere natürlichen herzlichen Beziehungen zur Sinneserfahrung und zum gesunden Menschenverstande wieder her. Der Dienst, den er uns damit geleistet, hat sicherlich nur praktische Bedeutung; aber es ist ein Dienst, für den wir ihm über alle Maßen dankbar sein können. Mit gutem philosophischen Gewissen unseren Sinnen wieder trauen! — Wer hat uns je zuvor eine so wertvolle Freiheit verliehen?

Wenn man gewisse Unterscheidungen und Zusätze macht, so scheint es leicht, den andern Punkten der Anklage zu begegnen. Begriffe sind Realitäten einer neuen Ordnung, die besondere Beziehungen untereinander haben. Diese Beziehungen werden ebenso unmittelbar wahrgenommen, wenn wir unsere verschiedenen Begriffe miteinander vergleichen, wie die Entfernung zwischen zwei Objekten der Sinneswahrnehmung wahrgenommen wird, wenn wir unsern Blick darauf richten. Begriffe zu bilden ist eine Tätigkeit, welche uns also Material für neue Akte der Wahrnehmung gibt, und wenn die Ergebnisse derselben niedergeschrieben werden, erhalten wir jene Systeme „geistiger Wahrheit" (wie Locke sie genannt hat), die als Mathematik, Logik und aprioristische Metaphysik bekannt sind. Diese ganze Wahrheit zu kennen, ist in der Tat ein theoretischer Gewinn, aber nur ein geringer; denn die Beziehungen zwischen begrifflichen Objekten als solchen sind nur die unveränderlichen Beziehungen abstrakter Vergleichung: es sind die Beziehungen des Unterschiedes und der Gleichheit, der Kongruenz und der Kontradiktion, der Einschließung und der

Ausschließung. Nichts geschieht in dem Reiche der Begriffe; hier gibt es nur „ewige“ sich gleichbleibende Beziehungen. Mit dem theoretischen Ergebnis, das wir auf diese Weise erhalten, vermögen wir daher nicht einmal den äußeren Saum der wirklichen Welt zu erreichen, jener Welt der kausalen und dynamischen Beziehungen, der Aktivität und der Geschichte. Wenn wir deshalb Einsicht gewinnen wollen in dieses Leben voller Bewegung, so hat Bergson durchaus recht, wenn er uns vom Begriff an die Wahrnehmung verweist.

Indem wir Begriffe mit Wahrnehmungen kombinieren, können wir Karten entwerfen, die das Vorkommen anderer Wahrnehmungen in entfernten Punkten des Raumes und der Zeit enthalten. Es ist natürlich ein theoretischer Gewinn, diese Verteilung zu kennen; aber der Gewinn ist äußerst gering, denn er wird uns nur mit Hilfe von Wahrnehmungen und selbst dann gewährt er uns nur unveränderliche Beziehungen. Aus Karten lernen wir aber nur feste Positionen, und die Lage eines Dinges im Raum oder in der Zeit ist das geringste an Wahrheit, was man über ein Ding wissen kann; aber da diese Wahrheit unumgänglich notwendig ist, um unsere Handlungen danach einzurichten, so hat die begriffliche Fähigkeit, solche Karten zu entwerfen, die ungeheure praktische Wichtigkeit, auf die Bergson mit so großem Rechte besteht.

Aber Begriffe, wird man sagen, geben uns nicht nur ewige Wahrheiten der Vergleiche und Übersichtskarten über die Lage der Dinge, sie führen dem Leben auch neue Werte zu. Unsere Fähigkeit, vermittels der Begriffe solche Übersichtskarten zu entwerfen, verhält sich zur Wahrnehmung im allgemeinen, wie sich Gesicht und Gehör zum Tatsinn verhalten — Spencer nennt diese höheren Sinne nur Organe des vorwegnehmenden Tatsinnes. Aber unsere Augen und Ohren erschließen uns auch neue glorreiche Welten, die unabhängig vom Tatsinn existieren: die Welten der Musik und der plastischen Kunst, und durch sie wird der Wert des Lebens in ungeahnter Weise erhöht. Ebenso bringt die Welt der Begriffe unserem Leben neue Reihen von Werten und Motiven. Ihre Übersichtskarten dienen uns nicht nur praktisch, sondern der bloße geistige Besitz so gewaltiger Bilder ist an sich ein beseligendes Gut. Neue Interessen und Antriebe, neue Gefühle der Macht, der Erhabenheit und Bewunderung werden wachgerufen.

Die Abstraktion an sich scheint einen Anhauch von Idealität zu haben. Ein ausgezeichnetes Beispiel hierfür gibt uns Royce mit seiner „Loyalität der Loyalität". „Die Sache der Antisklaverei, die Sache der Demokratie und der Freiheit schrumpft zusammen, wenn sie in ihren trüben Einzelheiten vorgestellt werden. Der echte Wert scheint der Idee nur im Zustande der Abstraktheit zuzukommen. Wahrheit im allgemeinen, wie Royce in seiner „Philosophy of Loyalty" behauptet, scheint etwas ganz anderes zu sein, als die einzelnen besonderen Wahrheiten, an die wir sonst glauben. Sie übersteigt an Wert alle jene Hilfswahrheiten (expediencies) und ist etwas, an das man, ob ratsam oder nicht, sein Leben hängt. Wahrheit mit einem großen W ist ein Ereignis von höchster Wichtigkeit; Wahrheiten im einzelnen sind armselige Brocken, und was wir mit ihnen erreichen, sind nur Krumen von Erfolg. (Op. cit. Lecture VII, besonders § 5.)

Kann nun ein solches Hervorbringen eines neuen Wertes als eine Tat der Theorie betrachtet werden? Das ist eine heikle Frage, denn obgleich ein Wert etwas ist, das als Qualität empfunden wird, so liegt doch das Wesen dieser Qualität in ihrer Beziehung zum Willen und besteht in einem kraftauslösenden Antrieb, der unser Handeln verändert. Soweit daher Begriffe Wert schaffende Funktionen ausüben, könnte es scheinen, als ob sie mehr mit unserem aktiven als mit unserem theoretischen Leben verknüpft wären. Auch hier also scheint Bergsons Formulierung unverwerflich zu sein.

Wiederum kann man sagen, daß wir alte Begriffe kombinieren, um aus ihnen neue zu bilden. Auf diese Weise erfassen wir Realitäten, wie den Äther, Gott, die Seele, oder was sonst noch alles, mit denen uns unser Empfindungsleben nie bekannt gemacht hätte. Das ist jedenfalls eine Vermehrung unseres Wissens und kann wohl als ein theoretischer Gewinn angesprochen werden. Dennoch ist auch hier Bergsons Kritik zutreffend. So viel auch die Begriffe uns über solche unsichtbaren Objekte wie die oben genannten aussagen mögen, so geben sie doch kein Licht, mit dem man ihr Inneres erkennen kann. Je vollständiger in der Tat unsere Definitionen von Ätherwellen, Göttern oder Seelen werden, so erscheinen sie uns statt verständlicher nur um so unverständlicher. Infolgedessen gehen die Fachgelehrten mehr und mehr dazu über, unseren Begriffen einen instrumentalen Wert zuzuschreiben. Äther und Moleküle mögen gleich Koordinaten oder Durchschnittswerten sein, oder mögen nur Krücken darstellen, mit deren Hilfe es praktisch möglich wird, uns inmitten der Sinneserfahrung zu bewegen. Aus diesen Betrachtungen ersehen wir, wie leicht die Frage, ob die Begriffe eine theoretische oder praktische Funktion haben, in eine Logomachie ausarten kann. Es dürfte von diesem Gesichtspunkte aus besser sein, die Frage nicht als ein schroffes Entweder-Oder zu behandeln. Als einzig Gewisses bei all diesen Überlegungen bleibt nur, daß Bergson durchaus im Recht ist, wenn er behauptet, daß das ganze Leben der Aktivität und Veränderung für die begriffliche Behandlung undurchdringlich ist, und daß es nur einer sympathischen Erfassung vermittels des unmittelbaren Gefühls zugänglich ist. Alle unbenannte, ebenso wie alle benannte Realität, sei es nun Beziehung oder Begriff, ist am Ende nur Inhalt der unmittelbaren konkreten Wahrnehmung. Aber die zeitlichen, räumlichen und logischen Anordnungen dieser Inhalte, die weiter abliegen und nicht wahrgenommen werden, müssen wir auch kennen, sowohl aus Freude am Erkennen selbst als auch zur Unterstützung unseres praktischen Verhaltens. Wir können dieses Bedürfnis nach Ordnung ein theoretisches oder praktisches Bedürfnis nennen, ja nachdem worauf wir den Nachdruck legen; aber Bergson ist vollkommen im Recht, wenn er unsere begriffliche Erkenntnis auf das bloße Ordnen der Erfahrung beschränkt und darauf besteht, daß dieses Ordnen uns nur mit dem Saum und der Oberfläche dessen bekannt macht, was wir wissen sollten. —

Anhang B.

Realität und Veränderung.

In meinen „Principles of Psychology (vol. II, p. 646), habe ich von einem „Axiom der Auslassung der Zwischenglieder und der Übertragung der Relationen“ gesprochen. Damit bezeichne ich ein Prinzip, das auf eine Reihe von Begriffen anwendbar ist, und dessen bekanntestes Beispiel das fundamentale Axiom der Logik ist, das „dictum de omni et nullo (oder, wie ich mich ausdrückte, die Regel, daß das, was von einer Art gilt, auch wieder von der Unterart gilt). Eine Quantität, die größer ist als eine zweite, die wiederum größer ist als eine dritte, wird größer sein als diese letzte; zwei Quantitäten, die einer und derselben dritten Quantität gleich sind, sind untereinander gleich; die Ursache einer Ursache ist auch die Ursache der Wirkungen dieser letzten Ursache. Das sind einige Anwendungen dieses Seriengesetzes.

Man kann es zwar unfehlbar und ohne Einschränkung innerhalb gewisser abstrakter Reihen anwenden, wo die fraglichen „Identitäten“ und „Ursachen“ usw. „rein“ sind und außer ihrer Identität und Kausalität keine weiteren Eigenschaften haben; man kann es aber nicht ohne weiteres auf konkrete Objekte mit zahlreichen Eigenschaften und Beziehungen anwenden; denn es ist schwer, eine gerade Linie der Identität oder der Kausalität oder von sonst irgend etwas durch eine Reihe solcher Objekte zu ziehen, ohne in irgendeine Beziehung zu geraten, wo die ursprünglich verfolgte Relation nicht länger fortbesteht: Die Objekte haben so viele „Aspekte“, daß wir beständig von unserer ursprünglichen Richtung abgelenkt werden und plötzlich finden, daß wir, ohne zu wissen warum, eine Richtung verfolgen, die von der ursprünglich verfolgten verschieden ist. So ist eine Katze in einem gewissen Sinne dasselbe wie eine Mausefalle, und eine Mausefalle dasselbe wie ein Vogelkäfig; aber in keinem irgendwie praktisch wertvollen und verständlichen Sinne ist eine Katze dasselbe wie ein Vogelkäfig. Kommodore Perry war in einem gewissen Sinne die Ursache der neuen Staatsverfassung in Japan, und diese neue Staatsverfassung war die Ursache der russischen Duma; aber es würde ohne Nutzen für uns sein, immer noch in Perry die Ursache der Duma zu sehen; die Begriffe liegen jetzt zu weit auseinander, um noch irgendeine wirkliche oder praktische Beziehung miteinander zu haben. In jeder Reihe wirklicher Urteilsglieder ändern sich nicht nur die Glieder selbst mit allem, was mit ihnen verknüpft ist, auch wir ändern uns, und die Bedeutung, die sie für uns haben, ändert sich, so daß neue Arten von Identitäten und neue Typen von Kausalität beständig vor uns auftauchen und unsere Aufmerksamkeit fesseln. Die Richtungen, die wir früher eingeschlagen haben, sind belanglos für uns geworden; deshalb verlassen wir sie. Die alten Begriffe können jetzt für die neuen nicht mehr substituiert werden, noch können die bisherigen Beziehungen übertragen werden, weil die Erfahrung inzwischen ganz neue Dimensionen angenommen hat. Statt einer geraden Linie folgt sie nun einem Zickzack, und wenn man sie in der geraden Linie festhalten will, muß man ihrer spontanen Entwicklung Gewalt antun. In der p r a k t i s c h e n Welt, der Welt, deren Bedeutungen wir folgen, sind zwei Dinge, die einem dritten gleichen, jedenfalls nicht untereinander gleich. Hier gibt es Dinge, die fortwährend die Ursachen von andern sind, ohne daß man sie als Ursachen für alle Wirkungen ansprechen könnte, deren Ursachen die anderen Dinge sind.

Da Bergson an ein heraklitisches Devenir réel glaubt,

so sollte er, wenn ich ihn recht verstehe, ausdrücklich leugnen, daß in der wirklichen Welt die logischen Axiome ohne Einschränkung gelten. Nicht nur verändern sich nach ihm die Begriffe, so daß nach einer gewissen Zeit die Elemente der Dinge nicht länger das sind, was sie waren, sondern auch die Beziehungen ändern sich, so daß sie nicht mehr in der gleichen Weise gelten zwischen den neuen Dingen, die auf die alten gefolgt sind. Wenn dem so wäre, dann mag in der Welt der Logik, die nichts weiter als reine Identität ist, noch so viel Gleiches an Stelle von Gleichem treten, in der Welt der wirklichen Vorgänge wird jede Linie der Identität, die man weiter verfolgt, schließlich entweichen und aufhören, irgendwie weiter aufweisbar zu sein. In einer solchen Welt werden Dinge, die mit andern gleich sind, nicht immer (oder vielmehr in genauerem Sinne niemals) untereinander gleich sein. Denn in einer solchen Welt gibt es keine wirkliche oder ideelle Gleichheit zwischen numerisch verschiedenen Dingen. Auch wird es in einer solchen Welt nicht wahr sein, daß die Ursache der Ursache ohne Einschränkung die Ursache der Wirkung ist; denn wenn wir den Linien wirklicher Verursachung folgen, statt uns mit dem blutleeren Schematismus Humes und Kants zu begnügen, so finden wir, daß entferntere Wirkungen selten kausal beabsichtigt sind, daß keine Art kausaler Aktivität sich ins Unbestimmte fortsetzt und man von dem Prinzip der übersprungenen Mittelglieder nur in abstracto sprechen kann[1]).

[1]) Vergleiche die Duma mit dem, was Perry beabsichtigt hat.

Editorische Notiz

›Das pluralistische Universum‹ ist die letzte von William James vor seinem Tode 1910 selbst herausgegebene Arbeit. Sie ist insofern ein zusammenfassendes Werk, als er hier einmal die metaphysischen Grundpositionen systematisch ausführt, auf denen implizit auch seine früheren psychologischen und philosophischen Arbeiten beruhen. Es zeigt damit 'von letzter Hand', wo und wie sich der Pluralist und Pragmatist James in die unterschiedlichen Strömungen des philosophischen Denkens selbst einordnet.

Nach der amerikanischen Erstveröffentlichung 1908 erschien – der Bedeutung der Arbeit entsprechend – bereits 1914 die deutsche Übersetzung. Für die erneute Herausgabe nach nunmehr 80 Jahren wurde die damalige Übersetzung von Julius Goldstein beibehalten. Aus mehreren Gründen erscheint dies sinnvoll.

Die vorliegende Fassung ist eine vergleichsweise freie Übertragung des englischen Originals. Dies erfolgte allerdings auf ausdrücklichen Wunsch James', der zusammen mit dem Übersetzer nicht nur Streichungen im Originaltext vornahm, um dem deutschen Publikum einen insgesamt strafferen Vortrag zu bieten. Er forderte Goldstein auch dazu auf, sich „weniger an das Wort als an den Gedanken" zu halten, dafür diesen Gedanken aber „so klar wie möglich wiederzugeben". James, der selbst Deutsch sprach, zielte also nicht nur auf eine formal gelungene, sondern auf eine, in ausführlicher Auseinandersetzung mit Wort und Inhalt, besonders verständliche Übertragung seines Werkes.

In dieser Aufforderung liegt ein sprachlich-begriffliches Paradoxon, das auf ein wesentliches Element des Jamesschen Denkens hinweist: Es ist der weitgehende Verzicht auf explizite und exakte begriffliche Definition, um besser verstanden zu werden! Damit kritisiert er philosophische Traditionen, die sich durch möglichst exakte begriffliche Klärungen vor Interaktionsmißverständnissen zu schützen mühen. James geht es dagegen darum, eine geschlossene und 'verklausulierte' Wissenschaftssprache zu vermeiden, sie eher wieder aufzubrechen. Wissenschaft muß nach James Interaktionen initiieren, provozieren oder, anders ausgedrückt, anschlußfähig bleiben. Dies kann sie jedoch nur, wenn sie sich nicht sprachlich absondert.

In diesem Sinne gibt die Übersetzung von Julius Goldstein die Lebendigkeit des Jamesschen Schreibstils hervorragend wieder. Andererseits stellt die mangelnde Trennschärfe der einzelnen Begriffe in der deutschen Rezeption seiner Arbeiten auch ein Interaktionshemmnis dar. Nicht zuletzt aus diesem Grunde wurde James in der hiesigen Diskussion regelmäßig unterschätzt. Dies läßt sich gut an den zentralen Begriffen 'Pluralismus', 'Pragmatismus' und (radikaler) 'Empirismus' verdeutlichen. Er verwendet diese Begriffe in seinen Arbeiten oft, aber nicht durchgängig synoym und bemüht sich nicht um eine geschlossene, einheitliche Sprachregelung bzw. eine abschließende, eindeutige Definition. Die Entwicklung der Argumente, das Reagieren auf den Kontext, in den die jeweiligen Argumente gestellt werden, der Fortgang der Diskussion wird so wichtiger, als das abschließend 'ein für allemal' definierte. Damit wird auch sprachlich das „Werden“ gegenüber dem „Sein“ in den Vordergrund gerückt.

Klaus Schubert/Uwe Wilkesmann

Personenregister